ANNALES DE L'INSTITUT DE PHILOSOPHIE
ET DE SCIENCES MORALES

(UNIVERSITÉ LIBRE DE BRUXELLES)

La collection des *Annales de l'Institut de Philosophie et de Sciences Morales de l'Université Libre de Bruxelles* est la lointaine descendante de la revue *Morale et Enseignement* fondée en 1951 sous la direction du professeur Jeanne Croissant-Goedert et sous-titrée : « Bulletin trimestriel publié par l'Institut de Philosophie de l'Université de Bruxelles ». De simple liasse de seize à vingt pages agrafées, elle est reliée et dotée d'une couverture à partir des n° 33-34 en 1960. Le n° 64 publié fin 1967 est le dernier de *Morale et Enseignement* proprement dit. La revue ne paraît pas en 1968. Elle revient sous le titre *Annales de l'Institut de Philosophie* et la direction du professeur Chaïm Perelman en 1969. « Morale et Enseignement » apparaît désormais comme une sorte de sous-titre, reconnaissance symbolique du passé, car un éditorial souligne qu'il ne s'agit plus de se limiter à « des problèmes de morale» mais bien de pouvoir « couvrir la totalité du champ de la philosophie ». Les volumes sont annuels et, à partir de 1974, édités par Ch. Perelman et J. Sojcher. En 1979, les *Annales* deviennent thématiques et sont éditées par J. Sojcher et G. Hottois. Nouveau rappel du passé, le premier volume est consacré à « Enseignement de la morale et philosophie ». En 1985, Gilbert Hottois devient le directeur de la collection qui quitte, en 1989, les Éditions de l'Université de Bruxelles pour être désormais publiée chez Vrin. C'est en 1992, avec le titre « H. Arendt et la Modernité », que les *Annales* acquièrent tout à fait leur allure actuelle : celle d'un livre collectif sur un thème ou un auteur traité par des spécialistes internationaux sous la responsabilité scientifique d'un coordinateur. Tout en continuant de privilégier la participation des philosophes de l'Université Libre de Bruxelles, la collection s'est largement ouverte. La référence aux anciennes *Annales* n'apparaît plus qu'en pages intérieures. Il demeure cependant que depuis un demi siècle, la série de publications qui va de *Morale et Enseignement* à la collection d'aujourd'hui constitue un bon témoignage historique de l'activité philosophique à l'Université Libre de Bruxelles.

PERSONNE / PERSONNAGE

DANS LA MÊME COLLECTION

ANNALES DE L'INSTITUT DE PHILOSOPHIE DE BRUXELLES

Directeur : Gilbert HOTTOIS

PERSONNE / PERSONNAGE

coordination scientifique

Thierry LENAIN et Aline WIAME

PARIS

LIBRAIRIE PHILOSOPHIQUE J. VRIN

6, place de la Sorbonne, V e

———

2011

© *Librairie Philosophique J. VRIN*, 2011
Imprimé en France

ISSN 0778-4600
ISBN 978-2-7116-2346-4

www.vrin.fr

PERSONNE / PERSONNAGE

Les études réunies ici visent à mettre en lumière les fonctions d'un couple de concepts qui, dans leur indissoluble complémentarité, se révèlent tous deux également indispensables lorsqu'il s'agit de penser la question du sujet dans ses rapports avec les problèmes de l'action, du droit, de la vie sociale et de l'imaginaire.

UNE DICHOTOMIE APPARENTE ?

À première vue, sans doute est-ce surtout l'opposition des deux termes qui saute aux yeux, rendue plus saillante encore par une parenté lexicale qui fait ressortir l'antinomie. La notion de personne renvoie, en première approche, à l'idée du sujet humain lui-même – entité proprement réelle, définie par son existentialité, prise dans une histoire sur laquelle elle a prise, dotée de droits susceptibles d'être respectés ou bafoués et réclamant, dans la pratique autant que sur le plan des principes, une considération toute spéciale que l'on ne reconnaît ni aux choses ni aux êtres vivants qui n'appartiennent pas à l'espèce humaine. Tandis qu'à l'autre extrémité du spectre ontologique, la notion de personnage convoque d'abord l'idée d'un être de fiction, par définition dépourvu d'existence réelle ; elle désigne une personne *imaginaire* « mise en action dans un ouvrage dramatique » [1]. Le sociologue Erving Goffman souligne qu'une personne est le sujet d'une

---

1. *Dictionnaire historique de la langue française*, Paris, Le Robert, 1998 (usage attesté dès le XIVe siècle).

biographie, un personnage la transposition fictionnelle d'un tel sujet[1]. L'histoire d'un personnage dans un récit de fiction n'a rien à voir avec celle qu'un individu réel porte en lui : elle se réduit pour toujours aux « informations » que l'auteur dudit récit a décidé d'y placer. C'est pourquoi, si l'on peut certes méditer longuement à propos du destin tragique d'Hamlet, il serait absurde de s'interroger, par exemple, sur les événements marquants de son enfance. Et s'il est vrai qu'un dramaturge ou un romancier pourrait avoir l'idée de nous dépeindre un prince Hamlet pré-pubère, il créerait alors un autre être de fiction tout aussi dépourvu d'épaisseur biographique que la figure du vengeur irrésolu hanté par le fantôme de son père assassiné.

L'opposition semble donc, de prime abord, ne faire aucun mystère. On n'ignore pas que le mot « personne » dérive du vocabulaire théâtral mais on sait surtout que, désignant à l'origine le masque de l'acteur puis la face socialement visible d'un individu et ensuite son apparence physique, il s'est finalement arraché au domaine de la représentation pour en venir à signifier tout le contraire : non seulement le « sujet de droit » mais encore, au-delà de cette acception juridique, le sujet existentiel – instance concrète entre toutes, toujours singulière, irréductible à quelque type ou classe que ce soit et plus authentiquement réelle que tout ce qui peuple la terre et le ciel. Ainsi le veut la conception radicaliste de la personne à l'ère de l'égalitarisme démocratique[2]. Pour sa part, l'individu pré-démocratique, englobé dans un ordre hiérarchique tout à la fois naturel et surnaturel qui le définissait comme membre d'une classe, d'un rang ou d'une corporation, était « incité à revêtir l'apparence d'un *personnage* »[3]. Cette façon de traiter le sujet nous est devenue profondément étrangère, au point de nous

---

1. « En tant que personne ou individu, Dupont possède une identité personnelle : c'est un être en chair et en os qui se caractérise par certains indices d'identité, par le fait qu'il a trouvé une certaine voie dans la vie et qu'il dispose d'une mémoire des étapes de son périple. Bref, il dispose d'une biographie. » « Le terme de "personne" désignera le sujet d'une biographie et celui de "personnage" la version théâtrale qu'on peut en donner », E. Goffman, *Frame Analysis* (1974), *Les cadres de l'expérience*, trad. fr. I. Joseph, Paris, Minuit, 1991, p. 136-137. L'auteur parle ici du théâtre, mais sa définition s'applique à tout personnage de fiction.

2. La genèse de cette notion de personne dont la pleine émergence correspond à la naissance des sociétés démocratiques modernes, a été retracée sur le plan philosophique par R. Legros, « La naissance de l'individu moderne », dans B. Foccroulle, R. Legros et T. Todorov, *La naissance de l'individu dans l'art*, Paris, Grasset, 2005, p. 121-200.

3. *Ibid.*, p. 151. L'auteur (qui souligne) précise encore que, dans l'horizon pré-démocratique, « chacun est identifié et par là même chacun apparaît comme un personnage, comme un individu défini par ses manières, comme un individu particulier, et non pas comme un individu singulier » (p. 156-157).

révulser jusqu'au tréfonds de notre sens moral. Pour nous, postromantiques héritiers d'une éthique exigeant l'authenticité subjective avant tout, personne et personnage sont des antipodes, et la définition même de l'individu en tant qu'être singulier dépend de leur opposition diamétrale. Si bien que l'on ne saurait aujourd'hui désigner quelqu'un comme « un personnage » si ce n'est par pure métaphore (d'orientation d'ailleurs souvent péjorative).

Dans les *Carnets de la drôle de guerre*, Jean-Paul Sartre s'est heurté à cette opposition, *a priori* flagrante, entre la facticité du personnage et l'authenticité de la personne. Ses personnages seraient des homoncules. Ils sont « moi », écrit-il, mais un moi « décapité », « à qui l'on aurait arraché le principe vivant ». La contribution de Juliette Simont au présent volume montre, de la part de Sartre, une conscience aiguë du caractère pour ainsi dire amputé de ses personnages, conscience indissociable d'une réévaluation fondamentale de la notion de personne. Ce qui manque à Roquentin ou à Mathieu Delarue, c'est le choix originel, le principe directeur d'une existence qui fait d'une vraie personne un ensemble dynamique, irréductible à quelque structure secondaire. À l'époque de *La transcendance de l'ego*, « je » et « moi » n'étaient encore que des épiphénomènes, dérivés d'une conscience impersonnelle; la personne phénoménologique était fictive. Après la découverte du principe directeur de la force affirmative qui distingue l'auteur-personne de ses personnages, la personne ne se réduira plus à tel ou tel « rôle » factice (le Juge, l'Avocat ou l'Ingénieur de la comédie sociale qui épouvantèrent tant Roquentin dans *La Nausée*). La personne est individualisée et, si elle *se* joue malgré tout, une certaine teneur ontologique est désormais reconnue à ce jeu. Cependant – et cela n'est pas sans conséquence pour la suite de notre propos – personne et personnage ne s'opposent pas, chez Sartre, dans une simple dichotomie. On verra, en suivant les analyses de Juliette Simont relatives aux psychanalyses existentielles, que l'influence du personnage le dispute aux effets de personne dans un processus continu de retotalisation de l'existence.

ÉROSION DE L'ANTINOMIE : PERSONNAGE HISTORIQUE, MASQUES SOCIAUX ET FONCTION-PERSONNE

Le mouvement de la pensée sartrienne, qui paraissait de prime abord reposer sur une opposition simple entre la personne et ses personnages, nous entraîne vers d'inévitables complications, que la seule mise au point lexicographique opérée plus haut nous permettait d'entrapercevoir.

Les difficultés commencent avec le cas du « personnage historique ». Il provoque déjà des craquements dans la structure de l'antinomie, car on perçoit d'emblée qu'il prend place dans l'inconfortable entre-deux. Cette fois, en effet, le personnage adhère à une personne bien réelle qui, par son action, se projette (ou se trouve projetée malgré elle) sur le plan d'une destinée collective. Il est donc la face *vouée au récit* de la vie d'une personne lestée de toute son existentialité et dont on retiendra les traits pouvant alimenter une narration de haute volée et de longue portée.

À condition de majorer la part de cette projection narrative, il est certes toujours possible de réduire l'écart en attirant le personnage historique du côté des êtres de fiction. Ainsi pourra-t-on relever que l'histoire médicale d'un grand homme peut influer sur le *rôle* qu'il *joua* sur la *scène* de l'histoire, ou sur sa façon de le jouer, mais n'intéressera l'historien que dans cette mesure. Reste qu'à l'inverse d'un personnage de roman, sa vie recèle, produit et traverse une multitude de faits plus ou moins (in)signifiants qui débordent le cadre du récit. Parmi ces faits dotés d'une pertinence seule-ment potentielle, et dont la mémoire collective ne conservera qu'une infime partie, tel historien pourra peut-être, en fonction des questions qu'il se pose, trouver des éléments significatifs alors que tel autre choisira de les laisser dans l'ombre. Et là où l'historien des temps classiques tendait à ne retenir que les plus exemplaires de tel ou tel schème édifiant, l'historien-chercheur sous sa forme actuelle voudra plutôt mesurer l'enracinement des événements dans la masse de ce que Nietzsche appelait les « petits faits » ainsi que la manière dont telle ou telle conception de la réalité historique implique une filtration particulière de ce qui peut s'enregistrer eu égard à la possibilité de le raconter et de le comprendre.

Quoi qu'il en soit, on se retrouve ainsi face à une notion de personnage qui ne se laisse plus définir à l'aune d'une dichotomie bien nette entre réalité et représentation. À l'inverse d'une personne, et bien qu'il en « soit » une par ailleurs, le personnage historique ne se constitue pas de tous les traits qui le déterminent sur le mode existentiel : de cette masse surabon-dante, il n'est que le profil tracé par son action sur le plan d'un destin collectif. Mais au contraire d'un être de fiction dépourvu de « réserve » biographique, réduit à ce qu'en dit le récit (et, secondairement, à ce que l'exégèse pourra en produire *a posteriori*), il s'imprègne au moins à titre potentiel de toutes les déterminations relatives à son être-au-monde.

Inversement, la genèse de la notion de personne implique de son côté l'idée d'une scission entre une face visible – qui se situerait du côté du « personnage » – et une face cachée liée à une intériorité elle-même scindée (le sujet « avec lui-même »). L'anthropologie historique a permis de saisir comment cet individu classique est apparu au cours des Temps Modernes. L'idéal d'une maîtrise des expressions liées aux passions, revêtues à point nommé comme s'il s'agissait de masques portés sur un substrat physionomique constant révélant l'èthos sous-jacent, exigeait de l'homme de cour qu'il agisse en acteur consommé. Comme une troupe théâtrale à lui seul, le courtisan devait savoir incarner, tour à tour, les différentes figures d'une galerie de personnages – le courroucé, le méfiant, l'amoureux, etc. Par ailleurs, ces expressions bien contrôlées formaient aussi l'aimable forteresse derrière laquelle la personne prudente pouvait s'abriter des menaces d'un « théâtre de l'intrigue » où l'homme restait plus que jamais un loup pour l'homme[1]. Puis on s'est avisé non seulement de la précarité de ce contrôle mais surtout de la valeur de l'expression authentique qui manifeste les mouvements intérieurs par voie directe, contre l'artificialité des jeux de masques. La critique de l'universelle hypocrisie devenant un motif récurrent à partir de Rousseau[2], elle formera le socle d'une éthique romantique dont les injonctions à « être soi-même » répercutent aujourd'hui encore les accents (lancés, notamment, à grands renforts de rhétorique commerciale à l'adresse d'individus consommateurs de signes qui, pour y obéir, se doivent d'arborer les oripeaux d'une originalité standardisée).

Au-delà, pourtant, de cette valorisation éthique de la personne opposée au personnage, la micro-sociologie goffmanienne a redécouvert à nouveaux frais la question classique de la « face » – non plus au sens d'une problématique d'émergence métaphysique liée à l'opposition entre essence et apparence, mais en montrant que les prises de rôle incessantes dont la succession rythme notre existence la plus quotidienne relèvent d'une fonctionnalité humaine fondamentale qui rend possibles les rapports entre individus au sein de situations socialement déterminées[3].

Partant de là, et sans pour autant dissoudre tout bonnement la différence entre « personne » et « personnage » comme on pourrait vouloir le faire à l'enseigne d'une vieille imagerie qui assimilait la vie humaine à un *theatrum mundi*, un brin de réflexion critique ne peut manquer de faire apparaître la complexité considérable des articulations qu'elle renferme. Car la différence a beau se donner à nous sur le mode d'une évidence naturelle majeure, solidement ancrée dans un fondement ontologique inébran-

---

1. Voir J.-J. Courtine et Cl. Haroche, *Histoire du visage. Exprimer et taire ses émotions (du XVIe siècle au début du XIXe siècle)*, Paris, Rivages et Payot, 2007 (1988), p. 86, 159, 218.
    2. *Ibid.*, p. 121, 204.
    3. E. Goffman, *The Presentation of Self in Everyday Life*, New York, Anchor Books, 1959.

lable, elle se révèle toujours, à l'analyse, dépendante d'une opérationnalité pratique et symbolique dont les formes sont multiples et qui ne laisse guère de doute quant au caractère éminemment construit de la dichotomie.

Ainsi l'observation sociologique nous apprend-elle qu'il n'est de personne sans procès de personnalisation, celui-ci pouvant s'attacher à bien d'autres entités que les sujets humains : sous des conditions déterminées, animaux et objets font, eux aussi, d'excellents candidats au statut de « personne ». Nathalie Heinich repérait trois modalités de l'attribution de ce statut à un objet, selon que celui-ci soit considéré comme agissant à la manière d'un sujet humain (c'est le cas du fétiche), qu'il tire une valeur particulière d'avoir appartenu à un tel sujet (relique), ou encore qu'il soit traité comme tel, ainsi qu'on le fait avec les œuvres d'art[1]. Dans chacun de ces trois cas, le processus de personnalisation consiste en un travail socialement codifié de particularisation visant à rendre l'objet insubstituable – le même type de travail étant d'ailleurs nécessaire pour faire une personne d'un membre de l'espèce humaine.

Pareille approche conduit à considérer la personne comme « une simple fonction applicable à différentes catégories d'êtres »[2], et donc à rompre le lien d'essence, ordinairement présupposé, entre personne et sujet humain – non seulement pour éviter d'occulter les médiations pratico-symboliques dont ce lien procède, mais aussi parce qu'il dépend très largement d'un consensus situé qui ne nous semble naturel que parce qu'il est le nôtre. Curieusement, nous rencontrons ici une situation analogue à celle que décrit Gilbert Hottois *dans le champ de la fiction*, et plus spécialement de la science-fiction. En vertu des conventions propres à ce genre littéraire, il n'est pas jusqu'aux entités les plus étranges qui ne puissent devenir « personnage ». Si bien que tout l'art du romancier de SF, et sa fécondité philosophique, résident dans l'adresse avec laquelle il parvient à concrétiser, sur le mode de la fiction narrative, une extension vertigineuse du système de paramètres en fonction desquels il est possible d'imaginer des types de personnes – jusqu'à aboutir à des cas de figure éloignés à des années-lumière de ce dont nos penchants humanistes nous ont donné l'habitude.

---

1. N. Heinich, « Les objets-personnes : fétiches, reliques et œuvres d'art », *Sociologie de l'art*, 6, 1993, p. 25-55. L'auteur rappelle, par ailleurs (p. 46), que l'application du principe de personne aux œuvres d'art avait déjà été proposée par Ét. Souriau. On ajoutera que M. Dufrenne, relayé par R. Passeron (« L'objet-sujet »), parlait pour sa part de « pseudo-sujets », *cf.* R. Passeron, *Pour une philosophie de la création*, Paris, Klincksieck, 1989, p. 158.
2. N. Heinich, « Les objets-personnes : fétiches, reliques et œuvres d'art », art. cit., p. 50.

Relevons, en passant, une question que suggère ce rapprochement entre personne et personnage quant à l'ouverture de leurs champs respectifs : si la fonction-personne est susceptible de s'appliquer à toutes sortes d'entités, humaines ou non – et, entre autres, aux « œuvres de l'esprit », ne serait-elle pas applicable aussi aux êtres de fiction médiatisés par certaines de ces œuvres, c'est-à-dire aux « personnages » eux-mêmes ? L'inverse ne fait guère de doute : les êtres de fiction ont indubitablement leur part à jouer dans la constitution de la personne et de sa personnalité, du fait de fournir des ancrages à la modélisation, ressort essentiel dans la construction du réel tant intérieur qu'extérieur [1]. Mais ne pourrait-il se concevoir qu'un personnage devienne une personne à la faveur d'un processus de particularisation ? La position non-ontologiste de l'anthropologie, qui se charge d'observer comment la fonction-personne s'applique à des entités sans considération de leur « nature propre », semble bien l'autoriser en principe. Souvenons-nous avoir jadis apostrophé le Père Noël en des missives plus ou moins insistantes qui lui étaient très personnellement adressées, et avoir entendu dire que Sherlock Holmes (pour ne parler que de lui) en reçoit de semblables sous des enveloppes dûment timbrées à l'adresse du 221b Baker Street [2]. Suivant cette hypothèse, il pourrait être passionnant de se demander par quelles opérations pratico-symboliques cette personnalisation d'un personnage fictionnel pourrait avoir lieu. Les coulisses de l'administration postale paraissent offrir un bon point de départ pour une telle enquête.

PRATIQUES D'ADORATION ET PERSONNALISATION DU DIVIN

Domaine bien différent de celui de la fiction et de l'histoire au sens propre, bien que l'adoption d'un point de vue extérieur puisse conduire à les confondre [3], la religion offre quantité d'exemples d'attribution du statut

1. Sur la « modélisation fictionnelle », voir J.-M. Schaeffer, *Pourquoi la fiction ?*, Paris, Seuil, 1999, principalement p. 198 *sq.*
2. À cette même adresse se trouve aujourd'hui le *Sherlock Holmes Museum*, une attraction qui propose au visiteur, accueilli par un ouvreur en costume d'époque qui tient le rôle du détective ou de son inséparable ami médecin, un parcours de l'univers holmesien, parsemé d'objets plus ou moins (ir)réels.
3. J.-M. Schaeffer, *Pourquoi la fiction ?*, *op. cit.*, p. 149-151. Sur les différentes modalités vérédictionnelles du discours historique et leur variations, voir P. Veyne, *Les Grecs ont-ils cru à leurs mythes ?*, Paris, Seuil, 1983.

de personne à des êtres de récit. Bon nombre de rituels religieux servent à engager une relation personnelle avec les personnages du mythe ou de la révélation, dieux et saints. Alors que certains d'entre eux sont regardés comme des individus d'exception appartenant déjà à la transcendance mais provisoirement accessibles par voie directe ici-bas, d'autres s'inscrivent résolument sur le plan d'un au-delà – tandis que d'autres encore se voient crédités d'une nature divine ancrée dans une personne humaine disparue dont il ne reste quelquefois qu'un nom propre, et dont la présence doit être ressuscitée sous d'autres modalités que l'existence terrestre. Dans tous ces cas, la fonction-personne s'applique manifestement à un très haut degré d'articulation pratico-symbolique et expériencielle. Si bien que de véritables relations personnelles peuvent s'instaurer entre les croyants et ces êtres qu'un sceptique considèrera comme des conglomérats de représentations et de notions portés par une imposante tradition. Les fidèles s'adressent souvent à leur(s) dieu(x) et à leurs saints comme à des proches. Ils se soumettent à leur jugement, implorent leur pardon, leur parlent à voix haute ou basse dans l'attente d'une réponse et d'un réconfort personnalisés. Les chrétiens enthousiastes qui ne craignent pas d'éclipser la transcendance par la certitude trop éclatante de la présence ne nous l'assurent-ils pas ? – *Jesus is my best friend*.

Or, alors que les personnes sacrées liées à un individu relativement proche dans le temps et l'espace sont pourvues d'un bagage biographique au même titre que tout individu (qu'il s'agisse d'un sujet commun ou d'un personnage historique), d'autres au contraire se caractérisent par l'extrême minceur voire l'absence d'un tel bagage. Mais une réserve biographique nulle ou presque ne constitue pas un obstacle lorsqu'il s'agit de produire en abondance des schèmes relationnels sur la base de textes sacrés, de leur exégèse et des pratiques rituelles qui en dépendent. De ce Jésus *lui-même*, hors des récits qui nous en tracent un portrait des plus sommaires, il se trouve que nous ne savons *rien*. Cela n'empêche pas de le fréquenter, au point qu'aux yeux de certains fidèles spécialement enclins à entretenir un contact intime avec leur divinité, sa compagnie au jour le jour importe peut-être davantage que celle de leurs semblables.

Ce « visage » de Jésus – ou devrait-on parler de « masque » ? – qui réaffirme sa divinité tout en le rendant familier au croyant fut l'objet d'un travail littéraire qui visait à susciter la foi. Baudouin Decharneux et Fabien Nobilio soulignent ainsi le défi que représentait, pour les auteurs des évangiles, la re-présentation d'une figure du Christ qui attesterait conjointement de sa traversée victorieuse de la mort et de son rapport à la communauté humaine qu'il est venu sauver. Dès le premier temps du christianisme, la figure de Jésus fut revêtue de masques théologiques qui recouvrirent ses traits – à tout jamais inconnus pour nous – et qui fonctionnèrent selon une logique de manifestation et d'oblitération. L'enjeu était de présenter à la fois l'humanité d'une figure christique malgré son changement de nature impliqué par la résurrection et une figure spirituelle affranchie des contraintes de l'espace et du temps, de sorte que chacun puisse s'y retrouver *personnellement*. Nous avons affaire ici à un dispositif d'emboîtement complexe : à la personne de Jésus, disparue et inconnaissable, vient se substituer un personnage historico-théologique qui ne nous apparaît qu'à travers les masques patiemment modelés par les premiers chrétiens. L'intensité des rapports qu'établissent les croyants à la « personne-Jésus » atteste, s'il le fallait encore, de l'efficacité du dispositif.

LA STAR ENTRE IMAGES, PERSONNE ET PERSONNAGE

La star présente encore un autre profil. Du point de vue qui nous occupe, elle s'inscrit dans un triangle dont les points extrêmes correspondent au personnage de fiction, au saint homme et au personnage historique.

Une star s'apparente en effet, par certains aspects, à un être de fiction. Dans ses concrétisations les plus typiques, si bien décrites par Edgar Morin[1], sa vie et sa face visible procèdent d'un « comme-si » narratif et iconique élaboré avec soin. Non seulement ses faits et gestes sont adroitement distillés par les attachés de presse, mais ils sont même souvent inventés de toute pièce : mariages ou amourettes arrangées, exploits et frasques légendaires, etc. Il est vrai qu'à l'inverse de la fiction au sens strict du terme, ce travail de construction d'un personnage ne se donne pas ouvertement pour ce qu'il est. Deux raisons incitent toutefois à reconnaître ici une parenté avec les personnages fictionnels. La première est que les opérations de ce travail ne se dissimulent qu'en partie. Le système laisse aux plus naïfs le soin de croire que « tout est vrai », ses résultats ne se laissant pas anéantir du seul fait d'apparaître comme des produits de l'artifice. Une dose de mensonge entre dans la composition du personnage – oui, on s'en doute, et alors ? L'acteur qui se montre à la ville paré d'une séduction trop magnétique pour être entièrement vraie, le *rocker* flamboyant dont le quotidien paraît rouler à tombeau ouvert, au rythme effréné de ses nuits blanches, d'excès en excès sept jours par semaine, n'en brillent

---

1. E. Morin, *Les stars*, Paris, Seuil, 1972.

pas moins de leur aura stellaire. L'autre raison tient en ce que l'ingénierie du *show-business* engendre des figures destinées à apparaître comme des prolongements quasi-réels des personnages fictionnels que les stars ont vocation d'incarner, qu'il s'agisse d'un acteur de cinéma ou d'un chanteur à succès endossant le rôle-type du héros sentimental.

Cette figure de la star est déterminée par sa multiplication grâce aux moyens techniques (et, aujourd'hui, technologiques) de reproduction propres à l'époque contemporaine. L'article de Nathalie Heinich soutient cette thèse, en se concentrant particulièrement sur le cas de l'acteur. La star de cinéma existe bien – contrairement aux personnages imaginaires qu'elle a incarnés, et qui ont nourri son image – mais son existence en tous points unique, voire auratique, ne se donne à voir et ne prend consistance qu'à travers la multiplication toujours plus impressionnante de son image, via les supports photographiques, cinématographiques ou numériques. À la fois personne et personnage hors du commun («personnalité», dans la terminologie de Nathalie Heinich), la star serait ce que l'un de nous a appelé une «image-personne»[1]. Cette locution désigne une catégorie d'images caractérisées essentiellement par la multiplicabilité et l'authenticité, toujours en tension. Transmuant sa propre personne en objet de représentation, la star ne se livre que dans un tiraillement plus ou moins ritualisé entre sa personne et ses images.

Le dispositif dont les mouvements alternent entre sacralisation d'une aura forcément singulière et réduction représentationnelle ne pouvait qu'intéresser le cinéma. À travers les images d'*All About Eve* et de *The Barefoot Contessa*, Laurent Van Eynde ausculte la représentation par Mankiewicz de personnages d'acteurs (et surtout d'actrices) caractérisés par la tension entre personne et personnage. *The Barefoot Contessa* s'attache particulièrement à montrer en abyme comment se construit la figure de la star – Maria, interprétée par Ava Gardner – par la fragmentation et le morcellement de son image. Les tentatives de résistance de Maria, qui cherche à opposer la présence de son corps non morcelé à la désintégration du sujet corporel par l'image, sont emblématiques du statut paradoxal de la star, prise dans une oscillation perpétuelle entre personne et personnage. Cela dit, comme le donne à voir *All About Eve*, la starification n'est rien d'autre que la version extrême d'une théâtralité généralisée qui affecte les rapports sociaux. Chez Mankiewicz, chaque protagoniste s'identifie à une

---

1. *Cf.* Th. Lenain, «Les images-personnes et la religion de l'authenticité», dans R. Dekoninck et M. Watthee-Delmotte, *L'idole dans l'imaginaire occidental*, Paris, L'Harmattan, 2005, p. 303-324.

véritable *performance théâtrale* puisqu'il n'existe que dans le processus par lequel la personne devient personnage. La personne construite par cette performance d'acteur s'assimile dès lors à une production de reflets, semblable à cette jeune fan vêtue de la tenue de soirée de son idole et qui, à la toute fin d'*All about Eve*, démultiplie son image à l'infini dans des miroirs. Mais là où le quidam vit la relation dialectique de la personne à son personnage sur un mode retenu, voire inapparent, la star en tant que telle se trouve enfermée dans des images de plus en plus nombreuses avec lesquelles elle tend à se confondre.

Pourtant, ce personnage semi-fictionnel et semi-imaginaire n'en colle pas moins à un sujet existentiel doté d'un état civil et susceptible d'apparaître, de son vivant, dans le même espace-temps que tout un chacun, même si de telles apparitions restent rares (sans parler de contacts réels de personne à personne avec une star, qui relèvent pour ainsi dire du merveilleux). Or, cet espace-temps n'est pas tant celui de la coexistence directe, du même genre que celle qui réunit les fidèles et le saint homme qu'ils vénèrent, que celui de la communication de masse, scindé par une disproportion numérique vertigineuse entre l'unicité de la personne adulée et la foule innombrable de ses adorateurs qui ne pourront jamais tous la voir en même temps au même moment. C'est dès lors à la machinerie pratico-symbolique du *show-business* qu'il revient de rendre possible une communication personnelle avec la star comme personnage-personne. Élément crucial du dispositif, le *fan-club* se charge, entre autres besognes, d'administrer le courrier à la faveur d'une pieuse tromperie laissant croire à demi que la star répond elle-même aux milliers de lettres que, dans les cas extrêmes, il peut lui arriver de recevoir en une seule journée ; où nous retrouvons le rôle des services postaux, récemment supplantés par les canaux de la blogosphère. Cette communication largement feinte constitue l'un des principaux moyens par lesquels la fonction-personne s'applique, sur un mode semi-fictionnel, au personnage de la star. De ce point de vue et sans en tirer d'autres conclusions, celle-ci s'apparente au saint homme vivant qui tourne une face de chair vers le monde et que les fidèles peuvent approcher pour lui demander ses bienfaits.

Par ailleurs, la star apparaît aussi comme une espèce très particulière de personnage historique puisqu'elle s'inscrit dans le cadre d'une narration collective du fait de son action. Non seulement elle contribue à faire l'histoire même de son art mais, sur un plan plus large, on lui sait gré d'avoir « changé les choses », « libéré les esprits », « exercé une influence considérable sur la vie de millions de personnes », etc. Mais une star se distingue d'un personnage historique au sens le plus courant du terme par la surabondance de sa réserve biographique, c'est-à-dire par la sur-pertinence généra-lisée de tous les faits ayant trait à sa vie. Avidement recherchés par les fans, ces faits sont enregistrés (ou inventés) et distribués via les organes de communication du dispositif-star[1]. Aucun ne semblera jamais assez mineur pour être jugé insignifiant. Giorgio Vasari avait pu écrire d'un Léonard de Vinci que «dans le moindre de ses actes résidait une grâce infinie», suggérant ainsi que chaque moment de sa vie avait été l'occasion d'un prodige et aurait dès lors réclamé d'être consigné pour les siècles des siècles[2]. Chez la star planétaire, rien – mais alors vraiment rien – de ce qu'elle pourra faire ou dire ne sera perdu pour ses adorateurs : la moindre récollection peut devenir, et du jour au lendemain, une gemme de sa couronne. Point même n'est besoin que les faits en question possèdent une quelconque valeur anecdotique (si l'on considère qu'une anecdote est l'illustration mineure d'un cas général). Même si les fans inclinant à une certaine cérébralité demandent du sens, tout ce qui passionne au sujet d'une star ne s'inscrit pas nécessairement dans le cadre d'un récit exemplaire, explicite ou non. Il semble que la pure factualité semi-fictionnelle des moindres détails de sa biographie suffise à les doter d'une forme d'aura des plus singulières où c'est la proximité même de la broutille qui apparaît, scintillante, sur la toile de fond de l'éloignement stellaire.

PERSONNAGES EN PHILOSOPHIE

Mais, bien loin de se limiter à ces cas de figure extrêmes qui permettent d'observer ses mouvements comme à la loupe, la dialectique de la personne et du personnage concerne la constitution même d'une subjectivité tant privée que sociale, considérée en chacune de ses occurrences toutes marquées par un entrelacement de l'imaginaire et de l'existentiel. Le personnage lui-même ne reste jamais cantonné au seul domaine de l'imaginaire. D'un point de vue pragmatique, il «existe» bien, puisqu'il ne cesse d'interagir avec nous, voire de nous façonner, selon des moda-lités qui lui sont propres. Cela est particulièrement évident si l'on pense aux rapports de l'acteur à son personnage, mais ce cas particulier en cache

---

1. L'anthropologue G. Segré, *Le culte Presley*, Paris, PUF, 2003, a très bien mis en évidence la propension à l'érudition qui anime les fans d'Elvis Presley, certains d'entre eux parvenant à mémoriser des masses de *factoids* véritablement impressionnantes.

2. G. Vasari, *Les vies des meilleurs peintres, sculpteurs et architectes*, éd. et trad. fr. A. Chastel (dir.), Paris, Berger-Levrault, 1983-1989, vol. 5, p. 31.

une multitude d'autres. Le personnage historique ou politique se fait porteur d'un sens, d'une vision de la communauté auxquels celle-ci se réfère pour entrevoir ou contester son propre destin. Chaque personne se construit à travers une multiplicité d'identifications partielles, conscientes et inconscientes, à des personnages plus ou moins fantasmés – de l'adolescent qui s'identifie corps et âme à une star au jeune manager pris dans le rôle du bon cadre dynamique, en passant par les multiples gestes et scénarios empruntés aux personnages réels ou imaginaires qui peuplent notre psychisme. Les personnages fictionnels, eux aussi, peuvent donner prise à des identifications partielles et, quoi qu'il en soit, interviennent dans notre réalité sous forme de contenus mentaux[1] plus ou moins chargés et porteurs de sens.

L'exercice de la pensée philosophique a également, à maintes reprises, recouru à des personnages qui opèrent de manière décisive dans l'élaboration de ses concepts : du Socrate de Platon à Zarathoustra, de Roquentin au séducteur kierkegaardien. Du point de vue de la construction de la pensée, cette insistance des personnages en philosophie pourrait s'expliquer par les accointances de certaines pratiques philosophiques avec la mise en récit – pas forcément de fiction, ni forcément explicite. Le récit permet de mettre l'expérience en forme, de sorte que celle-ci apparaît plus intelligible, plus accessible à la connaissance que dans le chaos du vécu immédiat. C'est, déjà, le sens du concept de *mimèsis* défendu par Aristote dans la *Poétique*[2], et c'est encore celui que Paul Ricœur donnera à la mise en récit, dans laquelle il voit une opération de configuration du sens et, par là, du temps, qui devient « humain »[3]. Or, le récit appelle toujours, peu ou prou, des personnages. On rencontre des personnes dans l'expérience quotidienne ; elles deviennent les personnages d'un récit qui les inscrit dans une visée de sens plus vaste. Le récit « philosophique » ne ferait pas exception à la règle. C'est patent chez Platon, Augustin, Montaigne, Diderot ou Sartre, mais cela vaut aussi pour des textes philosophiques qui ne se présentent pas directement comme récits : jusqu'à quel point, par exemple, le Descartes qui nous décrit pas à pas sa recherche d'un savoir certain, agrémentant

1. C'est J.-M. Schaeffer, *Pourquoi la fiction?*, *op. cit.*, p. 212, qui relève que toutes les modélisations fictionnelles existent dans la réalité *au moins* en tant que contenus mentaux et, parfois, en tant qu'actions physiquement incarnées ou représentations publiquement accessibles.

2. Cette interprétation est par exemple défendue par R. Dupont-Roc et J. Lallot dans l'appareil critique de leur traduction de la *Poétique*, Paris, Seuil, 1980.

3. *Cf.* P. Ricœur, *Temps et récit*, 1. *L'intrigue et le récit historique*, Paris, Seuil, 1983.

sa progression de remarques quant à sa lassitude et à son trouble, ne se présente-t-il pas comme un personnage ?

Mais le personnage n'est pas le simple masque du philosophe car, une fois plongé dans la pensée, il s'engage sur des voies qui sont intrinsèquement conceptuelles. Deleuze et Guattari ont d'ailleurs insisté sur ce point à propos de ceux qu'ils nomment « personnages conceptuels », lesquels n'ont pas toujours de nom propre mais insistent, souterrains au texte, et appellent une reconstitution par le lecteur. Les personnages conceptuels ne sont pas les prête-noms du philosophe. « Le philosophe est l'idiosyncrasie de ses personnages conceptuels. C'est le destin du philosophe de devenir son ou ses personnages conceptuels, en même temps que ces personnages deviennent eux-mêmes autre chose que ce qu'ils sont historiquement, mythologiquement ou couramment »[1], écrivent les deux auteurs. Par le truchement de ses personnages conceptuels, le philosophe se voit traversé par des aptitudes de pensée. L'exercice philosophique arrache leurs déterminations historiques aux types psycho-sociaux pour en faire des événements de pensée, qui conservent des traits pathiques (l'Idiot), relationnels (l'ami, le rival), juridiques (le philosophe-juge kantien) ou existentiels (Diogène et son tonneau)[2]. Ainsi Descartes devient-il l'Idiot, le penseur privé qui refuse les concepts enseignés pour n'accepter que ce qu'il pense par lui-même en fonction de forces innées que chacun possède.

Revenons quelques instants sur le « cas » Descartes, instaurateur d'un certain type de rapport à soi dans la pensée de la subjectivité moderne. Les *Méditations métaphysiques* se livrent comme récit ou mise en scène d'un « je » qui renonce, pour un temps tout au moins, à l'ensemble de ses certitudes, à tout ce qui fait les « habitudes de la vie »[3], pour se retrouver pure chose pensante. Le sujet de la pensée moderne apparaît ainsi comme un sujet scindé, fêlé, entre l'absolue certitude d'une pensée réflexive et tout ce qui constitue « la vie », que Descartes appréhende en termes d'imagination, de nature, de sens, d'opinion, d'habitude. On le sait, le *cogito* ne pourra sortir de ce solipsisme radical qu'en passant par une altérité absolue – le Dieu souverain, éternel, infini et omniscient de la Troisième Méditation. Quelque chose d'essentiel pour le sujet moderne et pour l'exercice de la pensée se joue dans cette configuration qui sépare le « je » de la pensée de ce qui serait « son autre » et cependant rien de moins que l'étoffe de ses

---

1. G. Deleuze, F. Guattari, *Qu'est-ce que la philosophie ?*, Paris, Minuit, 1991, p. 62-63.
2. *Ibid.*, p. 68-71.
3. Descartes, *Méditations métaphysiques*, éd. et trad. fr. M. Beyssade, Paris, Librairie Générale Française, 1990, p. 47.

jours. La proposition cartésienne ne peut pas se lire, en soi, en fonction du couple personne/personnage mais elle met en forme une structure de dédoublement du sujet au sein de laquelle viendront se loger des questions relatives à ces deux pôles ontologiques. S'il y a rupture entre le « je » de la spéculation réflexive et les données corporelles, sensorielles, passionnelles et imaginaires qui construisent sa figure à la face du monde, alors le moi peut s'observer et se juger comme on évaluerait un personnage[1]. L'étude du sujet de la philosophie moderne passerait donc, pour partie, par l'analyse de la dialectique entre personne et personnage qu'il présuppose ou, du moins, rend possible.

LE PERSONNAGE, OPÉRATEUR CONCEPTUEL
POUR ATTEINDRE LA PERSONNE

Au-delà des perspectives ouvertes par le couple personne/personnage en histoire de la philosophie, ces notions alimentent les multiples modes d'approche théorique de la subjectivité contemporaine. Deux renversements s'opèrent à ce niveau : non seulement ce sont désormais des disciplines extérieures à la philosophie qui viennent l'interpeler sur la question de la personne mais, en outre, comme le suggèrent plusieurs des contributions réunies ici, le personnage tend désormais à primer dans une approche herméneutique de la personne. On ne donnerait sens à la personne qu'en l'appréhendant d'abord en tant que personnage, ou à travers ses personnages.

Les thèses défendues dans l'article de Dominique Lestel sont exemplaires à cet égard. La question qui l'occupe est bien celle de la *personne* et, plus précisément, de la manière dont il conviendrait de déterminer ceux avec qui nous nous comportons comme avec des personnes. Cet angle d'attaque pragmatique – qui permet d'éviter l'identification *a priori* de la personne aux seuls sujets humains – l'amène rapidement à rencontrer des *personnages*. À la logique du test, qui repose sur des critères discriminants pour déterminer qui est ou n'est pas une personne, Dominique Lestel propose de substituer une « logique de l'éprouver », basée sur l'implication et l'imagination de celui qui cherche à reconnaître des personnes. Dans ce

---

1. Cette idée est notamment défendue dans Th. Dommage, N. Doutey, « Il faut jouer, vous êtes embarqué. Pour une approche non-représentationnelle du jeu », article en ligne, *Accedit*, http://www.accedit.com/articles_fiche_gen.php?id=175, p. 5.

contexte, une personne reconnaîtra son interlocuteur comme personne si celui-ci peut être considéré comme personnage. Celui qui interagira avec moi comme personnage – comme étant capable de tenir un rôle dans une narration commune signifiante – m'apparaîtra, *de facto*, comme une personne. Le personnage est donc l'outil conceptuel qui permet de renoncer à la définition ontologique de la personne.

Dans un même mouvement de renversement du rapport personne-personnage, mais dans un champ d'investigation tout autre, la contribution d'Aline Wiame s'intéresse aux enjeux des théories «théâtrales» de la personnalité. Du concept freudien d'identification à certaines formes de théâtrothérapie, l'investigation de la psyché humaine incite à considérer la personnalité comme une construction qui s'élabore et se module à travers différents rôles et personnages psychiques. Ce modèle théâtral de la construction du sujet incite l'auteur à analyser des cas de dédoublement des rôles chez les personnages dramatiques qui ont arpenté les scènes de nos théâtres au cours du siècle dernier. Puisque certaines sciences humaines recourent à un paradigme théâtral pour définir la personne, les personnages du théâtre – «concret», celui-là – apportent un riche ferment conceptuel à l'élaboration des définitions psychologiques et philosophiques du sujet.

Le personnage «prime», aussi, dans le domaine de l'engagement collectif, et plus particulièrement quant à la manière dont nous structurons et donnons sens à nos inscriptions politiques et historiques. Les propositions de Marc Angenot et de Julie Allard ont en commun de souligner comment nous ne jouons un rôle dans l'espace public qu'en devenant personnage sur une scène politico-historique dont les exigences propres relèguent la personne en coulisses.

Analysant les démarches subjectives mises en œuvre au XXe siècle pour donner sens au cours de l'histoire, Marc Angenot repère maints effets de «bovarysme historique». Pour ceux et celles qui, au siècle dernier, ne se contentèrent pas de réfléchir sur le cours des choses mais voulurent y agir, la découverte du *sens* – en tout cas du sens public – de leur vie fut vécue comme (auto-)attribution d'un «mandat hétérodiégétique». Ils se trouvèrent un *rôle* existentiel à jouer dans et par l'histoire, rôle auquel les grands courants idéologiques aujourd'hui moribonds conféraient une dimension héroïque. Bref, les individus jouaient leur rôle dans la marche du monde en se trouvant interpelés en personnages d'un vaste récit historique auquel il convenait de prendre une part urgente.

Julie Allard se place, quant à elle, dans l'optique de la philosophie politique pour démontrer, en commentant les propositions de Hannah Arendt, que l'homme ou la femme d'action qui intervient dans la sphère publique n'est pas une personne mais un personnage. Si la sphère publique est adossée à la sphère de l'intime, cette dernière se doit de rester cachée. L'homme d'action est un personnage, un personnage masqué – non pas parce qu'il aurait des « petits secrets » à dissimuler mais parce que ses motivations privées, intimes, sont intraduisibles dans le langage argumenté supposé par l'espace public, et ne doivent dès lors pas interférer avec lui.

Le personnage primerait donc, dans plusieurs champs d'investigation, lorsqu'il s'agit de reconnaître la personne, de la définir et de modéliser ou d'évaluer la manière dont elle prend part aux affaires publiques. Comme on l'a déjà relevé, cela ne signifie en rien que personne et personnage se confondent. Mais ces approches refusent de prendre pour point de départ une compréhension ontologique ou normative de la personne, qui verrait immanquablement le personnage comme un faux-semblant masquant une réalité personnelle substantielle. Une visée pragmatique appelle le personnage à devenir un outil conceptuel qui permet de retracer les contours de la notion de personne. On ne demandera pas ce qu'est une personne, mais comment, quand et pourquoi elle interagit avec des personnages ou se présente comme personnage. Abordant des champs aussi variés que l'histoire des religions, le star-system hollywoodien, la représentation cinématographique ou théâtrale, la sociologie, l'éthique, la littérature et la SF, l'histoire, la politique ou la psychologie, toutes les études réunies dans ce volume adoptent cette approche. Elles interrogent la pratique philosophique sous deux aspects au moins. D'abord, d'un point de vue conceptuel, elles invitent à étudier ce qu'il en est de la personne en philosophie à travers des notions connexes que l'idée de personnage invite à mettre en avant, comme l'articulation de l'intime et du social dans l'existence publique, le rapport de l'identité à la fiction artistique ou à l'idéologie politique, ou encore le cadre praxéologique et herméneutique dans lequel se reconnaissent les personnes. D'un point de vue méthodologique ensuite, ces études confrontent la pratique spéculative à des modes diversifiés d'appréhension et de construction du sens, qu'il s'agisse du récit littéraire ou historique, de la mise en scène sociale du soi, de l'exégèse religieuse ou des situations d'évaluation éthique – sans oublier la représentation théâtrale, cinématographique, photographique ou politique.

**

Traversée depuis son berceau grec par tant de personnages, d'acteurs et de figures illustres, travaillée en continu par la question du sujet, la philosophie ne cesse de se confronter au jeu du personnage et de la personne. D'un point de vue intra-philosophique, le personnage interroge les modes de construction des textes spéculatifs, la structure sous-jacente à notre conceptualisation du sujet et le devenir des traits personnels lorsqu'ils deviennent «personnages conceptuels». Mais la philosophie demeure également un cadre utile pour penser les occurrences concrètes de la dialectique personne/personnage dans ses dimensions politique, sociale, privée et imaginaire. Sur ce point, l'adoption d'une approche pragmatique, nécessairement complétée par les apports de la sociologie, de l'anthropologie historique, de la psychologie ou de l'histoire culturelle, peut nous aider à surmonter des apories où la théorie du sujet s'est souvent empêtrée. Même si la part du «devoir-être» semble destinée à devoir le disputer de façon toujours plus difficile face aux conquêtes de l'observation compréhensive des comportements, le mouvement de redistribution des limites et des rôles entre personne et personnage incite au moins le philosophe à travailler ses propres points d'ancrage et ses connivences disciplinaires.

Thierry LENAIN
Université Libre de Bruxelles

Aline WIAME
Aspirante F.R.S.-FNRS
Université Libre de Bruxelles

LE PERSONNAGE EN POLITIQUE
SECRET ET APPARENCE CHEZ HANNAH ARENDT

Hannah Arendt est l'auteur d'une œuvre politique qui met en avant l'action et la publicité, tout en s'appuyant presque paradoxalement sur une pensée du secret. Arendt soutient en effet que l'action publique, centrale en politique, s'adosse à une sphère intime qui doit, elle, rester cachée.

Cette subtilité de la pensée d'Arendt se manifeste dans l'analogie qu'elle établit entre le monde public et la scène de théâtre, les agents étant selon elle des acteurs appelés à jouer un rôle et à porter un masque. Arendt soutient ainsi que l'homme d'action n'est pas une personne, mais un personnage. Loin d'une tradition philosophique qui voudrait y voir le vice propre de la vie publique et de la politique, la présence de personnages masqués en définit au contraire, pour Arendt, l'exercice légitime : la parole publique ne peut se construire qu'en s'appuyant sur un «secret», c'est-à-dire le fait de tenir cachées les motivations intimes de nos engagements (non parce qu'elles sont mauvaises, mais qu'elles ne sont pas traduisibles dans le langage structuré et argumenté que présuppose l'espace public).

Le thème du secret, chez Arendt, est donc indissociable du thème de la distance. Arendt s'intéresse au secret en tant qu'il participe de la distance, et qu'il est nécessaire non seulement au mode de vie du philosophe, en retrait, mais également à la tenue des affaires publiques elles-mêmes (comme le veut par exemple l'impératif d'impartialité). La réflexion d'Arendt est une pensée radicale de la publicité qui, en même temps, condamne la transparence, et c'est tout l'intérêt de cette réflexion.

Globalement, Arendt tend à maintenir une opposition entre l'intérieur et l'extérieur, qu'elle estime particulièrement ébranlée à notre époque. Cette opposition renvoie à la question des rapports entre être et apparaître, ainsi qu'à l'opposition entre deux modes de vie, le mode de vie contemplatif, propre au philosophe, et le mode de vie actif, propre à la politique. Elle fait également signe vers une séparation de la vie privée et de la vie publique, de l'intimité et de ce qui s'expose à l'opinion. Arendt traite ce thème avec beaucoup d'originalité à travers une réflexion sur l'hypocrisie qui aboutit à des conclusions assez surprenantes.

Je voudrais mettre en lumière cette «théorie du secret» chez Arendt, selon laquelle il faut pouvoir choisir ce que l'on décide de montrer et maintenir cachée notre intimité. Cette thèse peut être explicitée, tout d'abord, grâce à l'interprétation originale que propose Arendt de l'opposition métaphysique entre être et apparaître, et notamment l'incompatibilité entre vérité et politique qui en découle selon elle (I). C'est dans ce cadre que l'on pourrait s'attendre à un plaidoyer en faveur d'une publicité radicale, alors qu'Arendt montre que la publicité, contrairement à la transparence, ne tient que si quelque chose reste caché. Ensuite, dans un deuxième temps, Arendt tire les conséquences de cette conception de la publicité sur le plan des affaires humaines, notamment en ce qui concerne l'hypocrisie en politique (II). Enfin, elle montre la nécessité politique de maintenir une sphère intime et souligne les risques du développement, dès les années 70, d'une société de la transparence, qui est aussi selon elle une société du cœur et de la compassion (III).

La position métaphysique

La relation entre secret et publicité repose chez Arendt sur son interprétation de la distinction entre être et apparaître. Cette opposition est aussi ancienne que la philosophie, et on en connaît l'interprétation la plus classique, selon laquelle les apparences font écran entre la pensée et l'être. Les apparences limiteraient notre accès à l'être, voire nous tromperaient à son sujet dès lors que nous confondrions l'être et les apparences. En d'autres termes, les apparences nous cacheraient quelque chose.

Ce dualisme de l'être et de l'apparence, du fond et de la forme, est réinterprété par Arendt dans son dernier livre, *La vie de l'esprit*[1]. Elle ne s'y contente pas de contester le dualisme platonicien, mais propose plutôt de le réinterpréter, en deux temps. Dans un premier temps, Arendt revient sur la notion d'apparence, qu'elle interprète dans un sens phénoménologique : l'apparence, c'est en effet d'abord un espace d'apparition. Mais c'est aussi

---

1. H. Arendt, *La vie de l'esprit*, t. 1, Paris, PUF, 2000 (désormais cité VE1).

le seul espace de vie des hommes (entendre : les êtres humains). Pour Arendt, apparaître est donc le mode d'être-au-monde de l'homme. Ainsi, la vie même coïncide avec le fait d'apparaître. Quand on meurt, on « disparaît », on sort de ce monde. C'est ainsi qu'Arendt conteste un dualisme de l'être et de l'apparaître qui impliquerait que la vraie vie est ailleurs. Mais, dans un second temps, Arendt glisse d'une thèse phénoménologique classique à une affirmation plus politique, qui ne concerne plus être et apparaître, deux êtres-au-monde relativement passifs, mais être et paraître, ce dernier impliquant une intention volontaire qui explique en partie la référence au théâtre et au masque. Arendt affirme ainsi, de façon radicale, qu'« *Être et Paraître coïncident* »[1].

Cette coïncidence entre être et paraître semble s'opposer à la notion de secret, puisqu'elle suppose, comme le dit Arendt, que « tout ce qui est, est destiné à être perçu »[2]. Mais il faut préciser une dimension du domaine des apparences qui va tout changer : c'est la pluralité. « La phénoménalité du monde, qui comprend avec elle la phénoménalité des existences, exige d'être pensée dans la dimension de la pluralité »[3]. Si l'être, comme l'affirme Arendt, est fait pour apparaître et même paraître, c'est qu'il est fait pour apparaître *au regard d'autrui*. Si, pour nous les hommes, être et paraître coïncident, c'est uniquement sur le plan des relations entre hommes. Une phrase presque équivalente, tirée de son *Essai sur la révolution*, le confirme : « *Dans le domaine des affaires des hommes*, l'être et l'apparence sont réellement une seule et même chose »[4]. Autrement dit, c'est dans le monde des hommes, parce qu'il est fondé sur la pluralité, que l'un et l'autre coïncident : nous vivons à plusieurs, et nous vivons du regard porté par d'autres sur notre propre apparence. Parce que la pluralité est la condition humaine, il est essentiel pour nous de paraître à d'autres pour exister dans le monde des hommes.

Cela n'empêche toutefois pas Arendt de maintenir des expériences de solitude, donc de retrait par rapport au monde des affaires humaines, expériences qui sont pour elle caractéristiques de la pensée. Seul le penseur, qui s'abstient d'agir, se trouve en retrait des apparences. Arendt distingue donc, pour chaque homme, entre deux rôles différents : celui de l'acteur du monde, l'homme d'action, l'homme politique, pour lequel être et paraître

1. VE1, p. 37.
2. VE1, p. 38.
3. E. Tassin, « La question de l'apparence », dans *Politique et pensée. Colloque Hannah Arendt*, Paris, Payot, 1999, p. 72.
4. H. Arendt, *Essai sur la révolution*, Paris, Gallimard, 1985, p. 141 (désormais cité ER). Je souligne.

ne font qu'un, et le spectateur du monde, le philosophe, mais aussi l'historien ou le juge, autant de personnages pour lesquels la façon dont ils paraissent n'est pas décisive.

Cela signifie que, même dans un monde d'apparences constitutives, certaines choses ou certaines expériences qui relèvent de la vie intérieure, de l'intimité, ne sont pas faites pour être montrées. C'est le cas des activités de l'esprit qu'Arendt considère comme « une dérobade au monde des apparences » et qui « ont pour principale caractéristique d'être *invisibles* »[1].

Parmi ce qui est caché et n'apparaît pas, il y a également les sentiments de l'âme, qui ne peuvent apparaître qu'à travers des manifestations qui nous échappent (on rougit de honte, par exemple). Pour Arendt, l'âme est invisible au même titre « que les organes internes, qu'on sent aussi fonctionner ou non, sans rien y pouvoir »[2]. Le thème du secret survient dès lors qu'il n'est pas bon de faire apparaître à la surface ce qui est fait pour demeurer invisible : quelque chose dans le cœur des hommes ne peut être révélé. Seul Dieu peut voir un cœur humain dans sa nudité. « Les émotions que je ressens ne sont pas plus faites pour être montrées à l'état pur que les organes internes qui nous font vivre »[3]. On devine ainsi, chez Arendt, une forme de théorie de l'indicible, de ce qui ne peut se formuler, se traduire, et qui dès lors ne peut avoir de place dans l'espace public. Car l'expression de l'intimité se fait en effet à travers des affects et non à travers une parole construite, échangée, débattue, parole qui caractérise l'espace public. À bien des égards, l'intimité est donc ineffable et, comme le pensait Nietzsche, ne se partage pas. Nietzsche en éprouvait un profond mépris à l'égard de la communication. « Tout esprit profond a besoin du masque. Plus encore : autour de tout esprit profond se développe en permanence un masque, de par la fausseté perpétuelle, c'est-à-dire du fait de la platitude dont chacune de ses paroles, chacune de ses étapes, chacun des signes de vie qu'il donne sont interprétés »[4]. Comme Nietzsche, Arendt considère que les sentiments profonds ne sont pas faits pour être communiqués et relèvent du secret, car ils habitent le cœur humain. « Ce cœur non seulement est un lieu de ténèbres que certainement nul regard humain ne saurait pénétrer ; les qualités veulent l'obscurité, réclament d'être protégées contre la lumière

1. VE1, p. 100.
2. VE1, p. 101.
3. VE1, p. 53.
4. Nietzsche, *Par-delà le bien et le mal*, § 40, Paris, L'Harmattan, 2006, p. 69.

publique si on veut qu'elles grandissent et restent ce qu'elles doivent être, motifs intimes non destinés à l'étalage en public » [1].

Les activités de l'esprit et les sentiments de l'âme ne relèvent donc pas directement, pour Arendt, de la publicité. Si la pensée cherche à changer le monde, ou le sentiment à s'exprimer en public, dit-elle, ils ne peuvent que se travestir.

Alors qu'elle fait coïncider être et paraître, tout en montrant qu'il existe une intériorité qui échappe à l'apparence, soit parce qu'elle est impropre au langage et à l'échange (comme le sentiment), soit parce qu'elle suppose la solitude (comme la pensée), Arendt ne conclut pas que ce qui n'apparaît pas n'existe pas. Bien au contraire, elle maintient en permanence une tension entre ce que l'on montre et ce que l'on cache, ce qui doit être public et ce qui doit rester secret. C'est pourquoi elle insistera davantage sur le paraître (qui cache) que sur l'apparaître, qui lui nous échappe. Arendt va ainsi proposer une interprétation neuve de la notion d'apparence, intimement liée à la notion d'acteur, et même à l'idée du monde comme scène de théâtre : l'homme qui joue un rôle dans le monde est comme un acteur qui porte un masque. Ce masque, il l'endosse, c'est une apparence qui lui permet de se présenter aux autres hommes. « Les hommes *se présentent*, comme des acteurs, sur une scène qu'on leur a préparée » [2]. Arendt réinterprète donc la notion d'apparence en différenciant, d'une part, ce qui paraît, la façon dont on se présente à la pluralité des autres hommes et, d'autre part, ce qui transparaît ou que l'on montre de notre intimité. Paraître, dit-elle, ce n'est pas révéler un penchant intime (secret). Se présenter suppose déjà un retour réflexif sur soi, une forme de conscience de soi-même, de ce qui peut être donné à voir ou non.

Pour Arendt, l'apparence a donc une vertu que la transparence a perdue : l'apparence, c'est à la fois ce qui cache *et* ce qui montre. Arendt joue sur ce double sens de l'apparence : « L'apparence a pour double fonction de dissimuler l'intérieur et de révéler une surface » [3], c'est-à-dire cacher *pour* montrer.

Arendt prend l'exemple de la peur et du courage : la peur est une émotion nécessaire (notamment à la conservation de la vie), qui est universellement ressentie, bien que certains hommes nous paraissent exceptionnellement courageux. Or, « l'homme courageux n'est pas quelqu'un dont l'âme est dépourvue de cette émotion, ou qui sait la dominer une fois pour

1. ER, p. 137.
2. VE1, p. 40.
3. VE1, p. 60.

toutes, mais un être qui a décidé que ce n'est pas le spectacle de la peur qu'il veut donner » [1]. Si on ne peut donc maîtriser un sentiment aussi intime que la peur, on peut en revanche faire en sorte de ne pas le manifester, donc de le garder caché. Le fait de pouvoir dissimuler en même temps qu'on montre, le fait de se présenter, est donc la condition pour que l'être-au-monde de l'homme ne soit pas subi, mais actif [2] : dans une certaine mesure, dit Arendt, on choisit comment on veut apparaître, et donc ce que l'on laisse paraître. Arendt parle même, dans la *Vie de l'Esprit*, « d'un choix délibéré de ce qu'on va montrer ou cacher » [3].

Du coup, cette apparence par laquelle les hommes se présentent les uns aux autres et se taillent une place dans le monde, n'a plus rien à voir avec la transparence que la coïncidence entre être et paraître aurait pu supposer. L'apparence repose au contraire sur la possibilité de maintenir du secret et de l'invisible. Le caractère actif de l'apparence permet donc à Arendt de distinguer entre se montrer et se présenter, et surtout entre transparence et publicité.

Le rapprochement qui s'opère ainsi entre le monde de l'apparence, le monde humain et le théâtre est fondamental : le masque que portaient les acteurs dans l'Antiquité symbolise selon elle cette maîtrise de l'apparence qui permet de se présenter tout en maintenant du secret. Encore plus : le fait de cacher est essentiel pour apparaître. C'est sur ce modèle du théâtre et du masque qu'Arendt construit donc sa réflexion sur la problème de l'hypocrisie, centrale dans sa pensée politique.

AUTHENTICITÉ ET HYPOCRISIE EN POLITIQUE

Sensible à la culture romaine, Arendt établit un lien assez classique entre scène politique et théâtre. « Rome nous fait découvrir une civilisation où la perception théâtrale ne se limite pas à l'horizon clos de la scène. Tout peut devenir spectacle : les débats judiciaires, les combats de la guerre civile, une jeune femme endormie ou l'exécution d'un criminel » [4]. Ainsi Rome, qui sert de modèle politique à Arendt, incarne une politique mise en scène, avec sa distribution des rôles, ses costumes, ses rituels, qui ont pour

1. VE1, p. 58.
2. C'est la raison pour laquelle Arendt pense d'emblée la relation métaphysique sur le plan de l'action (être/apparaître, et non essence/apparence).
3. VE1, p. 56.
4. F. Dupont, *L'acteur-roi*, Paris, Les Belles Lettres, 1985, p. 24.

fonction principale de distinguer entre un public-spectateur et les acteurs politiques eux-mêmes[1].

Arendt insiste en particulier sur l'analogie entre la personalité juridique, par laquelle nous existons dans le monde politique, et le port d'un masque. Cette analogie est fondée, classiquement encore, sur l'étymologie du mot «personne» : «Il est bien connu qu'on appelait *persona*, dans le latin archaïque et classique, non pas l'acteur, mais le rôle et le masque»[2]. Selon Arendt, *persona* désigne donc chez les romains le masque des acteurs de théâtre[3], à travers lequel leur voix passait. Par analogie, la personne juridique, la personne de la scène politique, n'est donc pas une personne naturelle mais un personnage de théâtre, un rôle, une fonction[4]. La loi romaine donne un masque qui constitue la personalité juridique du citoyen. «*Persona* est l'homme, mais seulement tel qu'il se présente dans la vie juridique, remplissant les différentes paroles ou les différents rôles que l'ordre juridique peut lui attribuer : rôle de père ou de fils de famille, d'esclave, d'affranchi. La *persona* n'est donc qu'un moyen technique de localisation et d'imputation des droits et des obligations»[5].

Comme le masque porté par l'acteur, la personnalité juridique cache donc le moi naturel et offre une apparence, fonde un personnage. Le spectacle suppose qu'une distance soit maintenue entre l'homme et le citoyen,

---

1. Le rôle du théâtre dans la politique romaine est également indissociable de la place qu'y tient la rhétorique : l'*actio* définit en effet la mise en scène à laquelle recourt l'orateur pour appuyer son discours (gestes, silences, expressions du visage, etc.), et renvoie tant à la notion d'acteur (de théâtre) qu'à celle d'action (politique). Or ce lien de la rhétorique à l'émotion est passée sous silence par Arendt qui, au contraire, interprète le théâtre – par le biais du masque - comme un moyen de distinguer entre émotions intimes, d'un côté, et action politique, de l'autre.

2. Y. Thomas, «Le sujet de droit, la personne et la nature», *Le débat*, n° 100, 1998, p. 98.

3. *L'acteur-roi, op. cit.*, p. 81. Selon F. Dupont, si le masque est commun dans le théâtre grec, il est beaucoup moins présent dans le théâtre romain, où la notion de *persona* est incarnée davantage par le maquillage du visage. C'est alors le visage maquillé qui incarne la *persona*, et non le masque lui-même.

4. Cette étymologie renvoie au latin, mais le terme semble avoir eu tout d'abord une origine grecque. Selon F. Létoublon, l'invention du personnage, dérivé du visage, pourrait être à l'origine de l'utilisation de *persona* pour désigner un masque. Aussi c'est le fait de présenter un *visage* au regard des autres qui constituerait l'élément fondamental du mot personne, et non le fait de porter un masque, de jouer un personnage. Ainsi, l'origine grecque et non latine renverrait moins à une politique du personnage, comme chez Arendt, qu'à une éthique du visage, telle qu'on peut la trouver par exemple chez Emmanuel Levinas. Voir notamment F. Létoublon, «La personne et ses masques : remarques sur le développement de la notion de personne et sur son étymologie dans l'histoire de la langue grecque», *Faits de langue*, 3, 1994, p. 7-14.

5. G. Lhullier, «L'homme-masque. Sur la portée anthropologique du droit», *Methodos – savoirs et textes*, 4/2004, p. 1.

l'acteur et son masque, le personnage et la personne. Cette distinction entre la personne et la fonction est un thème typiquement romain. Des stoïciens, comme Épictète, soulignent la dimension éthique de cette distance à maintenir entre la personne humaine et la fonction que la personne ne fait qu'habiter. Épictète parle alors d'usage : la divinité nous a donné l'usage de fonctions sociales, mais tout cela ne nous appartient pas. La personne ne peut donc pas s'identifier à la fonction qu'elle exerce ou même au statut que la loi romaine lui confère. Au sens propre, on n'*est* pas citoyen[1]. À sa façon, Lacan maintiendra ce hiatus à propos de l'identité : « Un homme qui se croit un roi est fou, un roi qui se croit un roi ne l'est pas moins »[2].

Dans *L'Amérique*, Kafka met lui aussi en garde contre les dangers de l'identification à une fonction, à un « masque », tout en suggérant que l'action est le mode de vie authentique pour qui porte un masque de théâtre. L'acteur, pour Arendt également, est celui qui prétend à un rôle, qui joue un personnage, sans que ce jeu soit inauthentique. Au contraire, en jouant on devient un être humain qui préserve sa liberté et se protège de l'hypocrisie qui consiste à se prendre réellement pour le rôle que l'on joue. « Si l'acteur est lui quand il joue, se demandait sagement Diderot, comment cessera-t-il d'être lui ? S'il veut cesser d'être lui, comment saisira-t-il le point juste auquel il faut qu'il se place et s'arrête ? »[3].

Arendt tente de montrer la dimension politique de cette distance éthique fondamentale pour les stoïciens[4]. Elle s'intéresse en particulier à la capacité des Anciens à distinguer le moi naturel et le personnage politique, l'être et sa fonction. Dans l'Antiquité, l'existence d'un sujet double est en effet une garantie éthique et non synonyme de simulation et de mensonge. Comme le montre Yann Thomas[5], c'est seulement au Moyen Âge que la fonction se transforme en fiction et que l'hypothèse d'un masque suscite le soupçon. Les Modernes, et en particulier les révolutionnaires selon Arendt, auraient hérité de ce soupçon et l'auraient appliqué à l'Ancien Régime,

---

1. Cette distance ne signifie nullement, comme on le penserait aujourd'hui, que notre personne, notre vie intime, déborde les rôles sociaux qu'on incarne, mais au contraire, pour les Romains, que notre statut ou notre fonction sont irréductibles à notre moi naturel.

2. J. Lacan, « Propos sur la causalité psychique », dans *Écrits*, Paris, Seuil, 1966, p. 170-171.

3. Diderot, *Paradoxe sur le comédien*, dans *Œuvres complètes*, Paris, Garnier, 1968, p. 306-307.

4. Dans son *Essai sur la révolution*, Arendt s'appuie sur le parallèle entre apparence et théâtre pour expliquer l'origine de l'échec des révolutionnaires français : ils ont voulu tomber le masque. Selon Arendt, c'est d'ailleurs un point commun entre la Révolution française et la Révolution bolchévique : « Il s'agissait toujours de découvrir ce qui était dissimulé, d'arracher le masque, de dénoncer l'imposture et la duplicité », ER, p. 143.

5. Y. Thomas, « Le sujet de droit, la personne et la nature », art. cit., p. 101.

hypocrite et artificiel. Voulant rompre avec les apparats de la monarchie et la superficialité de la cour, masques des pires injustices et d'une inégalité révoltante, les Modernes auraient donc cherché une certaine authenticité dans la conduite des affaires publiques[1], à l'instar de Rousseau qui contestait les mises en scène au profit des émotions authentiques[2].

Le droit naturel moderne consacre ainsi la personne humaine dépourvue de tout artifice, de tout masque. Il s'agit de protéger ce que l'homme est par nature, indépendamment de ses appartenances sociales diverses. Le sujet de droit n'est donc plus un personnage, comme sous la loi romaine, mais une personne qui doit, autant que faire se peut, coïncider avec le « moi naturel » de l'individu. C'est au « moi naturel », en effet, que l'on reconnaît des droits. Parallèlement, l'homme politique, le sujet de l'action, est lui-même considéré comme une personne, un « moi naturel ». C'est ce qui caractérise, selon Arendt, l'action des révolutionnaires français et expliquerait leur échec, symbolisé par la Terreur. Les révolutionnaires, dit-elle, ont cherché à se comporter en politique en accord avec leurs convictions profondes. Ils ont tenté de mettre un terme à la discordance entre intérieur et extérieur, entre intimité et action dans l'apparence. Ils ont voulu paraître ce qu'ils étaient vraiment et, du même coup, ils ont tentés d'être ce qu'ils paraissaient être, c'est-à-dire des politiciens à l'action transparente, sans dessein caché. Ils ont, en d'autres termes, voulu s'identifier au rôle public qu'ils tenaient.

Dans un double mouvement, la Révolution française visait donc la reconnaissance de droits pour les hommes comme « êtres naturels » et un changement profond dans la façon de gouverner, la recherche de plus d'authenticité dans les affaires publiques. Pour Arendt, ce double mouvement est précisément celui qui conduit à la Terreur. La Terreur a commencé quand les révolutionnaires ont cherché à libérer le moi naturel pour lui donner des droits, en arrachant le masque protecteur d'une personnalité juridique artificielle. Dès lors qu'il n'est plus admis que l'on joue un rôle, qu'il est suspect de porter un masque, plus rien ne doit faire écran entre l'intimité et le regard d'autrui, si bien que la transparence devient la norme.

---

1. Ce passage à la modernité politique s'articule au développement du droit naturel moderne, selon lequel il faut protéger la personne humaine, c'est-à-dire ce que l'homme est par nature, indépendamment de ses appartenances sociales diverses. Ainsi, comme le montrera Arendt, l'homme des droits de l'homme est l'homme dépouillé de ses incarnations concrètes, c'est-à-dire qu'il n'est personne.

2. Néanmoins, comme le montre la *Lettre à d'Alembert*, Rousseau exècre surtout la mise en scène des sentiments ainsi que l'utilisation pédagogique et moralisatrice du théâtre, auquel il oppose les fêtes populaires, plus spontanées.

Nous avons l'obligation de tout montrer de nous – alors que, dit Arendt, cela est impossible : l'intime ne peut apparaître. Croire que le masque de l'acteur peut tomber pour révéler l'intime, c'est courir après un moi naturel qui ne peut apparaître. Prétendre tout montrer et vouloir tout voir fonde l'imposture des révolutionnaires et les a conduits à pourchasser l'hypocrisie et la trahison. « La démonstration ou l'exhibition de soi tend à faire apparaître ce qui n'apparaît pas, qui n'est pas de l'ordre de l'apparence. [...] Toute exhibition est déjà une imposture au regard du monde »[1].

Arendt en tire donc une définition contre-intuitive de l'hypocrisie en politique. L'hypocrisie naît de la prétention à faire coïncider l'être intime et le paraître aux autres, le moi naturel et la fonction publique. L'hypocrite est celui qui croit être le personnage qu'il joue et qui, dès que son masque apparaît pour ce qu'il est – c'est-à-dire un masque – ne peut que paraître hypocrite :

> Une fois ôté le masque qu'est la « personne », c'est-à-dire une fois enlevée la personnalité juridique, il reste l'être humain naturel, mais une fois ôté le masque de l'hypocrisie, il ne reste rien derrière le masque, puisque l'hypocrite est l'acteur lui-même en tant qu'il ne porte pas de masque. Il prétend *être* le rôle qu'il endosse et, quand il se mêle à la vie sociale, il ne joue absolument pas la comédie[2].

Ainsi ce n'est pas, selon Arendt, le fait de porter un masque qui caractérise l'hypocrisie, mais au contraire la prétention à ne plus en porter.

Cette recherche d'authenticité en politique constitue selon Arendt une menace pour l'espace public car on ne saurait combler la distance entre intérieur et extérieur. Cela supposerait, à un moment donné, qu'on sorte de la sphère des apparences. Or, dit Arendt, « puisque pour l'homme Être et Paraître coïncident, je ne peux fuir l'apparence que dans l'apparence »[3]. Autrement dit, quand une apparence trompeuse se dissipe, c'est toujours au profit d'une autre apparence et non pour toucher l'être lui-même. Cela suppose, comme on l'a vu dans *La vie de l'esprit*, qu'il reste en creux de cette coïncidence entre être et paraître un secret qui lui échappe et ne peut apparaître sans se travestir. C'est de cette apparence qui ne s'assume plus comme telle que naîtrait donc l'hypocrisie. « Il importe de comprendre

---

1. E. Tassin, « La question de l'apparence », dans *Politique et pensée. Colloque Hannah Arendt*, Paris, Payot, 1999, p. 75.
2. ER, p. 154.
3. VE, p. 42.

que le plus inauthentique des semblants est l'exhibition d'une prétendue authenticité, invisible par définition » [1].

Ainsi s'explique le soupçon permanent que Robespierre porte non seulement à son entourage politique mais envers lui-même. Or ce conflit intime, cette duplicité naturelle aux Anciens, est devenue l'objet même du secret. «La conséquence de ce secret est que notre vie psychologique entière, le processus des dispositions dans notre esprit est torturé par le doute que nous devons sans cesse élever contre nous-mêmes, nous le sentons bien, et contre nos motifs ou mobiles les plus cachés » [2]. En voulant absolument la transparence, c'est-à-dire l'adéquation parfaite entre l'intérieur et l'extérieur, on est en effet obligé de gommer les conflits intérieurs, et on ne peut le faire, selon Arendt, que par l'hypocrisie qui tord et travestit ce qu'elle donne à voir. L'hypocrite, c'est donc l'acteur qui s'identifie au rôle qu'il joue, qui réduit la pluralité jusqu'en lui-même, pour ne plus faire qu'un. Il n'a ainsi plus de témoin ni d'ami devant lesquels se présenter, ou dont pourrait émaner le dialogue si salutaire à la pensée.

Pour illustrer cette analyse de la révolution française, Arendt fait référence à deux attitudes différentes à l'égard de l'apparence. Celle de Socrate, tout d'abord, selon laquelle l'apparence est vraie. Cela implique bien entendu une contrainte intérieure, une contrainte morale : il faut être à la hauteur de ce que l'on veut paraître. «Sois comme tu souhaites apparaître à autrui» pourrait donc constituer le mot d'ordre socratique. Cette contrainte intérieure est réflexive et concerne, selon Arendt, la rectitude de la pensée : elle suppose une conscience de notre apparence et un effort pour coïncider avec celle-ci. Ainsi, être à la hauteur de notre apparence revient à s'apparaître à soi-même comme on souhaiterait apparaître à autrui, et cette réflexivité suppose une publicité intérieure, un dialogue de soi à soi, tel que rien n'échappe vraiment au regard [3].

En revanche, dit Arendt, pour Machiavel et comme le veut la tradition chrétienne, il y a quelque chose derrière l'apparence, un secret, si bien qu'on peut maintenir une distance entre ce que l'on veut paraître et ce que l'on est vraiment. D'où la recommandation de Machiavel, bien différente de celle de Socrate : « Parais ce que tu souhaites être », ce qui revient à dire : peu importe ce que tu es vraiment, car en politique seules comptent les apparences. C'est sur elles que tu seras jugé, et ne t'avise pas de confondre ton

---

1. E. Tassin, « La question de l'apparence », art. cit., p. 75.
2. ER, p. 138.
3. D'où, selon Arendt, la croyance de Socrate selon laquelle «rien de ce que font les hommes, jamais, ne peut rester ignoré des hommes et des dieux », ER, p. 147.

moi naturel et ton personnage. Pour Machiavel, on ne peut en effet paraître dans son être véritable que devant Dieu, au moment du jugement dernier.

Alors qu'intuitivement peut-être, on aurait tendance à situer l'hypocrisie du côté de Machiavel, Arendt soutient exactement l'inverse. Pour Socrate[1], la faute morale consiste à créer de fausses apparences pour abuser autrui. Mais comme on ne peut se tromper soi-même naît la figure de l'hypocrite. L'hypocrite est celui qui se trompe lui-même, qui veut se convaincre lui-même de son propre mensonge. C'est Robespierre qui ne veut pas seulement convaincre les autres de sa vertu, mais veut en outre s'en convaincre lui-même.

À l'inverse, selon Arendt, les vices ne doivent pas être cachés dans un souci de séduction, pour paraître vertueux, mais simplement parce qu'ils ne regardent que nous et ne sont pas fait pour être montrés. « Un homme secret […], dit aussi Nietzsche, *veut* et obtient que circule à sa place un masque de lui-même […]; à supposer même qu'il ne le veuille pas, un jour ses yeux s'ouvrent sur ce fait qu'il y a de toute façon un masque de lui-même – et c'est très bien ainsi »[2]. En parlant du Prince, Arendt affirme donc qu'« il saura comment les [les émotions] dissimuler non en raison d'une quelconque prétention à la vertu mais parce qu'il a senti qu'elles n'étaient pas faites pour être montrées »[3]. Cette attitude machiavélienne est précisément celle qui, selon les Révolutionnaires, disqualifie l'Ancien Régime, construit sur des faux-semblants et une hypocrisie morale. Robespierre, au contraire, veut gouverner de façon authentique.

L'INTIME ET LE SECRET : UN ENJEU POLITIQUE

Dans l'espace public, « l'apparence – ce qui est cru et entendu par les autres et par nous-mêmes – constitue la réalité »[4]. Cela implique, dans l'esprit d'Arendt, que la politique n'est pas affaire de vérité ni, par consé-

---

1. E. Tassin souligne qu'Arendt n'a pas justifié pourquoi, alors qu'elle fait référence avec force au deux-en-un socratique pour expliciter la dimension morale et politique de la pensée, elle attribue à Machiavel, par opposition à Socrate, l'origine d'une véritable politique de l'apparence. Selon Tassin, l'explication résiderait dans le fait que l'adage socratique vaudrait pour la pensée mais serait inadapté à la politique. « La pensée est socratique mais la politique est machiavélienne », E. Tassin, « La question de l'apparence », art. cit., p. 88.

2. Nietzsche, *Par-delà le bien et le mal*, *op. cit.*, p. 68-69.

3. ER, p. 150.

4. H. Arendt, *Condition de l'homme moderne*, Paris, Pocket, 2002, p. 89.

quent, d'authenticité. La publicité, en ce sens, est réservée à l'argumentation rationnelle, dont elle permet d'évaluer la qualité. Arendt s'inspire sur ce point de Kant, mais confère une limite à la publicité, définie par le secret : « Les mauvaises pensées sont tenues secrètes par définition »[1]. Cela ne veut pas dire, pour Arendt, que tout ce qui apparaît publiquement est bon, mais que la moralité n'est pas une question valide pour la politique[2]. Ainsi, le maintien d'une sphère qui échappe à la publicité reste politiquement indispensable[3]. « Il se faut réserver, disait aussi Montaigne, une arrière-boutique toute nôtre, toute franche, en laquelle nous établissons notre vraie liberté et principale retraite et solitude »[4]. Prenant au sérieux ce sage conseil de Montaigne, qui dépasse la distinction entre les sphères publique et privée, Arendt s'inquiète d'une société issue de la modernité qui, tout en érigeant la publicité en principe, tend à faire tomber les masques et, ainsi, à ôter aux plus fragiles le masque avec lequel ils perdent du même coup la personnalité juridique et les droits qui l'accompagnent.

C'est pourquoi Arendt interprète le totalitarisme et l'expérience concentrationnaire en ce sens : le totalitarisme se distinguerait de tous les autres régimes autoritaires par le fait de ramener les hommes à leur vie nue, à leur statut d'organes vivants (rappelons que, dans *La vie de l'esprit*, Arendt estime que les émotions de l'âme doivent rester invisibles comme le sont les organes). Or cela n'est possible qu'en leur arrachant notamment le masque protecteur de la personnalité juridique. Le nazisme aurait donc réduit les hommes et les corps à de simples fonctions vitales et organiques, sans aucun visage ni masque. « Tous ont commencé à mourir ensemble [...] réduits au plus petit dénominateur commun de la vie organique, noyés dans l'abîme le plus sombre et le plus profond de l'égalité primaire »[5]. Dans

---

1. H. Arendt, *Juger. Sur la philosophie politique de Kant*, Paris, Seuil, 1991, p. 38.

2. D'une manière proche, Kant défend son projet de constituer un ordre public juste en rappelant lui aussi la distinction entre la moralité des individus et leur citoyenneté.

3. H. Foessel insiste sur la différence entre la sphère intime et la sphère privée : le débat contemporain sur la privatisation de la sphère publique résulterait de la confusion entre ces deux sphères, laissant croire que l'intime, immédiat, se livre au regard de tous, alors qu'en fait il n'en est rien. L'intime lui-même, selon Foessel, relèverait d'une parole construite. Voir M. Foessel, *La privation de l'intime*, Paris, Seuil, 2008.

4. Montaigne, *Essais*, Livre I, chapitre XXXVIII (« De la solitude »), Paris, Folio-Gallimard, 1999.

5. H. Arendt, « L'image de l'enfer », dans *Auschwitz et Jérusalem*, Paris, Deuxtemps Tierce, 1991, p. 152. Dans *Français, encore un effort*, Sade met en scène un théâtre de la vie nue où la vie physiologique des corps se présente, à travers la sexualité, comme l'élément politique pur. Il pense des maisons où chaque citoyen pourrait convoquer publiquement autrui pour l'obliger à satisfaire ses propres désirs, maisons incarnant ainsi le lieu politique

son analyse du totalitarisme, Arendt considère ainsi le fait de détruire la personnalité juridique comme la première des trois étapes du processus de déshumanisation qui a rendu possible la Shoah[1].

La déshumanisation touche d'ailleurs tant les victimes que leurs bourreaux. Les premières ne sont plus protégées par aucune Déclaration de droits. L'histoire a en effet montré que l'homme nu, sans masque, est précisément un homme sans droit.

> La conception des droits de l'homme, fondée sur l'existence reconnue d'un être humain en tant que tel, s'est effondrée dès le moment où ceux qui s'en réclamaient ont été confrontés pour la première fois à des gens qui avaient bel et bien perdu tout le reste de leurs qualités ou liens spécifiques – si ce n'est qu'ils demeuraient des hommes. Le monde n'a rien vu de sacré dans la nudité abstraite d'un être humain[2].

Les seconds, eux-mêmes, ne sont plus des personnes, en tant que telles responsables de leurs actes. « Le plus grand des maux qui peut être perpétré, c'est celui qui est commis par *personne*, c'est-à-dire par des humains qui refusent d'être des gens »[3].

Cette réduction de l'homme à son être naturel, vie organique de l'égalité primaire, témoigne de la façon la plus extrême des dangers que court l'être humain dès lors que les masques tombent. Plus généralement, Arendt analyse la dimension biopolitique de cette société qui veut considérer la vie nue comme le seul sujet politique et mélange deux registres – le

---

par excellence. Selon G. Agamben, Sade a ainsi « exposé de façon incomparable la signification absolument politique (c'est-à-dire bio-politique) de la sexualité et de la vie physiologique elle-même. Comme dans les camps de nos jours, l'organisation totalitaire de la vie dans le château de Silling, avec ses minutieux règlements qui ne négligent aucun des aspects de la vie physiologique (pas même la fonction digestive, codifiée et rendue publique de façon obsessionnelle) s'enracine dans le fait que, pour la première fois, une organisation normale et collective (donc politique) de la vie humaine, fondée exclusivement sur la vie nue, est ici pensée » (*Homo sacer. Le pouvoir souverain et la vie nue*, Paris, Seuil, 1997, p. 146).

1. D'abord, on tue la personnalité juridique des individus en les soustrayant à la protection de la loi et en situant le camp de concentration hors du droit, ou plus précisément en dehors du champ pénal, notamment par la sélection des détenus indépendamment de leurs actions ou de leurs fautes. Ensuite, on tue en l'homme la personne morale, en rendant poreuse la frontière entre victimes et bourreaux, en impliquant sans cesse chacun dans les crimes, en privant les individus de choix dont ils pourraient se porter responsables. L'homme est ainsi dépossédé de sa capacité d'agir. Enfin, troisième étape : on réduit l'individu à l'état de simple spécimen de l'animal humain, on le désingularise : sa vie et sa mort deviennent anonymes et interchangeables, comme s'il n'était jamais né. Cette étape achève de faire de l'homme un « cadavre vivant » selon l'expression d'Arendt, dont on ne sait plus dire s'il est vivant ou mort.

2. H. Arendt, *L'impérialisme*, Paris, Fayard, 1982, p. 287.

3. H. Arendt, *Responsabilité et jugement*, Paris, Payot, 2005, p. 160.

social et le politique –, mélange qui travestit le sens originel de la publicité pour la confondre avec la transparence. La confusion du social et du politique engendre selon elle deux conséquences. D'une part, le discours public est envahi par la logique de l'intime, du secret, du privé, et donc aussi de la révélation; comment ne pas songer, aujourd'hui, aux émissions de téléréalité, aux confidences des hommes publics, à la «pipolisation» des hommes politiques? D'autre part, comme en miroir, on constate une transgression du principe même de publicité dans sa radicalité, qui autorise certains pouvoirs publics à user du mensonge, de la machination ou de la séduction.

Le premier effet de la confusion entre social et politique est donc ce qu'Arendt appelle «la perte du secret de l'intimité»[1] qui tend à fragiliser les individus, car le moi profond ne s'épanouit qu'à l'abri des regards, comme l'avait bien perçu Nietzsche: «Tout ce qui est profond aime le masque. […] Il y a des phénomènes d'une sorte si délicate qu'on ferait bien de les protéger sous quelque grossièreté afin de les rendre méconnaissables»[2]. En sacralisant la vie intime, la richesse intérieure, l'épanouissement personnel, les Modernes auraient perdu le sens de son secret et fait du bien-être[3] un objectif politique. «La société moderne a affranchi cette vie ainsi que toutes les activités qui la préservent et l'enrichissent du secret de l'intimité pour l'exposer à la lumière du monde public»[4]. Avec cette perte du secret de l'intimité[5], les affaires de la vie intérieure et privée (amour, filiation, trahison) sont portées sur la scène publique et deviennent l'objet même du spectacle[6]. L'individu perd ainsi la possibilité de cacher

1. Ce «secret de l'intimité», perdu dans la modernité, désigne pour Arendt le vécu intérieur, dans le double sens de l'intériorité et du foyer, par opposition en gros à la scène publique, composée des apparences.

2. Nietzsche, *Par-delà le bien et le mal, op. cit.*, § 40, p. 68.

3. Voir aussi Nietzsche, *Par-delà le bien et le mal, op. cit.*, en particulier les passages sur l'utilitarisme anglais : «Le bien-être tel que vous l'entendez n'est pas pour nous une fin; c'est la fin de tout, un état qui rend aussitôt l'homme risible et méprisable, qui nous fait souhaiter son déclin» (p. 128).

4. H. Arendt, *La crise de la culture*, Paris, Gallimard, 1972, p. 241.

5. «L'intime désigne l'ensemble des liens qu'un individu décide de *retrancher* de l'espace social des échanges pour s'en préserver et élaborer son expérience à l'abri des regards», M. Foessel, *La privation de l'intime, op. cit.*, p. 13.

6. La libération des femmes participe d'un phénomène similaire, dans la mesure où elle suppose que les violences faites aux femmes notamment, jusque-là domestiques, deviennent une question publique et politique. Si Arendt soutient la libération des femmes et le progrès, pour leur propre protection, qui suppose la mise au jour des violences qui leur étaient faites, elle dénonce toutefois la confusion induite par la conception moderne des rapports entre sphères privée et publique : la vie privée devenant objet public. Or l'espace public, en tant que

une partie de sa vie du regard d'autrui. On voit donc que l'intimité, pour Arendt, est fondamentalement liée au thème de l'invisibilité. Il s'agit de pouvoir « soustraire une part de soi-même [...] de la visibilité commune »[1].

Le secret, logique de l'intime, n'a pas pour autant disparu, mais s'est exporté dans la sphère publique. C'est le secret d'État[2]. L'inflation du mensonge dans le domaine public serait, selon Arendt, l'effet d'une colonisation de l'espace politique par la logique de l'intime. La société imposerait ainsi à la politique ses propres mœurs. La logique de l'intime, qui est aussi une logique du cœur, constituerait alors une arme politique bien plus efficace que la parole argumentée ou rationnelle[3]. C'est pourquoi le second risque de la confusion entre politique et social est que la parole publique ne puisse plus vraiment être publique, toute envahie qu'elle est par l'intimité et les choses du cœur. La perte de l'intimité entraînerait ainsi la perte d'une relation construite sur la parole, l'échange démocratique[4].

L'association du secret et du cœur est fondamentale pour Arendt, car la compassion est précisément une vertu de l'intérieur qui ne peut valoir dans

---

sphère d'action humaine, demande à être structuré par une parole. M. Foessel, *La privation de l'intime, op. cit.*, souligne toutefois à raison que l'identification, chez Arendt, entre le social et l'intime est équivoque, notamment parce que la modernité a définitivement séparé, au sein de la sphère privée, entre l'intime et le social. Leur confusion est en outre préjudiciable pour la démocratie, parce que de nombreuses luttes sociales définissent précisément la spécificité de la politique démocratique (comment affirmer, par exemple, que les violences conjugales ne relèvent pas de l'espace public ?).

1. M. Foessel, *La privation de l'intime, op. cit.*, p. 13. Et encore, p. 16 : « Pour exister l'intime doit échapper aux regards : c'est une manière de signifier qu'il est soustrait à la compétence sociale ».

2. Selon Arendt, la *realpolitik* commence quand la sphère intime perd son caractère secret. Car, presque paradoxalement, c'est précisément cette politique qui justifie, au nom du réel, certains secrets ou certains mensonges dans l'apparaître lui-même. Il y a donc selon Arendt une congruence entre la colonisation de la politique par le social et le développement de la notion de secret d'État.

3. À partir du moment où tout ce qui peut ressembler à un artifice, à un masque, est par définition suspect, on veut un contact direct avec la réalité, car on suppose qu'aucun pan de la réalité ne doit échapper à la publicité. La réalité brute, quand elle est prétendument dite, et que les apparences sont déconstruites, les masques arrachés, sert à clore tout débat public et à effacer, à gommer la pluralité qui fondait notre besoin de paraître. Ce qui, bien entendu, ne peut être qu'un mensonge.

4. Robespierre, par exemple, invoquait sans cesse « l'opinion publique », mais cette opinion à laquelle il se référait pour appuyer son point de vue n'avait rien de « publique ». La publicité, dit Arendt, suppose un débat contradictoire entre égaux (ce qui est impossible pour Robespierre pour qui les hommes, devenus égaux, ne pouvaient qu'être d'accord). Selon Arendt, les révolutionnaires américains avaient, eux, compris, je cite, que « le règne de l'opinion publique était une forme de tyrannie » (EE, p. 133).

le monde des apparences. Or Robespierre, justement, érige la compassion au rang de vertu politique : il veut s'ouvrir à la souffrance du peuple malheureux. Cette volonté de faire de la politique une affaire de cœur serait ainsi le symptôme du malaise politique moderne, qui consiste à vouloir montrer l'inmontrable. « En affirmant, par exemple, que le patriotisme est une chose du cœur, alors que le cœur n'est pas destiné à paraître, Robespierre se condamne à voir partout l'intrigue, la calomnie, la traitrise, la duplicité » [1]. Car, dit Arendt, son cœur est à l'extérieur : du coup, il est livré à l'opinion publique. « L'effort de recherche de ce qui est caché, de ce qui est sombre et qu'on apporte au grand jour ne peut que donner la manifestation ouverte et bruyante de ces actes mêmes dont la nature par définition leur fait rechercher la protection des ténèbres » [2]. C'est la perte du secret de l'intimité qui expliquerait donc, selon Arendt, la naissance du soupçon. « La disposition soupçonneuse [...] sort en droite ligne de cette insistance déplacée sur le *cœur* en tant que source de la vertu politique » [3]. Arendt affirme au contraire la nécessité politique du secret : le cœur « sait que ce qui était droit, caché, apparaîtra tordu au grand jour » [4].

Des deux effets de la colonisation de la politique par le social et de l'espace public par l'intime, on peut donc tirer chez Arendt au moins trois conclusions. Premièrement, c'est quand s'efface la différence entre le discours intime qui émane de la sphère sociale et le discours public qui est la règle en politique que la transparence et la compassion deviennent la norme. Deuxièmement, la transparence et la compassion ont un effet délétère sur les capacités des individus à argumenter rationnellement. Qui plus est, elles aboutissent exactement à l'inverse de l'effet recherché : les hommes de pouvoir deviennent en mesure de mentir et de cacher. Le secret n'est plus, en d'autres termes, une affaire de l'intime, mais envahit le domaine public. Ce qui implique une confusion des registres, car l'opinion publique n'est pas l'opinion des personnes qui regardent *Secret Story* à la télévision. C'est une opinion consentie et confrontée, tout comme l'apparence est une manière de se présenter. Troisièmement, enfin, la transparence ne nuit pas seulement au discours public, mais à l'intimité elle-même [5].

1. E. Tassin, « La question de l'apparence », art. cit., p. 84.
2. ER, p. 140.
3. ER, p. 138.
4. ER, p. 139. « L'hypocrisie est le vice par lequel la corruption devient évidente » (ER, p. 150).
5. Dans *La crise de la culture*, Arendt prend l'exemple de l'éducation des jeunes enfants, auxquels on a donné la parole avant même qu'ils aient une parole. On les a, selon Arendt,

En conclusion de ce parcours dans les textes d'Arendt, on retiendra donc que la société qui naît au moment de la révolution française se construit à partir d'une confusion entre transparence et publicité qui tend à vouloir exposer à la lumière ce qui relève de la sphère intime et qui ne peut apparaître sans être travesti. Dès lors, en retour, le secret devient une pratique politique et la compassion une vertu publique. On pourrait alors se demander, au-delà d'Arendt, si la transparence ne dérive pas de l'insistance des Modernes à installer le principe de publicité dans la vie politique.

À sa manière originale, Arendt réintroduit en tout cas une intériorité qui échappe aux discours publics. Ce qui peut sembler paradoxal, tant on connaît son attachement au principe kantien de publicité, qui veut que la publicité soit considérée comme l'épreuve parfaite de nos sentiments personnels, permettant de tester leur communicabilité et donc leur universalité. C'est que, chez Arendt comme chez Kant, la publicité même disparaîtrait si l'on ne pouvait maintenir l'idée que quelque chose lui échappe. Arendt montre ainsi que le secret n'est pas une valeur politique. Il est l'extériorité même sur laquelle s'appuie nécessairement la politique.

C'est pourquoi, si Arendt, comme d'autres auteurs de son temps, critique le présupposé moderne selon lequel la vraie personne serait le moi naturel, et adhère à l'idée que c'est au contraire le port d'un masque, artificiel, qui fait de nous des personnes, elle maintient derrière le masque une intériorité que ce dernier est censé préserver. En se référant au masque et à la théâtralité, Arendt compte parler de personne juridique et entend par là une apparence, un artifice, un personnage donc. Mais, à la différence de Lacan par exemple, Arendt réserve le personnage au champ politique. Alors que, selon Lacan, le masque est la personne [1], Arendt maintient l'idée d'une autre identité *derrière* le masque. Le masque lui-même serait

projetés dans l'espace public avant qu'ils soient capables de s'y présenter. On a donc seulement montré quelque chose qui relevait de leur intimité. « Plus la société moderne supprime la différence entre ce qui est privé et ce qui est public, entre ce qui ne peut s'épanouir qu'à l'ombre et ce qui demande à être montré à tous dans la pleine lumière du monde public, autrement dit plus la société intercale entre le public et le privé une sphère sociale où le privé est rendu public et vice-versa, plus elle rend les choses difficiles à ses enfants qui ont besoin d'un abri sûr pour grandir sans être dérangés ».

1. D'autres auteurs, comme Y. Thomas, par exemple, affirment « qu'aucun sujet de droit n'est comme tel le sujet concret d'aucun désir : il n'est rien de plus qu'une institution, un artefact », « Le sujet de droit, la personne et la nature », art. cit., p. 96. Ou encore, G. Lhullier, « La *persona* [...] n'a pas de rapport avec l'être concret, ni avec le corps », « L'homme-masque. Sur la portée anthropologique du droit », art. cit., p. 1.

simulacre s'il ne cachait plus quelque chose[1]. C'est la raison pour laquelle la thèse d'Arendt ne coïncide pas non plus avec une autre thèse, plus critique, défendue par des théoriciens du droit contemporains comme Gilles Lhuillier, selon laquelle, en raison de son caractère théâtral, « le droit fait de la personne un masque »[2]. Pour Arendt, c'est plutôt le masque du droit qui transforme l'homme nu une personne, ce qui est un peu différent. Arendt s'intéresse ainsi plus à la distance et au secret qu'implique le port d'un masque, qu'au masque lui-même.

Selon elle, et en cela elle reste kantienne, rien de plus dangereux qu'une extension de la politique au-delà d'elle-même, ou que la tentative de donner à voir ce qui n'est pas fait pour apparaître. Cette conviction dépasse la distinction libérale classique entre vie privée et vie publique et s'appuie sur une position métaphysique : si le monde politique est fait d'apparences, il implique sa propre extériorité, qui ne peut apparaître et doit donc être maintenue secrète si l'on ne veut pas pervertir le monde des apparences. La sphère politique, publique, la sphère de l'action, « est [donc] limitée : elle n'enveloppe pas le tout de l'existence de l'homme et du monde. [...] Et c'est seulement en respectant ses propres lisières que ce domaine, où nous sommes libres d'agir et de transformer, peut demeurer intact, conserver son intégrité et tenir ses promesses »[3].

Julie ALLARD
Chercheur qualifiée F.R.S.-FNRS
Université Libre de Bruxelles

1. Il faut reconnaître que dans ces réflexions, comme dans le reste de son œuvre, Arendt laisse peu de place à l'inconscient et au non maîtrisé. Ainsi, pourrait-on dire à propos du masque : c'est un leurre de penser que l'acteur choisit intentionnellement son masque, mais il lui est donné par d'autres, voire par son inconscient lui-même. Ainsi, le masque ne serait pas ce qui cache mais ce qui démasque. De même, l'intimité ne serait pas propre au discours rationnel de l'espace public, mais le discours rationnel lui-même ne serait pas le seul discours possible ni même nécessaire.

2. G. Lhuillier, « L'homme-masque. Sur la portée anthropologique du droit », art. cit., p. 1.

3. H. Arendt, *La crise de la culture*, *op. cit.*, p. 336.

LES MANDATS REÇUS DE L'HISTOIRE
BOVARYSME ET *RÔLES* HISTORIQUES AU XXe SIÈCLE

DONNER DU SENS AU COURS DES CHOSES

J'avais pensé écrire tout un livre sur le XXe siècle, livre que finalement je n'écrirai pas. J'en esquisse ici l'idée fondamentale et quelques développements possibles. Cela n'aurait pas été l'histoire du siècle passé, mais – à travers des intellectuels, des écrivains, des cinéastes, des « hommes d'action », des idéologues, mais aussi des obscurs et des sans-grade – un parcours des diverses manières qu'il y a eues, au XXe siècle, de se positionner et de (sur-)vivre dans l'histoire en cherchant à *donner du sens* au cours des choses – ou en déniant, au prix de quelques sophismes, en brouillant ce cours devenu trop désolant – ou en perdant le fil et en perdant plus ou moins la raison à la suite d'un de ces coups du moulin dont l'histoire du siècle a été prodigue. Ç'aurait été l'étude des diverses manières *subjectives* de vivre dans l'histoire : celle de l'« histoire qui vous interpelle en sujet » (formule jadis fameuse du pauvre Althusser) *et* selon une démarche *bovaryste* (c'est-à-dire en vue de se représenter autre que, banalement, l'on est en s'imaginant y « jouer un rôle » : je viens à ceci qui sera l'essentiel de mon propos un peu plus loin) *ou* encore pour témoigner, conjurer l'oubli, à la façon tragique d'un Primo Levi par exemple, pour conjurer l'effacement, l'oblitération des crimes et des maux infligés et subis.

Mon livre aurait montré et confronté une série de « cas de figure », de multiples bricolages individuels de « sens de l'histoire » en cours, et il aurait réfléchi sur eux. Il eût parcouru les trois horizons qui furent bricolés par les uns et les autres : celui du *passé-mémoire*, celui du *présent-déchiffrement* et celui de l'*avenir-promesse* ou avenir-menace et désespérance. J'aurais recensé ainsi des tas de petits *paris pascaliens* sur le Sens de l'histoire. Je me serais demandé comment l'histoire, au cours de cent ans, a été déchiffrée, anticipée, raisonnée, comprise par des gens qui ne connaissaient pas, et pour cause, la suite ni la fin et, même si l'histoire est énigmatique et le devenir non clos, ne voyaient pas venir des tas de choses irréversibles que nous savons, non moins pour cause, vingt-cinq, cinquante ou cent ans après leur «passage» et qui annulent rétroactivement leurs aveugles paris obsolètes[1].

On dira peut-être : quel étrange projet et comme il est bon qu'il n'ait pas été poursuivi ! C'est spéculatif, évanescent : l'histoire, quelque sens qu'on lui donne, ce n'est justement pas ou très peu ce que les gens pouvaient penser qu'ils faisaient. Eh bien pas du tout : si nous les voyons, ces humains du XXe siècle, en nous plaçant du point de vue du sobre, rassis, désenchanté et routinier du démo-capitalisme actuel, comme des énergumènes, comme des agités-du-bocal, comme des «possédés» dostoïevskiens, ou encore comme des bouchons sur les flots, comme des dépassés-par-les-événements (ce qui fut, certes, souvent le cas au bout de vains efforts pour chercher du sens à la conjoncture et pour s'y trouver un mandat d'agir et une raison de vivre), nous nous interdisons de comprendre l'histoire «objective» avec laquelle ils se sont débattus[2].

L'objet du chapitre central de ce livre aurait été l'avènement du sujet dans son identité construite dans (ce qu'il conçoit de) l'histoire en cours, entre un PASSÉ révolu et *irrémédiable*, qui s'estompe, se brouille, s'oublie et se censure très vite, un PRÉSENT confus, tirant à hue et à dia, pour les uns limpide, parfois atroce, pour les autres totalement indéchiffrable, et un AVENIR dont on croit ou veut croire deviner certaines choses, apercevoir certains *prodromes* prometteurs ou menaçants. Ce chapitre aurait été consacré à la production de l'Individu (l'intellectuel, l'artiste, l'écrivain, l'humble militant etc., mais bien entendu ce sont les intellectuels, les gens d'écriture qui ont surtout laissé des traces tangibles) et comment il s'est

---

1. À signaler ici un livre récent de M. Ferro, *Les individus face aux crises du XXe siècle. L'histoire anonyme*, Paris, Odile Jacob, 2005. On rêve à ce qu'aurait pu être ce livre, mais il est, à mon avis, bâclé ; il ne répond du moins pas à ses promesses, aux promesses de son titre : ç'aurait pu être l'histoire des gens ordinaires rattrapés par l'histoire et qui font un choix ... généralement le mauvais. Mais je le répète, il n'y a pas grand chose à tirer de ce livre qui ne prend guère de *véritables anonymes*, ne conclut à rien, ni ne synthétise, ni même ne médite sur tout ceci avec quelque subtilité.

2. Une juste idée à étendre je crois à toutes les conjonctures et les crises, mais que j'emprunte au cas des livres de guerre qu'on a recommencé à étudier ces dernières années. La «perspective d'un personnage dépassé par les événements» est dégagée comme étant *la* seule constante narrative du genre des récits de guerre par J. Kaempfer dans sa *Poétique du récit de guerre*, Paris, Corti, 1998.

fabriqué en 1910, en 1920, en 1930 etc., un « rôle » en même temps qu'un « mandat » existentiel dans et par l'histoire.

Le XXᵉ siècle idéologique et politique est en train de devenir de moins en moins compréhensible. Avec le *recul du temps*, l'historien des idées se trouve confronté avec des croyances mortes dont il ne peut partager spontanément la force de conviction évanouie[1]. Le passé récent est un vaste cimetière d'idées mortes, idées qui furent tenues, jadis ou naguère, pour vraies, acquises, évidentes, démontrées, admirables, sublimes, mobilisatrices… Les idéologies dont on fait l'histoire, ce sont pour une grande part des idées qui ont été reçues pour crédibles, évidentes, bien fondées, « solides », et qui, au moment où on les étudie, sont dévaluées ou en voie de l'être. Des idées aussi tenues pour innocentes ou nobles et devenues passablement suspectes a posteriori. Des idées en leur temps agissantes, convaincantes, structurantes – devenues inanes et stériles. *Abolis bibelots d'inanités sonores!*

SE DONNER UN RÔLE HISTORIQUE

Cette « histoire subjective » est donc pour une bonne part celle des gens qui ont déchiffré le cours des choses pour pouvoir *agir*. Qui n'ont pas seulement voulu comprendre le cours de l'histoire, mais agir pour en infléchir le cours ou pour le *hâter*. Pour y « jouer un rôle », puisque cette *catachrèse inévitable et incontournable* dit d'emblée ce que je veux creuser dans ce bref essai[2], pour y repérer et trouver *son* rôle dans une vaste « distribution »[3]. L'étude de l'histoire que j'aurais entreprise eût été celle de l'histoire telle qu'elle a été vécue par des gens qui s'efforçaient d'y déchiffrer du sens pour s'y construire une conduite à tenir. Souvent, il a été difficile de résister à la tentation de monter sur scène quand la foule vous y encourageait et qu'on avait l'impression de connaître les paroles, le texte

---

1. Ce que dit d'emblée F. Furet, *Le passé d'une illusion. Essai sur l'idée communiste au XXᵉ siècle*, Paris, Laffont, 1995.

2. Je rappelle que le concept d'*illusio* est central à la théorie des champs de Bourdieu. Le *champ* est une scène sociale qui invite à trouver son rôle, à entrer dans son personnage, et qui le légitime. Le champ académique est occupé par des fous légitimés par sa magie et qui se prennent pour des professeurs, des chercheurs, des étudiants.

3. Je signalerais parmi les films de la rencontre inattendue de la Grande Histoire et d'une obscure destinée, rêveuse et à côté de la plaque, *Un héros très discret* avec Matthieu Kassowitz, récit, post-stendhalien, du « rôle » que quelqu'un de mythomane trouve à jouer dans l'histoire, du bovarysme égocentrique et rêvasseur à l'imposture assumée par un grand névrosé roublard. Un film qui prend à la lettre la métaphore « jouer un rôle historique ».

du drame en cours, de maîtriser son rôle. Du labeur interprétatif de la conjoncture a donc découlé très souvent, dans un siècle héritier de l'historiciste XIXᵉ, la *découverte* du sens de la (sa) vie, l'auto-attribution d'un « mandat » au service de quelque chose à faire advenir ou à conjurer. Un mandat *hétérodiégétique*, je rappelle ce terme prétentieux de la narratologie qui se rapporte à quelque chose de prégnant : le héros de roman, de Don Quichotte à Madame Bovary, est quelqu'un qui a reçu de ses « lectures » – romans de chevalerie pour l'un, romans de Ducray-Duminil pour l'autre – le sens de sa vie, le sens qu'il va donner à sa vie, sens qui se confondra avec son échec fatal. « Se prendre pour » quelqu'un d'autre : c'est le propre du héros de roman vu par György Lukàcs[1] et par René Girard[2] : le héros est un Don Quichotte qui se prend pour Amadis de Gaule, un Julien Sorel qui se prend pour Napoléon, c'est un personnage de Plutarque *in petto*, égaré dans un monde qui ne le reconnaît pas pour un héros, pour un grand capitaine ou pour un sage. Emma Bovary, elle, se prend pour une sentimentale héroïne de Madame de Genlis ou de Ducray-Duminil dont elle a dévoré les romans au couvent car les femmes de romans, de Flaubert à Marguerite Duras, *L'Amant*, se font un moi « romanesque », privatisé, sentimental donc incivique et anhistorique. (« Ce n'étaient qu'amour, amants, amantes, [...] serments, sanglots, larmes et baisers, nacelles au clair de lune, rossignols dans les bosquets, *messieurs* braves comme des lions, doux comme des agneaux, vertueux comme on ne l'est pas, toujours bien mis et qui pleurent comme des urnes »[3]).

L'intrigue romanesque, du *Siglo de Oro* au modernisme en passant par le grand réalisme du XIXᵉ, aboutit à tout coup à l'échec du héros. Dans sa théorie du roman, *Mensonge romantique et vérité romanesque*, René Girard appelle *conversion* le récit ironique, au dénouement, du renoncement du héros à sa quête de « valeurs authentiques », le moment désabusé du héros à la dernière page d'*Un amour de Swann*, « j'ai perdu les meilleurs années de ma vie... pour une femme qui n'était même pas mon genre », celui de Don Quichotte demandant en mourant que le curé brûle ses livres – le héros désillusionné reconnaît *in extremis* qu'il était fou et *ipso facto* annule le sens de l'intrigue qui s'achève[4].

1. G. Lukàcs, *Die Theorie des Romans : ein geschicht-philosophischer Versuch über die Formen der grossen Epik*, Berlin, Cassirer, 1920. Voir aussi *Schriften zur Literatursoziologie*, Neuwied-Berlin, Luchterhand, 1968.

2. R. Girard, dans *Mensonges romantiques et vérité romanesque*, Paris, Grasset, 1961.

3. Flaubert sur les lectures au couvent de son héroïne.

4. La « maturité virile » du sous-genre du *Bildungsroman* selon Lukàcs devait faire aboutir le héros, devenu vraiment adulte, à un compromis avec le Monde et une renonciation

Toutefois, hors du genre roman et fort loin de la conversion girardienne, ceux qui ont consacré leur vie à une Cause au XXᵉ siècle s'efforcent de regarder en arrière à la fin de leur vie et puis, décidément, persistent et signent. L'avenir-devenu-passé comme justification de soi, de sa vie, comme bilan globalement positif avec la liste des faits qui vous ont « donné raison » – quels qu'ils aient été, du reste. Exemple, la féministe et socialiste Nelly Roussel écrit dans ses mémoires vers 1920 :

> Les faits, sur ces divers points, m'ont donné assez clairement raison pour que je demeure fidèle à mon idéal et que je ne change pas de camp dans la bataille des idées [1].

Nelly Roussel, se confirmant à elle-même, peu après la guerre mondiale, la validité de son engagement de toute une vie comme féministe, libre-penseuse, pacifiste et néo-malthusienne, exprime cette certitude que le cours des choses est venu la confirmer dans ses adhésions de jeunesse et qu'il lui permet de persister dans la confession des idéologies qui ont soutenu sa vie et de n'avoir pas à se *renier* (c'est bien à la difficulté de persister dans sa foi initiale en dépit de la massive « malencontre du réel » [2] que les ex-militants communistes de la fin du XXᵉ siècle ont été confrontés insolublement). Jouer un rôle dans l'histoire consiste évidemment à s'évader de celle-ci : non pas à regarder en face l'incertain, imprévisible et contradictoire cours *réel* de l'histoire, mais à mettre les événements et leur interprétation au service d'un fantasme historique toujours en passe de se trouver *falsifié* [3].

Tout nous ramène ainsi à cette gnoséologie moderne (qui fut celle du XIXᵉ siècle tout d'abord) de l'histoire comme productrice de sens, l'histoire comme un Grand récit eschatologique qui *transcende* la destinée individuelle vouée à la mort et à l'oubli, comme cette Scène immémorielle sur laquelle les uns et les autres prétendirent apparaître au moins comme *figurants*. Aller vendre avec les « camarades », le dimanche matin sous la pluie à la sortie de la station Jean-Jaurès, *L'Humanité-Dimanche*, n'a (encore pour un temps) de sens vers 1970 (et n'est pas pur masochisme !) que parce que c'est ici un très modeste mais supposé utile rôle de figuration dans le Grand récit de la révolution mondiale. Au cinéma aussi, il y a des

partielle à sa Quête abstraite de valeurs authentiques, mais ce progrès en sagesse n'est guère attesté dans l'*immature* XXᵉ siècle...

1. N. Roussel, *Paroles de combat et d'espoir. Discours choisis* (1903-1914), Épône, Éditions de l'Avenir social, 1919.
2. Concept de J. Lacan dans l'analyse des névroses.
3. Concept fameux de K. Popper, *The Poverty of Historicism*, London, Routledge, 1957.

gens qui sont contents d'un emploi modeste, d'un rôle muet, de paraître en profil perdu dans une grande scène. Ils pourront dire *j'étais là*. Et je survivrai dans la mémoire des gens tant que la pellicule subsistera et que des gens auront envie de la visionner.

Ç'aurait été intéressant d'aller relever dans les autobiographies, dans les mémoires, les récits de la découverte par les uns et les autres de leur «rôle», du rôle que le *casting* historique semblait vous attribuer, qu'il semblait vous demander de *tenir*. J'esquisse un peu plus loin des remarques sur un genre symptomatique, les récits de la *conversion*, qui abondent dans un siècle qui fut finalement peu *désenchanté*.

En parlant du côté *casting* de l'histoire en cours confrontée au répertoire des drames du passé qu'on pourrait s'aviser de rejouer, on pensera bien sûr à Karl Marx et sa fameuse métaphore théâtrale du *18 brumaire de Napoléon Bonaparte*, paradigme de la discordance entre l'histoire qui se fait et la «conscience» des acteurs. Rejouer à contre-emploi une pièce qui a connu le succès sur une *autre scène*, tragédie devenue comédie, etc. Ceci serait illustré éminemment par mai 1968 avec son *casting* pour troupe d'amateurs estudiantins qui rejouaient la Commune de Paris et celle de Petrograd – et reconstruisaient avec un bel anachronisme les romantiques barricades de février et de juin 1848 (on l'a dit mainte fois).

L'histoire des idées qui est la discipline que je pratique est histoire des croyances incitatrices de projets et d'actions collectifs. Les idées *jouent un rôle* dans l'histoire dans la mesure où en les déchiffrant, certains hommes se trouvent un rôle, généralement supposé héroïque ou présenté tel par lesdites idées, à jouer dans l'histoire. «Toute l'histoire est histoire des idées», pose en axiome Robin C. Collingwood, le fondateur anglais de la discipline, dans la mesure où des hommes se reconnaissent un jour dans un *script* discursif – *De te fabula narratur*[1]. Pas d'histoire «matérielle», concrète, économique, politique, militaire sans d'inextricables idées qui informent les décisions, les pratiques et les institutions, auxquelles se subordonnent souvent les intérêts «concrets» et qui procurent à la fois aux acteurs un mandat de vie et le sens invariable de leurs actions.

Pour dire ceci, dire le rôle de toute une vie appuyé sur une idéologie, on rencontre chez maints biographes la métaphore de l'*incarnation*, autre exemple (avec *conversion*) d'une catachrèse chrétienne subsistant dans le monde séculier : celle des gens dont on raconte la vie parce qu'ils ont *incarné* une idée. Métaphore fréquente dans la phraséologie militante.

---

1. Tel est l'exergue du Livre I du *Capital*, (*Das Kapital. Kritik der politischen Ökonomie*, Hamburg, Meisner, 1867).

Ainsi, du titre de la biographie de Jules Guesde par Adéodat Compère-Morel, *Jules Guesde, le Socialisme fait homme*[1]. Que dire de plus naïvement juste à la gloire de l'« Introducteur du marxisme en France » ? Il suffit de se reporter à l'iconographie de Guesde avec ses yeux bleus derrière un pince-nez, son front immense, son visage creusé, sa longue barbe poivre et sel, sa silhouette émaciée, osseuse, son geste véhément, sa voix « stridente, toujours en ascension vers des registres plus hauts » (note Michel Zevaco[2]), son aspect négligé, hargneux et ascétique[3] : Jules Guesde, ou *la tête de l'emploi*. En une conjoncture donnée, un faisceau de motivations convergentes esquisse et délimite un rôle à prendre dans la distribution du *Theatrum mundi*, par exemple dans la France de l'après-Commune et dans le renaissant mouvement ouvrier vers 1875. Un homme se présente alors (accompagné de quelques challengers qui seront éliminés), Jules Guesde, qui a exactement la tête, l'esprit et le cœur de l'*emploi*, un homme qui va consacrer sa vie à tenir ce rôle, qui va « l'incarner » comme diront avec raison ses contemporains, dont la vie se confondra avec ce rôle – rôle dont tous les paramètres étaient fixés par des déterminations sociales anonymes et fortes.

HISTORICISME ET PRODUCTION DU SUJET MILITANT

Le fantasme du « rôle » historique à jouer a directement à voir avec la gnoséologie fondamentale de la modernité : le récit du Progrès. Le progrès comportait une morale intrinsèque, il exigeait de ceux qui y ont cru une forme de *moralité*. L'histoire progressiste procurait la certitude d'être entraîné par une force immanente vers un But ultime qui allait être pour

---

1. Paris, Quillet, 1935.

2. M. Zevaco, *Les hommes de la révolution*, Paris, Matha, s.d.

3. Les journalistes qui l'ont décrit au public bourgeois hésitent entre la fascination et la répulsion. Mermeix (Gabriel Terrail) le présente ainsi en 1886 : « L'œil brille d'un vif éclat, derrière un lorgnon, au fond d'une arcade sourcilière très creusée. Quand M. Guesde parle, même de choses indifférentes, ses lèvres ont des mouvements qui semblent être des mouvements de rage. Il a la bouche furieuse. S'il marche, c'est tout raide, avec des mouvements saccadés des bras et des jambes. Il faut voir M. Jules Guesde à la tribune. Son débit est parfois trop rapide, mais il y met tant d'emportement ! La voix très claire qui porte loin grince terriblement. Le son ne monte pas des entrailles, il n'est pas grave ; il vient de la tête, il est aigu, aigre. Cet orateur, avec ces moyens physiques défectueux, s'impose à l'auditoire, le domine. Il ne parle jamais au bon cœur d'une assemblée. Il n'émeut pas. C'est un dialecticien rigide, un violent insulteur, un caustique », *La France socialiste*, Paris, Fetscherin & Chuit, 1886, p. 61.

l'Homme la conquête de son essence – et non, comme pour le petit homme empirique, la mort, la décomposition, l'oubli irrévocable. L'homme ne pouvait changer le cours de l'histoire qui est déterminé par des Lois, mais il pouvait et devait chercher à y jouer un rôle assigné, un rôle tout écrit, sans marge d'improvisation, rôle qui ne pouvait être que celui de pousser à la roue, de hâter une évolution « inéluctable », de la précipiter si possible. Nul besoin de lire ceci dans de tardives brochures staliniennes, il suffit d'ouvrir, un bon siècle avant, les journaux fouriéristes et saint-simoniens.

Cette histoire historiciste répondait à l'individuelle question qui découle du déterminisme historique : que pouvons-nous en tant que « maillon de la chaîne » Humanité ? Et c'est ainsi qu'elle comportait une morale. « Si l'homme, écrit le fouriériste Victor Considerant, n'est pas plus maître d'arrêter le développement de la vie universelle et la marche de l'histoire que le cours des grands fleuves, ces forces naturelles et sociales qu'il ne peut *comprimer*, il peut les *régler* »[1]. Voici le grand mandat moderne au service de l'histoire. L'histoire de chaque homme est alors muée en un « maillon » de l'Histoire en marche et sa liberté d'individu doit s'abolir dans la soumission au *sens* de cette histoire et dans la volonté d'en favoriser si peu que ce soit le bon déroulement. « L'homme doit tout sacrifier au progrès et à l'impérieuse nécessité de hâter l'époque de l'unité humaine et de la fraternité », formule-t-on vers 1830[2]. La conviction que le progressiste possède (ou qui le possède) d'aller dans le bon sens de l'évolution historique, l'« absout d'avance au tribunal de l'histoire »[3]. Formule bien dangereuse, notons-le au passage !

Ce sujet mandaté par l'histoire ne s'institue et ne *prend corps* que par un contraste agonique avec un Scélérat à abattre. Voilà la distribution qui se met en place. Deux groupes émergent à chaque étape de la modernité, opposés en tout et prêts à la « lutte finale » : peuple/aristo, prolo/bourgeois, progressiste/réac, rationaliste/clérical, Aryens/Sémites... La société partagée en deux camps, on voit depuis deux siècles se déployer le récit de l'affrontement de deux champions éthiques, un Sujet et un Anti-Sujet, un Agent mandaté par l'histoire pour faire advenir le bien et un Suppôt du mal. Un suppôt du mal persécutant l'agent du bien à qui est promise cependant la victoire au cours d'une lutte finale.

1. *Le socialisme devant le vieux monde, ou le vivant devant les morts*, suivi de V. Meunier, *Jésus Christ devant les Conseils de guerre*, Paris, Librairie phalanstérienne, 1848, p. 2.

2. *Moniteur républicain*, 8, 1838.

3. *Ça ira*, Paris, 13.1. 1889, p. 3.

J'ai glané chez les socialistes de la Belle époque les expressions les plus frappantes de la remise de soi au déterminisme historique dans sa forme *évidente* de jadis. Le socialisme moderne, pose il y a un siècle le théoricien de la SFIO Paul Louis, « n'écrit pas : *ceci est juste*, mais : *ceci doit advenir* »[1]. Tout était ici. L'historicisme instituait un sujet au service d'un *Realissimum*, d'une fatalité par delà le bien et le mal. C'est ici la proposition fondatrice de la vision du monde de l'Internationale socialiste avant 1917. « C'est donc la *volonté aveugle* des faits qui pousse les sociétés vers l'ordre collectiviste »[2]. Grande phrase !

Dans ce contexte, pour l'intellectuel qui s'était mis au service de l'histoire, s'offrait un rôle indispensable et héroïque : celui de « comprendre l'histoire en cours » et, l'ayant comprise, de la donner à comprendre aux masses, de se faire auprès d'elles le pédagogue de la Nécessité historique – obligation de l'écrivain progressiste dans l'entre-deux-guerres. On verra là dessus ce qu'écrit Barbusse dans son « Testament littéraire » :

> L'écrivain est un homme public. Il a un rôle social et un devoir social. […] Les écrivains doivent regarder autour d'eux et comprendre – et se mêler à ce qu'ils comprennent […]. Ils sont les citoyens d'une époque. Ils n'ont pas le droit de se désintéresser de la tragédie sociale dont ils sont bon gré, mal gré, les acteurs[3].

L'écrivain communiste des années trente[4] est quelqu'un qui *s'est changé* lui-même pour faire face à l'exigence de l'histoire, qui aura une autre biographie, modeste et noble à la fois, que celle de son *alter ego*, du petit bourgeois cultivé et inconscient qu'il aurait pu rester ; il sera quelqu'un qui est parvenu à « contredire son passé », écrit Aragon, à s'« arracher par lambeaux les préjugés les plus tenaces », confesse Romain Rolland qui lui aussi prétend avoir accompli ce dur travail sur le vieil homme idéologique. Quelqu'un qui va se vivre comme *born again* écrivain prolétarien. Servitude volontaire : un choix irrétractable est fait un jour en faveur d'un but assez élevé pour qu'on juge qu'il ne sera jamais atteint par les vicissitudes de la vie. Il reste à s'y tenir. C'est l'explication offerte par James Steel face au cas de Paul Nizan : « Nizan, écrit-il, s'enchaîna volontairement à une cause qu'il estimait digne de lui : la Révolution »[5]. Une telle

---

1. P. Louis, *Les étapes du socialisme*, Paris, Charpentier, 1903, p. 306.

2. Th. Cabannes, *Tribune socialiste*, Bayonne, 7.6. 1908, p. 1.

3. *Monde*, 12 sept. 1935.

4. M. Angenot, *La critique au service de la révolution*, Louvain-Paris, Vrin, 2000, analyse la critique littéraire communiste des années d'entre-deux-guerres.

5. J. Steel, *Paul Nizan, un révolutionnaire conformiste ?* Paris, Presses de la F.N.S.P., 1987, p. 13.

explication ne peut cependant se répercuter sur toutes les contradictions successives et les dénis de réalité ultérieurs que ce choix détermine. On sait, par le cas même de Nizan, qu'il arrive un jour où l'enchantement stoïque prend fin.

PARTIE À FAIRE : LES *CONVERSIONS* QUI DÉCIDÈRENT D'UNE VIE

Le récit de la Conversion, ai-je noté plus haut, est la première étape justificatrice du Rôle existentiel à jouer. C'est en termes « baptismaux » que le libre penseur que fut Émile Vandervelde, secrétaire de l'Internationale, dans ses *Souvenirs d'un militant socialiste* publiés en 1939[1], narre son engagement dans le mouvement ouvrier :

> Je garde de mon entrée dans la vie militante un souvenir ineffaçable. Mon premier contact avec la grande foule prolétarienne eut lieu en 1886, après les émeutes et les fusillades de mars. [...] Voici ce que je retrouve à ce sujet, dans des notes prises peu après l'événement : Je me trouvais avec notre Ligue ouvrière [d'Ixelles, affiliée au Parti Ouvrier belge] sur le plateau de la Ville haute [de Charleroi]. [...] De tous les villages d'alentour, les colonnes de manifestants dévalaient pour remonter vers nous [...] et dans ce flot humain roulant vers l'avenir, je recevais comme un nouveau baptême ; je me sentais lié, pour la vie, à ce peuple de travailleurs et de souffrants.

Ce récit forme un exemple typique de l'épisode de la conversion, celui du moment où le jeune bourgeois, touché par la grâce révolutionnaire, s'engage irrévocablement aux côtés du prolétariat, « rompt avec sa classe », comme on disait, et se fait à lui-même un serment solennel que toute une vie militante viendra accomplir.

Quelque chose vous est arrivé comme si l'histoire vous avait fait *personnellement* signe. Comme l'affiche justement fameuse de l'Oncle Sam en 1917 : *I Want You!* Ce récit de conversion est le *topos* transhistorique de l'autobiographie des hommes politiques du siècle passé : le premier contact, l'engagement, les chemins de Damas, la rencontre décisive avec l'histoire avec un grand H – ou une grande Hache. Paradigme chrétien, sécularisé : Saül rencontre Quelqu'un qui lui apparaît sur la route de Damas : « Je suis Jésus de Nazareth, celui que tu persécutes ».

Pour Charles Fourier, si je remonte aux origines romantiques, c'est une *pomme*, racontait-il, qui avait tout déclenché.

1. É. Vandervelde, *Souvenirs d'un militant socialiste*, Paris, Denoël, 1939, p. 25.

Une pomme devint pour moi, comme pour Newton, une boussole de calcul. Cette pomme digne de célébrité fut payée 14 sous par un voyageur qui dînait avec moi chez le restaurateur Février à Paris. Je sortais alors d'un pays où des pommes égales et encore supérieures en qualité [...] se vendaient un demi-liard [1].

VIVRE DANS L'IMMINENCE

Le sentiment de l'imminence : c'eût été un autre chapitre à faire. Que ce soit en psychologie « individuelle » ou collective. Entre l'expectative et l'angoisse. Comme Sœur Anne chez Perrault, les Modernes ont cru scruter et *discerner* la venue de quelque chose à l'horizon du futur très prochain.

Exemple fameux. Vivre dans l'imminence, pour le socialiste de la triste Belle époque, d'une révolution collectiviste dont « nul ne pouvait fixer la date » comme on se hâtait d'ajouter avec un air de prudence. Cela a été l'ethos anxieux et euphorique du militant d'avant 1917 : « l'heure va sonner » (et pour la classe dominante, elle n'avait qu'à tendre l'oreille, c'était « le glas qui sonnait »), « la solution est proche » etc. Jules Guesde même, le coryphée du marxisme dont je viens d'évoquer le nom, a, en 1906, bel et bien prédit la Révolution en France pour 1910-1911. Divers éditorialistes se sont sentis portés à faire confiance à la science socialiste de Guesde, « l'échéance paraissait brève, mais les événements se précipitent » [2].

Le socialisme invitait le militant à déchiffrer, armé de la science et de ses lois, le présent pour y puiser espoir et confiance dans l'avenir. Sa propagande montrait aux sceptiques que, constamment, les « faits donnaient raison » à la doctrine, que si les mots ne suffisaient pas, les « faits » qui s'accumulaient et que la science de l'histoire avait « prévus » devaient persuader que le prochain régime socialiste n'est pas une « utopie » puisqu'il est, pour qui veut regarder, « en incubation » dans le présent alors même que les « germes mortifères » ont envahi le système capitaliste, que « déjà les prodromes de la fin prochaine se multiplient en laissant aper-

1. C'est une des Lois de l'histoire fouriériste, la « Loi des quatre pommes » : il y a dans l'histoire de l'Humanité deux pommes négatives, deux pommes positives, cadre explicatif de l'épistémologie : – Ève/Pâris + Newton/Fourier.

2. P. Hervier, « Éditorial », *Le Combat* (Allier, SFIO), 3 mars 1907, p. 1. Voir ce que dit U. Gohier, *La révolution vient-elle ? Contre l'argent. Sur la guerre [...]*, Paris, Édition de l'auteur, 1906, p. 36 : « Jules Guesde, le propagateur le plus infatigable et le chef le plus respecté du socialisme, prédit la crise pour 1910. Tôt ou tard, elle paraît inéluctable ».

cevoir à l'état embryonnaire les contours que revêtira la société future »[1].
« Nous vivons une époque fertile en incidents éducateurs », constatait-on avant d'en faire la liste, de confirmer la tendance historique et de laisser la suite inévitable en pointillés, ou mieux *en asymptote*[2].

En contraste, contraste qui signale la fonction *ironique* du discours littéraire, on trouve récurrent dans la littérature moderniste le thème de l'*attente interminable* chez Dino Buzzati, chez Julien Gracq, chez Coetzee : l'histoire comme attente indéfinie d'un événement, redouté ou espéré, qui ne se produira pas. Dino Buzzati, dont *Il Deserto dei Tartari* est un grand roman, est aussi l'auteur d'*Il crollo della Baliverna, Sette Piani*... On a dit de lui « kafkaïen », mais c'est autre chose : l'histoire comme attente, vaines conjectures, ennui menaçant, imminence toujours déçue. Et je pense aussi aux romans fameux, mais ultérieurs, de Julien Gracq, *Le rivage des Syrtes, Un balcon en forêt*.

LES DERNIÈRES PAROLES SUR LE LIT DE MORT

Le militant de jadis mourait heureux dans son rôle qui lui collait à la peau et qu'il avait pu tenir jusque dans *son dernier souffle*. D'où le projet que j'aurais eu de recenser et d'étudier dans un chapitre les dernières paroles des hommes de jadis. Dont beaucoup d'apocryphes, on le présumera sans peine. L'espérance historique qui vous avait saisi jadis et qui vous faisait vivre vous faisait mourir heureux. Car l'histoire continuait et elle viendrait à terme, on pouvait entrevoir le dénouement ... même si on ne serait plus dans la salle au baisser du rideau.

Saint-Simon agonisant est censé avoir murmuré à ses disciples Enfantin, Bazard, Rodrigues, qui entouraient son lit, cette phrase mémorable : « La poire est mûre »[3]... Le leader belge César De Paepe dans les années 1880 aurait, lui, râlé un long paragraphe en langue de bois :

> J'ai un pied dans la fosse [...], mais jusqu'à l'heure de mon dernier souffle, je demande à être renseigné sur toutes les péripéties de la grande lutte que

---

1. F. Stackelberg, *Vers la société communiste*, Nice, Au Droit du peuple, 1909, p. 7. Et du côté de l'anarchie, Él. Reclus dans Kropotkine, *La Conquête du pain*, préface d'Élisée Reclus, Paris, Tresse et Stock, 1892, X : « par mille phénomènes, par mille modifications profondes, la société anarchique est *déjà depuis longtemps* [je souligne] en pleine croissance ».

2. *Tribune socialiste*, Bayonne, 5.5.1907, p. 1.

3. Selon d'autres, Saint-Simon mourant aurait dit quelque chose de non moins bizarre : « ses dernières paroles qu'il accompagna d'un geste expressif, furent à voix basse mais distincte : "nous tenons notre affaire" ».

poursuit le prolétariat pour la rénovation philosophique, politique et sociale de l'humanité qui un jour connaîtra les splendeurs du bonheur universel[1].

Je songe au malheureux Boukharine notant en prison : «si tu meurs, au nom de quoi mourras-tu?» – puis avouant tout ce qu'on exigeait de lui ... et mourant heureux, torturé et déshonoré.

UN CONCEPT POUR TOUT CECI : LE BOVARYSME HISTORIQUE

Ces attitudes obsolètes dont je viens de parcourir certains aspects et certaines expressions renvoient à quelque chose de fondamental dans la condition humaine : le besoin de fuir l'être-là de la vie et son étroitesse, de se jouer un rôle, se «faire un cinéma» comme nécessité existentielle. L'intellectuel militant de naguère fait penser à ces gens qui entrent dans l'armature d'osier des géants du Carnaval de Binche : pas seulement jouer un rôle, mais le plus souvent un rôle *un peu trop grand pour vous* et qui vous *dissimule*. Et quand le voile se dissipe, quand la scène se dérobe et qu'on se trouve rendu à la *Verlassenheit* existentielle, à l'Abandonnement, il ne vous reste qu'à crever.

Jules de Gaultier, philosophe nietzschéen oublié de la Belle époque, avait appelé *bovarysme* (il pensait bien entendu à l'héroïne de Flaubert) *l'incapacité pour les humains de vivre sans se concevoir autres qu'ils ne sont*[2]. La vie moderne imite le roman, Oscar Wilde l'avait dit à peu près et il ne croyait pas si bien dire. Se prendre pour un autre, c'est le propre du héros de roman, mais cela a été dans toute la modernité le moyen de survivre de bien des gens et nommément le propre de l'intellectuel.

Le «bovarysme des collectivités» (que Jules de Gaultier aborde au chapitre IV du *Bovarysme*) permet à chacun des membres d'un groupe activiste de jouer son rôle de «figurant» dans l'*illusio* collectivement entretenue, illusion de participer à une action noble et décisive face à un monde désolant. L'anecdote satirique a souvent croqué le bonheur bovaryste du militant, ce bonheur qui transfigure la banalité et la grisaille de la vie. Je cite au passage un grandiose discours ... d'élections cantonales à la Belle époque, dans le Midi il est vrai :

---

1. Cité par *La Société nouvelle*, Bruxelles, 1890, t. II, p. 587.
2. J. de Gaultier, *Le bovarysme*, Paris, Mercure de France, 1902.

Camarades ! L'heure a sonné ; heure grave des résolutions viriles. Le temps n'est plus des discours et des causeries – la parole aujourd'hui doit faire place aux actes [1].

CEUX QUI NE CONNAISSAIENT PAS LEUR RÔLE

Il aurait fallu décrire, par contraste et en contrepoint, ceux qui n'y comprenaient rien du tout et ne connaissaient pas leur rôle. Le cinéma français a beaucoup raconté ceci. *Lacombe Lucien* de Louis Malle. Aussi *Capitaine Conan* de Tavernier. Ou encore *Le dernier métro* de Truffaut.

Comme le versifie Aragon dans *Le roman inachevé*, « On avait mis des morts à table/On faisait des châteaux de sable » etc. :

La pièce était-elle ou non drôle
Moi si j'y tenais mal mon rôle
C'était de n'y comprendre rien.

Peu après, puisque ce poème narre les années 1920, Aragon a cru trouver son « rôle » et il l'a joué *perinde ac cadaver* – pour son malheur et le malheur de son œuvre. La question que pose la vie d'Aragon est celle de la part de simulation dans ce « rôle » de Grand écrivain communiste si continûment, si brillamment et abominablement joué pendant plus de quarante ans. Paul Morelle se demande expressément « si, dans son affirmation de communiste, il a jamais été sincère ou toujours simulateur » [2]. Tous les biographes d'Aragon concluent à un certain double jeu, mais un double jeu perpétuel devient une affaire pathologique. « Après [1935], il s'installera dans des fonctions d'inspirateur de la nouvelle culture, poussant les gens qu'il méprise, morigénant des écrivains et des artistes qu'il admire secrètement », écrit Fr. Kupferman [3]. Cette thèse du double jeu est cependant confirmée dans certaines « confessions » repérables dans les mémoires d'ex-communistes qui reconnaissent avoir joué avec talent un rôle auquel ils ne croyaient pas vraiment, « paradoxe du comédien » politique. Claude Roy l'exprime aussi explicitement que possible, mais l'aveu de « schizophrénie » demeure ahurissant :

1. *Le socialiste des Cévennes*, 8.9.1889, p. 1.
2. P. Morelle, *Un nouveau cadavre : Aragon*, Paris, La Table ronde, 1984, p. 13.
3. Fr. Kupferman, N. Dioujeva (éd.), *Staline à Paris*, Paris, Ramsay, 1982, p. 83.

Je votais pour Jean-Jacques Rousseau et pour Marx aux élections de l'histoire. Mais au scrutin secret de l'individu, je votais plutôt pour Schopenhauer et Godot [1].

AUJOURD'HUI

La fin du XXe siècle a vu la dévaluation totale d'un « rôle » jadis prestigieux : celui de l'intellectuel engagé, avec son terrorisme, ses dénégations et ses illusions, de l'intellectuel de parti, l'intellectuel au service de la révolution, l'*intellectuel-idéologue*, celui qui mettait les paroles sur la cacophonie des affrontements sociaux. On a notamment assisté à la dévaluation radicale de l'« image » de l'intellectuel communiste [2]. Concomitante de l'effondrement de l'« image » de l'URSS et de celui de l'idée communiste dans la culture française. Et revient la question toujours lancinante de « l'intellectuel stalinien » : voir par exemple les mémoires de René Étiemble, *Le meurtre du Petit Père* [3]. Des générations stérilisées, asservies, auto-mutilées, abdiquant leur rôle critique. À l'instar de la révolution, l'engagement communiste a dévoré ses enfants.

L'« image » du dernier intellectuel français par excellence, Jean-Paul Sartre qui au nom d'une position anti-impérialiste dogmatique faisait abstraction de millions d'enfermés, affamés, torturés, a pris un coup non moins fatal et probablement irréversible. Pour lui aussi, on exhume aujourd'hui des textes sévères qui lui refusent la vertu première dont il pouvait se targuer, le courage intellectuel – textes que jadis l'opinion de gauche ne souhaitait pas lire et qui aujourd'hui concluent le réquisitoire. Cornelius Castoriadis écrit de Sartre en 1973 :

1. Cl. Roy, *Nous*, Paris, Gallimard, 1972, p. 388.
2. Le « classique » en la matière : T. Judt, *Past Imperfect : French Intellectuals, 1944-1956*, Berkeley, University of California Press, 1992. Voir aussi Cl. Lefort, « Grandeur et misère de l'intellectuel prophète », *Argument*, I, 2, 1999. Et les deux grands livres de J. Verdès-Leroux, *Au service du Parti. Le parti communiste, les intellectuels et la culture (1944-1956)*, Paris, Fayard-Minuit, 1983, et *Le réveil des somnambules. Le parti communiste, les intellectuels et la culture (1956-1985)*, Paris, Fayard-Minuit, 1987. Et très récemment (mais c'est plutôt moyen) une approche bourdieuisante des intellectuels communistes, par F. Mantoni, *Intellectuels communistes. Essai sur l'obéissance politique*, Paris, La Découverte, 2005.
3. R. Étiemble, *Le meurtre du Petit Père : naissance à la politique. (Lignes d'une vie. II)*, Paris, Arléa, 1989, prière d'insérer ; J.-M. Goulemot, *Le clairon de Staline. De quelques aventures du Parti communiste français*, Paris, Le Sycomore, 1981.

Sartre maoïsant reste fidèle à Sartre stalinisant: l'adoration du fait
accompli, [...] la justification anticipée de tous les crimes possibles d'une
dictature bureaucratique [1].

LE SUJET SOLITAIRE CONTRE LE COURS DES CHOSES

J'aurais terminé par le portrait d'un type diamétralement opposé, le
contraire du «rôle» militant poussant à la roue du progrès fatal. C'est un
anti-Sujet non moins éminemment attesté dans la modernité intellectuelle.
Un sujet se définissant contre l'*Immonde moderne* [2]. Une autre histoire à
faire : celle du dégoût – philosophiquement ou artistement légitimé – de son
temps, de son pays, de son peuple, dégoût non moins propre à remplir une
vie [3]. Non sans une part de cabotinage. On songe à la pose *Artiste* du XIXᵉ
siècle : Edgar Poe, Baudelaire, les Goncourt, Flaubert (tonnant contre ce
qu'il appelait la «pignoufferie démocratique»), et à la banalisation jusqu'à
nous de ce thème littéraire facile, adopté par les écrivains humanistes
petits-bourgeois de naguère : Georges Duhamel, Gilbert Cesbron... Tous,
en tant que sujets-artistes, se posant, hautains, contre un monde moderne
philistin, mercantile, contre la cohue démocratique, la vénalité de l'art.
«Matérialiste» était le mot condamnateur de jadis !

De nos jours, toute l'œuvre d'un rare talent atrabilaire de Philippe
Muray est écrite *contre*, contre la société festive en bloc et en détail et
en haine de son type néanthropologique, *Homo festivus festivus*. Nous
sommes entrés dans «l'ère hyperfestive» et nous n'en sortirons pas,
constatait Philippe Muray dans sa chronique satirique de la vie quotidienne
post-moderne, *Après l'histoire* [4]. Ce sera le divertissement pascalien

1. Cité par T. Judt, *Marxism and the French Left*, Oxford, Clarendon Press, 1986, p. 210.

2. Voir J.-F. Mattéi, *La Barbarie intérieure : essai sur l'immonde moderne*, Paris, PUF,
1999.

3. Les derniers textes de Castoriadis comme ceux de Ph. Muray – esprits certes bien
différents l'un de l'autre – sont très bien sur la topique du dégoût de son temps.

4. Vingt ans auparavant toutefois, alors que montait déjà en puissance l'Empire du bien
et que mutait l'évolutionniste *Festivus festivus*, Ph. Muray avait commencé son œuvre par
une généalogie des deux siècles modernes, une mise en lumière de la base irrationnelle
– occultiste, dit-il ; je dirais pour ma part «gnostique» – de la modernité «séculière». Je
voudrais dire quelques mots d'éloge du *XIXᵉ siècle à travers les âges*, parce que c'est le livre
qui m'a donné envie – avec ceux, récents alors, de Z. Sternhell, et de K. Löwith, d'É. Vœgelin et
autres penseurs, non hexagonaux ceux-ci – de passer une bonne dizaine d'années à regarder à
mon tour tout ceci, à regarder ce XIXᵉ siècle français et le siècle suivant *de plus près*. Généa-

jusqu'à ce qu'on en crève, l'opium du peuple nouvelle manière, post-religieuse, ou comme dans certaines mauvaises dystopies de science-fiction, une société analgésiée à jamais au gaz hilarant[1].

Schiller, Nietzsche, Spengler, Heidegger, Leo Strauss : l'essentiel de la tradition philosophique allemande, voit, diversement mais obstinément, la modernité comme une irrémissible déchéance, un éloignement de l'Être, un *Untergang des Abendlandes*, l'avènement du Dernier homme. «Le désert croît», écrivait Nietzsche. Il faudrait encore compléter tout ceci par le dégoût, sinon de tout et tous, du moins de l'évolution particulièrement méprisable des «siens». Les «barbares allemands» écœuraient Nietzsche, les «lourds» antisémites prussiens et pangermanistes spécialement. La théorisation même de «l'imbécillité criminelle» des Allemands, est cruellement approfondie par Éric Vœgelin, au retour d'exil, dans son cours donné à Münich en 1964, *Hitler et les Allemands*[2]. L'homme authentique prétend assister, impuissant, à une déchéance morale, à une aliénation irrémissible de son pays… Sur ce thème en ce qui touche aux USA, on évoquerait l'essai féroce d'Allan Bloom, *The Closing of the American Mind*[3]. On pourrait explorer aussi la longue déprime française, les tableaux affligés de publicistes qui décrivent les Français repliés sur un Hexagone frileux dans un monde en pleine «mutation» – de «la France [qui] s'ennuie» de Viansson-Ponté à la «France qui tombe» de N. Baverez. Le rôle de cassandre d'un pays qui va à vau-l'eau a ses «bénéfices secondaires». Il est particulièrement prisé depuis plus de vingt ans par des essayistes par centaines, *voces clamantes in deserto*.

Marc ANGENOT
Chaire James-McGill d'étude du discours social,
Université McGill, Montréal

---

logie de la modernité, d'un XIXe siècle dont nous sommes finalement sortis sans doute, mais les pieds devant, et au gré de Ph. Muray, pour bien pire.

1. *Cf.* P. Bruckner, *L'euphorie perpétuelle : essai sur le devoir de bonheur*, Paris, Grasset, 2000.

2. É. Vœgelin, *Hitler et les Allemands*, Paris, Seuil, 2003.

3. A. Bloom, *The Closing of the American Mind*, New York, Simon & Schuster, 1987.

JÉSUS ENTRE LA PERSONNE, LE PERSONNAGE
ET SES MASQUES

Un masque se forme sans cesse autour de tout esprit profond,
parce que chacune de ses manifestations
est continuellement l'objet d'une interprétation fausse,
c'est-à-dire plate *

Il peut paraître curieux d'ouvrir un article sur Jésus par la citation de Nietzsche placée en exergue. Cette citation convient sans doute au penseur en prise avec une réalité tout autre que celle de l'idéalisme, ou encore au pédagogue soucieux de ne pas imposer un dualisme métaphysique et moral : tous deux avancent masqués pour mieux tomber le masque et se ménager, par cette capacité à surprendre, la possibilité d'apprendre. Mais quel rapport avec l'homme de Nazareth, la figure de référence du christianisme, cette religion à laquelle Nietzsche a assez reproché sa part dans une vision du monde qu'elle n'aurait certes pas instaurée, mais dont elle aurait pérennisé des effets selon lui débilitants ? Tout dépend ici de quel Jésus l'on parle. Dans sa plus explicite imprécation contre le christianisme, Nietzsche distingue en effet entre le vigoureux Galiléen que l'on pourrait apercevoir entre les lignes des évangiles, et le Sauveur souffreteux qu'en auraient fait ces textes dans l'état où ils nous sont parvenus et, surtout, les épîtres de Paul [1]. Sans entrer ici dans des questions de critique textuelle dont le

---

* Nietzsche, *Jenseits von Gut und Böse. Vorspiel einer Philosophie der Zukunft* (1886), § 40, trad. fr. C. Heim, *Par-delà bien et mal. Prélude d'une philosophie de l'avenir*, Paris, Gallimard, 1987.

1. Nietzsche, *Der Antichrist. Fluch auf das Christentum* (1895), trad. fr. É. Blondel, *L'Antéchrist. Une imprécation contre le christianisme*, Paris, Flammarion, 1996, notamment p. 69 et 97.

philosophe laisse entrevoir une connaissance certes partiale, relevons simplement que son portrait de Jésus a pu être influencé par celui que son contemporain Julius Wellhausen donne du roi David[1]. Auteur d'une œuvre qui a longtemps fait date en dépit de sa charge idéologique, ce théologien regrettait le passage d'un David guerrier à un David poète au sein même des textes de l'« Ancien Testament ». Ceci est piquant si l'on se souvient que des siècles de théologie ont fait de David un « type », une préfiguration de Jésus en tant que roi messianique, Christ. Victime à son instar d'une sanctification contre nature, le Jésus de Nietzsche semble donc avancer masqué, à ceci près que son ou ses masques ne se seraient pas formés spontanément autour d'un visage demeuré intentionnellement ou intrinsèquement énigmatique, mais lui auraient été imposés de l'extérieur au prix d'un travestissement de sa parole et de son action. Sans souscrire aux vues particulières du philosophe qui, en enfant de son siècle, a doté Jésus d'un masque de plus, et sans prétendre échapper nous-mêmes à cette critique – ce qui reviendrait à nous placer en dehors de l'histoire de l'interprétation – nous retenons la pertinence herméneutique de la métaphore nietzschéenne du masque.

Celle-ci permet en effet d'appréhender à leur juste valeur les efforts et les partis-pris qui se sont succédé ou superposé pour tenter de re-présenter le visage de Jésus dans des cadres aussi variés que ceux de l'iconographie, de la théologie, de l'histoire, de l'histoire des religions. Mais pas seulement cela. En amont d'une vaste littérature exégétique dont nous dirons de suite un mot trop bref, il faut souligner que les auteurs des évangiles eux-mêmes posent, à leur manière, la question du visage de Jésus. Dans la perspective au fond déjà théologique qui est la leur, ils interpellent leurs lecteurs ou auditeurs sur le statut du corps en général et du visage en particulier après la résurrection. À partir de ce point précis où se joue la reconnaissance par ses proches de celui qui aurait traversé la mort pour transformer la condition humaine, ces auteurs tracent une ligne qui, dans leur chef, permettra aux croyants de développer une proximité vis-à-vis de ce sauveur que la plupart d'entre eux n'auront jamais connu en chair et en os. À ce titre, les récits évangéliques dénotent une différence entre la personne de Jésus et le personnage littéraire qu'il devait devenir pour susciter la foi. Dans les lignes qui suivent, nous tenterons donc de mener, à propos de la figure de Jésus dans les textes de référence et leurs commentaires, une réflexion autour de ces trois notions ici étroitement liées que sont la personne, le personnage, et ses

---

1. Questions abordées par F. Nobilio, « Théologie et tragédie dans le Nouveau Testament et dans l'exégèse contemporaine », dans B. Pinchard (éd.), *Les formes contemporaines du tragique et le retour du religieux*, Bruxelles-Fernelmont, E.M.E., à paraître.

masques. Vu l'ampleur de la tâche, l'on voudra bien nous pardonner de nous en tenir à des traits saillants afin de susciter la discussion.

JÉSUS : UN OBJET DE PENSÉE DAVANTAGE QU'UNE PERSONNE ?

Il ne se passe pas un jour dans le monde sans qu'un livre ne paraisse sur l'homme de Nazareth. Autant dire qu'il est impossible de se tenir informé de l'ensemble des écrits s'attachant à comprendre et à interpréter, mais aussi à rêver la figure de Jésus, voire à divaguer autour d'elle. Le meilleur côtoie le pire dans cette bibliothèque consacrée à celui dont notre ère porte le nom. Du point de vue méthodologique, comme l'un de nous l'a déjà souligné dans une monographie récente consacrée à Jésus [1], il serait certes téméraire de prétendre lever les voiles entourant un personnage qui n'a rien écrit et dont nous n'avons aucune trace littéraire, archéologique, épigraphique ou iconographique datant de son vivant. Il n'en reste pas moins que la littérature chrétienne des origines, un gigantesque corpus rassemblant les textes dits canoniques et apocryphes ainsi que ceux attribués aux Pères apostoliques, permet d'avancer quelques hypothèses de travail [2]. Il convient de préciser que des découvertes relativement récentes, telles que celles des Manuscrits dits de la Mer Morte ou de la bibliothèque gnostique de Nag Hammadi, ont profondément modifié nos connaissances sur la société et les mentalités du monde au sein duquel Jésus évolua [3]. Ces

---

1. B. Decharneux, *Jésus. L'amour du prochain*, Paris, Entrelacs, 2008. Sur les premières représentations iconographiques de la figure de Jésus : A. Grabar, *Les voies de la création en iconographie chrétienne*, Paris, Flammarion, 1979, p. 11-32.

2. Pour s'orienter dans la littérature chrétienne des origines : R.E. Brown, *An introduction to the New Testament*, New York, Doubleday, 1997, trad. fr. *Que sait-on du Nouveau Testament ?*, Paris, Bayard, 2000 ; D. Marguerat (éd.), *Introduction au Nouveau Testament. Son histoire, son écriture, sa théologie*, Genève, Labor et Fides, 2008[4] ; B. Decharneux, J. Chopineau, F. Nobilio, G. Balzano, A. d'Helt, *Bible(s). Une introduction critique*, Bruxelles-Fernelmont, E.M.E., 2009.

3. Nous avons fait le choix de nous en tenir à la figure du Jésus des canoniques étant donné l'espace dévolu à notre recherche dans le présent volume. Même si ces textes sont les plus anciens qui nous soient parvenus, prolonger la réflexion dans la littérature apocryphe ne serait pas inutile. Pour prendre en compte les différents aspects de la légende de Jésus, il faudrait également citer ses développements polémiques dans des traditions juives et musulmanes pour une première approche desquelles nous renvoyons à J.-P. Osier, *Jésus raconté par les Juifs*, Paris, Berg International Éditeurs, 1999 et B. Decharneux, « La théologie de l'adoption et de la substitution : archéologie d'une idée, de l'évangile de Marc au Coran », dans *Judaïsme, Christianisme, Islam. Le judaïsme entre « théologie de la substitution » et*

découvertes nous ont permis de dessiner les contours d'un personnage plus nuancé, partiellement dégagé des présupposés doctrinaux, moins figé par les représentations hagiographiques, bref plus proche d'un sujet en situation dans l'histoire humaine que de la figure hiératique de l'histoire sainte.

L'entreprise de *démythologisation* à laquelle se sont attelés une multitude de spécialistes durant les dernières décennies a eu pour mérite, après des siècles de majoration christologique, de laisser transparaître l'humanité d'un personnage occulté par des enjeux théologico-philosophiques[1]. Toutefois, il serait naïf d'imaginer que cette entreprise échapperait, en raison des fondements scientifiques qui l'innervent, à des considérations liées aux préoccupations de notre propre époque. Ainsi, au risque de paraître politiquement incorrect, il faut signaler que la focalisation de l'intérêt des chercheurs sur un Jésus issu du judaïsme et essentiellement conditionné par la culture biblique de son temps doit certes beaucoup aux découvertes de Qûmran, mais aussi à la mauvaise conscience du monde chrétien après la seconde guerre mondiale[2]. La priorité méthodologique donnée au monde biblique (la première alliance) pour expliquer telle parabole ou tel geste de Jésus n'est certes pas étonnante – la grande majorité des paroles attribuées à Jésus sont en fait des citations ou des relectures tirées de la littérature vétéro-testamentaire – mais elle devient souvent systématique et laisse alors transparaître, en filigrane, que seule la

« *théologie de la falsification* », Actes du colloque tenu à l'Institut d'Étude du Judaïsme (ULB) les 23, 24 et 25 septembre 2008, Bruxelles, Didier Devillier Éditeur, 2010, p. 67-84.

1. L'entreprise de démythologisation a été menée par R. Bultmann (et son École) qui s'efforçait de montrer le processus de sédimentation des textes (travail sur les formes du document : *Formgeschichte*), ce qui lui permit de jeter les bases d'une herméneutique existentielle, autrement dit d'appréhender et, si possible, de comprendre les textes en tenant compte des catégories de pensée du ou des auteurs. Voir B. Decharneux *et alii*, *Bible(s)*..., *op. cit.*, p. 196.

2. Pour la mise en évidence de cet état de fait dans la recherche sur l'évangile de Jean et sur la communauté dont ce texte réputé antijuif traduirait les tribulations, voir C. Conway, « The Production of the Johannine Community : a New Historicist Perspective », *Journal of Biblical Literature*, vol. 121, 2002, p. 479-495. Plus largement, la théologie biblique en arriverait presque à oublier que la littérature chrétienne des origines est écrite en langue grecque (du moins pour les textes dits canoniques), que la *Septante* était la Bible des premiers chrétiens (certes, on peut nuancer le propos), que les contacts avec le monde hellénisé se sont opérés rapidement (la littérature paulinienne, les hellénistes dans les Actes de Luc), que le monde grec était omniprésent (comme l'atteste l'archéologie biblique) et qu'enfin il est plus que probable que Jésus ait vécu au contact du monde hellénophone (par exemple lors de déplacements dans la région de la Décapole).

littérature considérée comme révélée aurait une pertinence[1]. Le chercheur qui se situe dans une telle optique peut-il se considérer à l'abri de tout préjugé ou présupposé idéologique ?

Si les études critiques s'avèrent impuissantes lorsqu'il s'agit d'appréhender la personne de Jésus – il en va d'ailleurs de même pour tout personnage historique – elles ont conduit à des tentatives visant à appréhender le *Jésus historique*, autrement dit le personnage pour ainsi dire masqué par des récits qui l'avaient peu à peu divinisé. Ce fut la vogue des récits reconstituant la « vie historique » de Jésus. On supposa qu'en grattant le texte, comme s'il s'agissait d'un palimpseste, des écrits originaux – dévoilant l'origine – seraient mis à jour. On assembla également les documents comme si cet empilement allait, à la manière de la célèbre recherche de Tintin dans *Le Secret de la licorne*, laisser transparaître un message « authentique », crypté par la volonté de puissance théologique des successeurs du penseur galiléen[2]. Las, les « vies historiques » de Jésus, pour intéressantes qu'elles soient dans certains cas, sont avant tout la reconstruction d'un personnage tel qu'on aurait aimé qu'il soit ; les quêtes scientifiques visant à mettre à jour un personnage oublié, voire occulté, comme si les textes détenaient un secret, doivent davantage au genre romanesque qu'à la recherche. Force est d'accepter que Jésus est avant tout un personnage de l'histoire ; nous ne pouvons donc appréhender que le *Jésus de l'histoire*. Aucun mouchoir de sainte Véronique ou suaire de Turin ne laisse transparaître la face du Jésus historique. Le visage de Jésus est fait de lettres et de mots, il est scripturaire.

Si l'on prête attention aux lignes qui précèdent, on conviendra qu'elles restituent rapidement les enjeux d'un débat dépassant l'époque contemporaine. Paul de Tarse déjà ne se référait-il pas à un contact *post mortem* avec le ressuscité[3] ? Les Pères de l'Église n'élaborèrent-ils pas un canon

---

1. Les présupposés théologiques classiques, écartés par les études critiques contemporaines, se réinscrivent ainsi au centre du débat. On en vient parfois à penser, non sans une pointe d'ironie, que l'expression « hypothèse scientifique » a remplacé le mot « dogme ».

2. Nous nous réclamons ici de la formule de J.P. Meier, *A Marginal Jew : Rethinking the Historical Jesus*, New York, Doubleday, 1991, trad. fr. *Un certain Juif Jésus, les données de l'histoire*, t. I, *Les sources, les origines, les dates*, Paris, Le Cerf, 2004, p. 31, « *le Jésus historique n'est pas le Jésus réel et inversement* » qui souligne que, si nous pouvons aborder les sources de façon critique, le personnage « historique » dont nous dessinons la silhouette avec difficulté n'a aucun rapport avec le Jésus réel.

3. Sur Paul et le chemin de Damas : B. Decharneux, « Du chemin de Damas à la voie chrétienne : extase, vision et apparition chez Paul et Luc », dans E. Granjon, G. Balzano, F. Nobilio, B. Decharneux (éds.), *Ésotérisme et initiation. Études d'épistémologie et d'histoire des religions*, Bruxelles-Fernelmont, E.M.E., 2009, p. 113-125.

comprenant quatre évangiles et non un seul ? L'expérience mystique ne vise-t-elle pas à pallier l'insuffisance des sources lorsqu'on s'efforce de vivre en proximité avec un personnage qui se dérobe ? La science s'assigne des objets de pensée qu'elle s'efforce de réduire et de restituer aux travers de méthodes, sophistiquées, qu'elle tient pour objectives. Il ne peut être question d'exiger qu'elle nous fasse éprouver un sentiment de proximité.

LE VISAGE DE JÉSUS ENTRE SILENCE ET RECONSTRUCTION

Dans les lignes qui suivent, nous allons nous efforcer de montrer que l'appréhension du visage de Jésus fut complexe dès le premier christianisme. Le caractère protéiforme de la *personne* de Jésus est largement attesté tant sur le plan théologique que sur celui des stratégies narratives mises en place par les auteurs. Ainsi, au fil des textes, Jésus apparaît tour à tour comme un guérisseur, le Messie, le Christ, le Seigneur, le Fils de l'homme, le Fils de Dieu, l'agneau de Dieu, etc. [1]. Le trouble suscité par ces qualifications multiples – qui seront par la suite étudiées par les Pères de l'Église dans le cadre d'un questionnement systématique sur la nature du Christ – est déjà attesté dans les textes évangéliques eux-mêmes. Au risque de paraître irrévérencieux, disons qu'il s'agit de masques théologiques dont la tradition affubla le visage de Jésus, peut-être pour lui donner des traits qui, indépendamment de ces masques, nous sont inconnus. De fait, les différentes strates interprétatives sont à ce point confondues avec les premières relations de faits et gestes de Jésus qu'il est impossible de les en dissocier sans coup de force. La figure de Jésus est donc historico-théologique dès le premier christianisme [2].

Dans un célèbre passage de l'évangile de Luc, sans doute repris de l'évangile de Marc (Mc 8, 27-30), une source plus ancienne dont il est fort proche, Jésus interroge ses disciples quant à savoir qui il est « au dire des foules » [3]. Ceux-ci font une série de réponses qui débouchent sur la célèbre profession de foi de Pierre :

1. Pour une introduction aux diverses christologies des premiers siècles : P. Frederiksen, *From Jesus to Christ : The Origins of the New Testament Images of Jesus*, Yale, Yale UP, 2000², trad. fr. M.-O. Fortier-Masek, *De Jésus aux Christs. Les origines des représentations de Jésus dans le Nouveau Testaments*, Paris, Le Cerf, 1992.
2. Voir B. Decharneux, *Jésus...*, *op. cit.*, chap. 1.
3. Nous suivons la traduction de la *Bible de Jérusalem*, Paris, Le Cerf, 1999, pour l'ensemble des citations du Nouveau Testament.

Ils répondirent : «Jean le Baptiste; pour d'autres, Elie; pour d'autres, un des anciens prophètes est ressuscité». «Mais pour vous, leur dit-il, qui suis-je?». Pierre répondit : «Le Christ de Dieu». Mais lui leur enjoignit et prescrivit de ne le dire à personne. (Lc 9, 18-21)

Si l'on compare ce texte à un extrait de l'évangile de Matthieu, l'on constatera d'emblée la variété et la complexité des récits qui rendent l'écho des questions relatives à la nature de Jésus. Ainsi, Matthieu propose de la perplexité des disciples la version suivante :

Arrivé dans la région de Césarée de Philippe, Jésus posa à ses disciples cette question : «Au dire des gens, qu'est le Fils de l'homme?». Ils dirent : «Pour les uns Jean le Baptiste; pour d'autres, Elie; pour d'autres encore, Jérémie ou quelqu'un des prophètes». «Mais pour vous, leur dit-il, qui suis-je?». Simon-Pierre répondit : «Tu es le Christ, le Fils du Dieu vivant». En réponse, Jésus lui dit : «Tu es heureux, Simon fils de Jonas, car cette révélation t'est venue, non de la chair et du sang, mais de mon Père qui est dans les cieux. Eh bien! Moi je te le dis : tu es Pierre et sur cette pierre je bâtirai mon Église et les Portes de l'Hadès ne tiendront pas contre elle. Je te donnerai les clefs du Royaume des Cieux : quoi que tu lies sur le terre, ce sera tenu dans les cieux pour lié, et quoi que tu délies sur la terre, ce sera tenu dans les cieux pour délié». Alors, il ordonna aux disciples de ne dire à personne qu'il était le Christ. (Mt 16, 13-20)

La confrontation des sources, Marc et Luc d'une part, Matthieu de l'autre, indique que ce questionnement sur la nature de Jésus revêtait une importance capitale au sein du premier christianisme. Le texte lucanien, plus tardif, atteste une tentative de réponse liée au prophétisme et au messianisme : il s'agit avant tout pour l'auteur de montrer que Jésus a accompli les Écritures, qu'il était bien le Christ, mais que cette information fut gardée secrète de son vivant. L'évangéliste répond ainsi directement à des interrogations liées au fait que la popularité de Jésus n'était sans doute pas aussi étendue que l'on imagine. Comment, ont pu penser les habitants des régions où il circulait, n'avons-nous pas été au courant? Comment, ont pu se demander les polythéistes, de grands bouleversements n'ont-ils pas secoué l'univers à la venue d'un tel «dieu»? Le texte vient donc, selon nous, renforcer les effets de la prédication au sein de l'Église lucanienne à un moment où les pagano-chrétiens deviennent peu à peu plus nombreux que les judéo-chrétiens. La source marcienne, avec son insistance sur le fameux secret messianique dont diverses interprétations ont été données à ce jour[1], était donc adéquate pour résoudre cette difficulté.

1. Voir C. Focant, *L'évangile selon Marc*, Paris, Le Cerf, 2004.

Le texte de Matthieu est construit pour répondre à un autre questionnement. Ce qui s'y joue est avant tout une tentative de hiérarchisation des disciples. Incontestablement, Pierre est au-devant de la scène car il a répondu avec justesse à la question – théologique, cette fois – « qu'est le Fils de l'homme ? », ce qui ne se peut concevoir que dans le contexte d'une réflexion sur le prophétisme et l'apocalyptique. La réponse matthéenne est redoutable, car elle inclut une double affirmation : « Jésus est le Christ (l'Oint) » et il est le « Fils du Dieu vivant ». Cette reconnaissance complexe entraîne non seulement l'affirmation que Pierre est « heureux », mais aussi sa primauté sur les autres disciples, primauté reconnue non seulement ici-bas – elle est consacrée par un changement de prénom, comme s'il s'agissait d'un processus initiatique : Simon, fils de Jonas, devient Pierre – où il sera amené à bâtir l'Église de Jésus, mais aussi dans les cieux, où l'action de lier et délier sera confirmée, voire respectée. Sans forcer la trame du récit, l'on pourrait alors proposer l'idée suivante :

– la reconnaissance de Jésus comme le Christ (le messie, l'Oint) confère à Pierre l'autorité pour bâtir l'Église, à savoir une autorité temporelle ;

– la reconnaissance de Jésus en sa qualité de Fils du Dieu vivant fait de lui le détenteur d'une autorité spirituelle.

Le fait de répondre avec justesse à la question de l'identité de Jésus confère chez Matthieu une autorité indiscutable à Simon-Pierre qui voit ainsi son lignage, celui de Simon fils de Jonas, dépassé par le nom de Pierre qui lui est désormais attribué [1].

C'est peut-être dans le sillage de cette réflexion matthéenne qu'il convient de lire l'épisode de l'évangile de Jean où les Douze se voient

---

1. Sur l'importance de la généalogie depuis les narrations mythiques jusqu'au médio- et néo-platonisme chrétien, voir L. Couloubaritsis, *Histoire de la philosophie ancienne et médiévale*, Paris, Grasset, 1998, p. 15-122, et *Aux origines de la philosophie européenne*, 4ᵉ éd., Bruxelles, De Boeck Université, 2004, chap. 1, « L'homme archaïque et son monde ». Plus précisément sur le Nouveau Testament, voir B. Decharneux, *Jésus, op. cit.*, qui souligne que, du point de vue méthodologique, l'approche proposée par L. Couloubaritsis éclaire la situation d'éclatement des sources sur la question des généalogies et permet d'unifier méthodologiquement une pratique diversement attestée. Cette réflexion est approfondie et développée dans « Les généalogies du Nouveau Testament : un nouveau champ de recherches ouvert par les travaux de Lambros Couloubaritsis », dans M. Broze, B. Decharneux, S. Delcomminette (éds.), *Mais raconte-moi en détails* (*Odyssée* 3, 97), *Mélanges de philosophie et de philologie offerts à Lambros Couloubaritsis*, Bruxelles-Paris, Ousia-Vrin, 2008, p. 465-479, et « Les généalogies du Nouveau Testament », *Bulletin de l'Académie Royale de Belgique, Classe des Lettres*, 2009. Sur l'articulation entre l'évolution du discours généalogique dans l'histoire de la pensée ancienne et son évolution au sein même du Nouveau Testament, voir F. Nobilio, « Le schème de la parenté dans le Nouveau Testament, du mythe à l'"histoire" », dans S. Barbara (éd.), *Imaginaires de la parenté* (titre provisoire), à paraître.

interrogés par Jésus quant à savoir s'ils souhaitent le quitter. C'est que le maître venait de choquer son audience par cette affirmation : « si vous ne mangez la chair du Fils de l'homme et ne buvez son sang, vous n'aurez pas la vie en vous » (Jn 6, 53) et de provoquer la désaffection de nombreux disciples en ajoutant simplement ce commentaire : « nul ne peut venir à moi, si cela ne lui est donné par le Père » (Jn 6, 65). Au nom des Douze, Simon-Pierre répond : « Seigneur à qui irons-nous ? Tu as les paroles de la vie éternelle. Nous, nous croyons, et nous avons reconnu que tu es le Saint de Dieu » (Jn 6, 67-69)[1]. « Saint de Dieu », titre également attesté dans les évangiles synoptiques, mais placé dans la bouche d'un possédé (Mc 1, 24 et Lc 4, 34), est une expression qui désigne certainement le Messie, à la fois intimement lié à l'essence divine et envoyé par la divinité[2]. Aussi Jean pose-t-il la question de l'humanité de Jésus dans un contexte messianique, en majorant l'importance du salut. Au travers de la personne de Jésus, notre auteur accentue la nécessité d'une reconnaissance messianique, limitée du vivant de Jésus au cénacle restreint des Douze et peut-être à quelques autres disciples si l'on suit Jn 6, 66.

Au fait, cette reconnaissance est nécessairement limitée, sinon dans son principe, du moins dans son contenu, et pour cause ! Si l'on suit la temporalité du récit, les dits et gestes significatifs de Jésus n'ont censément pas encore tous eu lieu et, surtout, ils n'ont pas encore reçu dans le chef des disciples et des croyants ultérieurs le sens imprimé par l'Esprit – qui succède pour ainsi dire au Christ sans encore s'inscrire dans le cadre proprement trinitaire qui ne sera fixé que bien plus tard. Dans l'épisode dont nous venons de dégager quelques traits saillants, Jésus dit encore : « C'est l'E/esprit qui vivifie, la chair ne sert de rien » (Jn 6, 63), citation dont la place laisse entendre qu'elle est aussi responsable que les autres de la partition entre ceux qui suivent Jésus et ceux qui s'éloignent de lui. Il semble donc que seule une reconnaissance d'ordre spirituel soit apte à vivifier et sauver, mais comment en irait-il autrement d'une personne que nul ne connaît plus et d'un personnage qui, à en croire les plus anciens témoignages textuels parvenus jusqu'à nous, ne fut reconnu par ses propres familiers qu'au prix de malentendus à dissiper par la suite ?

---

1. Ces paroles sont suivies de l'affirmation qu'un des Douze le trahira.
2. Cette interprétation est corroborée par certaines variantes de manuscrits qui remplacent ou précisent « le Saint de Dieu » par « le Christ » ou un autre titre. Pousser plus avant nous entraînerait dans de délicates questions de critique des sources, nous mènerait à discuter les nuances éventuellement attachées aux différents titres christologiques par les auteurs du Nouveau Testament, et nous éloignerait de notre propos.

LA TRANSFIGURATION

S'il est vain d'espérer, du moins d'un point de vue rationnel – car la prospection hagiographico-mystique relève d'un autre genre – dessiner le portrait de la personne de Jésus, les études critiques se sont efforcées, à partir du XVIIIᵉ siècle, de brosser tout d'abord le portrait d'un Jésus historique, puis, plus modestement, d'un Jésus de l'histoire. Appréhender la personne s'avère impossible, tandis que circonscrire l'identité textuelle du personnage est une tâche à laquelle peut s'adonner l'historien. En raison de la multitude de spéculations théologiques destinées à faire sens de la vie et de la mort de Jésus dès les origines de ce qui deviendrait le christianisme, et à moins d'une découverte inattendue plusieurs fois annoncée mais jamais confirmée, les traits de la personne Jésus sont pour nous oblitérés par ceux du personnage canoniquement posé comme rédempteur ou sauveur. Au risque d'effectuer une projection de plus sur ces textes qui en ont eu leur lot, il est intéressant de relever que ce passage de la personne au personnage est comme métaphoriquement exprimé par les évangiles eux-mêmes.

En effet, les évangiles synoptiques ont inscrit dans le fil de leurs récits respectifs un événement qui consacre le dépassement du Jésus terrestre en un être n'ayant plus exactement les mêmes traits. Il s'agit de la *metamorphôsis* de Jésus ou de sa transfiguration. Accompagné de Pierre, Jacques et Jean, le frère de ce dernier, Jésus se rend sur « une haute montagne »[1]. Selon la tradition matthéenne que nous suivons ici, « il fut transfiguré devant eux : son visage resplendit comme le soleil et ses vêtements devinrent blancs comme la lumière » (Mt 17, 1-2)[2]. La radiance du visage de Jésus et la blancheur de ses vêtements semblent symboliser le dépassement de son humanité, ce dont témoignent les apparitions de Moïse et d'Elie venus s'entretenir avec lui. Il faut noter qu'une voix reconnaît aussitôt Jésus en sa qualité de « Fils bien-aimé », tandis qu'après la scène, lors du retour, Jésus

---

1. Sur l'importance des Hauts-Lieux, voir B. Decharneux et A. D'Helt, « Des Hauts-lieux aux lieux du Temple et de Dieu : Itinéraire d'un symbole de l'Israël antique aux exégèses allégoriques de Philon d'Alexandrie », à paraître. Il s'agit d'une allusion soit au mont Tabor, soit, plus vraisemblablement, au mont Sinaï. Ce qui est essentiel pour l'intelligence de ce passage est l'idée d'élévation qui fait immédiatement référence aux patriarches de l'Ancien Testament et la théologie du Dieu Très-Haut (El Shaddaï que l'on peut traduire avec les précautions d'usage par « le montagnard »). Voir à ce propos C. Westermann, *Théologie de l'Ancien Testament*, Genève, Labor et Fides, 2002.

2. Bien que les textes de Mc 9, 2-13 et Lc 9, 28-36 soient sensiblement différents, la transfiguration de la face et les principales figures (Jésus, Moïse, Elie) sont communes aux trois sources.

recommande de garder cette vision secrète « avant que le Fils de l'homme ne ressuscite d'entre les morts » (Mt 17, 9)[1]. En décrivant Jésus transfiguré, les synoptiques insistent à la fois sur le lien l'unissant à la première alliance (Moïse) et au genre prophétique (Elie), tout en anticipant sa résurrection. Si celle-ci peut être interprétée chez Marc – du moins dans l'état le plus ancien de ce texte – comme une variation sur le thème vétérotestamentaire du ravissement au ciel (Mc 16, 8)[2], elle est suivie chez Matthieu (Mt 28, 1-20) d'une apparition de Jésus aux Onze en Galilée qui clôt cet évangile, tandis que de tels récits occupent chez Luc un large espace (Lc 24, 1-53) qui prépare l'épisode de l'ascension et le second volet de l'« histoire » que se propose de rapporter cet auteur dans les *Actes des Apôtres*.

Si l'on compare les récits d'apparition des quatre évangiles dits canoniques, l'on demeure frappé par la différence de ton opposant d'une part les textes dits synoptiques et, de l'autre, le récit de Jean. En effet, les synoptiques, si l'on tient compte des remarques relatives à la finale de Marc, témoignent d'un processus de reconnaissance. Chez Matthieu, les Onze se prosternent devant Jésus, le reconnaissant immédiatement à l'endroit où il leur avait donné rendez-vous. Chez Luc, les disciples d'Emmaüs sont confrontés à une face différente mais ils reconnaissent Jésus le Nazarénien à son geste de partage du pain et à sa parole de bénédiction, sorte de mythe fondateur, tenu pour historique, de l'eucharistie (Lc 24, 30-31). Ils annoncent alors que « le Seigneur est ressuscité » et, dans l'ordre du récit, entraînent pour ainsi dire son apparition aux Onze, qui sont certes saisis de frayeur, pensant voir un esprit, mais qui, en voyant les plaies des mains et des pieds, reconnaissent en lui leur maître. Notons que seul Pierre (Lc 24, 12) se doutait de l'événement, tandis que les autres ravalaient l'idée même de résurrection au rang d'un radotage de femmes éplorées.

Chez Jean, il en va tout autrement. La course à proprement parler « à tombeau ouvert » mène Pierre et « l'autre disciple », vraisemblablement le bien-aimé, celui sous l'autorité de qui le texte se place lui-même dans son ultime conclusion, à entrer dans une sépulture sans corps. Désormais absent de corps mais présent en Esprit comme il l'avait laissé entendre, le maître n'a pas besoin d'apparaître pour enclencher le processus de compréhension de son enseignement chez le disciple bien-aimé : confronté à un

1. Le texte semble suggérer qu'Elie (revenu d'entre les morts) aurait été le Baptiste. Le propos doit être entendu dans un contexte eschatologique.

2. Les femmes découvrent le tombeau vide, ce qui suggère que Jésus a été ravi au ciel comme le furent Hénoch ou Elie. Ceci devait être la fin de l'évangile attestant que Jésus avait été « pris », la finale actuelle (Mc 16, 9-19) étant certainement postérieure comme l'admettent la grande majorité des exégètes.

vide significatif, celui-ci « vit et crut » (Jn 20, 8). Ce développement d'une proximité spirituelle avec le Christ, seule possible dorénavant, sera plus laborieux pour d'autres personnages qui, en cela, apparaissent peut-être plus humains, plus proches du lecteur ou de l'auditeur du texte lui aussi en quête d'une proximité physiquement impossible. Ainsi Marie de Magdala, pleurant près du tombeau, voit tout d'abord deux anges, en vêtements blancs, assis où était le corps de Jésus, et aussitôt voit Jésus, le prenant toutefois pour le jardinier, jusqu'au moment où il l'appelle par son prénom. De même, le célèbre épisode où Thomas Didyme manifeste ses doutes quant à la nature de l'apparition dont témoignent ses condisciples, s'inscrit dans la même logique : un proche parmi les proches, un des Douze, résiste à l'idée de résurrection et révèle par son attitude que la reconnaissance des traits du Seigneur *post mortem* n'est guère aisée. Bien que la conclusion des épisodes évoqués ici ne se résume pas à ce seul trait, il importe pour notre propos de relever que cette reconnaissance s'opère en fonction de la sensibilité personnelle : l'intelligence de « l'autre disciple », l'appel de Marie interdite de toucher encore Jésus, la présentation des stigmates à Thomas invité à les tâter, etc. *In fine*, elle vise, aux yeux de tout qui y est disposé, à faire d'un vide la trace d'une présence plutôt que d'une absence.

***

Le thème de la *metamorphôsis* de Jésus et l'enseignement qui semble en avoir été tiré suggèrent que la reconnaissance de son visage par-delà les barrières de la mort était cruciale pour les auteurs des synoptiques. Grâce à la scène de la transfiguration, ils ont induit l'idée que la reconnaissance de Jésus lors de ses apparitions sous sa forme pour ainsi dire céleste avait été comme anticipée par la vision de son corps déjà glorieux en un moment clef de son existence terrestre. En ce sens, les proches de Jésus qu'étaient Pierre, Jacques et Jean étaient en quelque sorte préparés à reconnaître la résurrection de leur maître, pour l'avoir préalablement vu transfiguré, c'est-à-dire irradiant une lumière semblable à celle du soleil, ce qui apparaît rétrospectivement comme un signe annonçant les traits du ressuscité. Plus encore, le reconnaître comme vivant au-delà de la nuit du tombeau n'est-il pas plus important que l'avoir connu animé d'une vie censément ordinaire ? Paul n'aurait peut-être pas démenti, lui qui dit n'avoir rencontré son sauveur que lors d'une apparition (1 Co 15, 1) et qui, dans un tout autre cadre il est vrai, appelle irrévérencieusement Pierre, Jacques et Jean les « colonnes de Jérusalem » (Ga 2, 9)… Est-ce une coïncidence si Luc, que l'on peut situer à plus d'un titre dans le sillage paulinien, accorde aux apparitions du ressuscité une place plus importante que les autres synoptiques?

L'insistance sur une proximité spirituelle et non plus matérielle avec Jésus devient paradigmatique chez Jean où la confrontation avec le corps ressuscité n'est nullement préparée par une transfiguration ou quelque scène semblable. Nonobstant des indices au demeurant obscurs pour qui ne bénéficie pas des lumières de l'Esprit ou de l'évangile lui-même, le mystère plane après la crucifixion. De nombreuses paroles de Jésus n'ont pas été comprises de son vivant, de sorte que les scènes d'apparition sont assorties d'interrogations, de doutes, de craintes, avant qu'il insuffle de l'Esprit à ses disciples, les préparant ainsi à prendre soin de tous ceux qui croiront en lui sans l'avoir jamais rencontré en chair et en os (Jn 20, 21-23). Si l'on considère d'un point de vue théologique cet événement – auquel, significativement, Thomas «l'agnostique», absent, ne participe pas – l'on pourrait avancer qu'avant cette investiture spirituelle qui les rend semblable à lui[1], les disciples ne peuvent reconnaître leur maître.

Le premier christianisme témoigne ainsi de deux traditions relatives à la personne de Jésus. Dans l'une, celle des synoptiques, le visage apparaît comme un facteur de reconnaissance : ceux qui assistèrent à la transfiguration et sans doute, par extension, les Onze, connurent avant sa fin tragique les traits glorieux du ressuscité; il n'est donc guère étonnant que les disciples d'Emmaüs, membres d'un cercle plus large, aient eu besoin de signes de reconnaissance, tandis que les proches l'identifièrent sans peine[2]. Chez Jean, la méconnaissance raisonnée du processus eschatologique crée

---

1. La similitude qui finit par s'établir entre maître et disciple ressort notamment des thèmes de la libre obéissance et de l'enlèvement du/des péché(s), thèmes examinés dans cette perspective par F. Nobilio, «La transmission répétée de l'Esprit», dans G. Van Belle, M. Labahn, P. Maritz (éds.), *Repetitions and Variations in the Fourth Gospel. Style, Text, Interpretation*, Leuven, Peeters, 2009, p. 321-345.

2. Ces héros ordinaires du récit lucanien parlent des femmes témoignant du tombeau vide comme étant «des nôtres» sans autre précision (Lc 24, 22), font part de leur désarroi devant la mort de celui dont ils attendaient le rachat d'Israël (v. 19-21), ont temporairement les yeux empêchés de reconnaître Jésus (v. 16). Étaient-ils aveuglés par l'idée qu'ils s'étaient faite d'un messie vivant pour la libération du peuple élu plutôt que mort pour la rédemption de l'humanité croyante? Étaient-ils incapables d'envisager la possibilité même de sa résurrection? Étaient-ils confrontés à un visage altéré par la mort du corps mortel et l'avènement du corps glorieux? Ces explications ne sont que suggérées par le texte qui insiste sur la fraction du pain, geste par lequel Jésus se fait reconnaître de ces deux disciples, à la suite duquel il apparaît aux Onze, à travers lequel il sera symboliquement présent à ceux qui ne l'auront jamais rencontré de son vivant.

une forme de stupéfaction qui, conformément à l'économie du récit, est effacée par la reconnaissance de marques distinctives, ce qui débouche sur une identification salvatrice. En d'autres termes, le personnage Jésus avance ici sous deux masques différents : l'un manifeste les traits de son visage par-delà son changement de nature, l'autre tend à oblitérer ces traits au profit d'une figure spirituelle affranchie des contraintes de l'espace et du temps, mais par là même apte à offrir à chacun un point d'accroche personnel[1].

En dépit de moyens diamétralement opposés, la manifestation et l'oblitération, ces deux masques permettent au personnage qui les porte d'accomplir un même destin : une vie qui traverse la mort et apporte le salut à qui y croit. Derrière ces masques, un personnage que l'on ne connaît qu'à travers eux. Derrière ce personnage, une personne dont les aspirations propres, la personnalité, le visage, ne nous sont accessibles qu'à travers des reconstructions hypothétiques et lacunaires. N'est-ce pas le lot de nombre de figures historiques ? La particularité de celle-ci est bien entendu le nombre et la portée des influences qu'elle a exercées – par-devers elle ? – sur de larges pans de notre civilisation. Rétrospectivement s'impose ainsi l'impression vertigineuse d'une multitude d'actions élaborées autour des masques qui ont été évoqués dans la présente étude, elle-même partie prenante de cette scénographie, et qui paraissent comme suspendus à un vide rétif à toute mise en abyme.

Baudouin DECHARNEUX
Maître de recherches F.R.S.-FNRS
Université Libre de Bruxelles

Fabien NOBILIO
Chargé de recherches F.R.S.-FNRS
Université Libre de Bruxelles

1. Dans « Le théâtre nô ou un détour paradigmatique susceptible d'éclairer l'évangile de Jean », *Le Figuier. Annales du CIERL*, n° 4, à paraître, nous abordons le thème du masque à propos du seul évangile de Jean en comparant, malgré d'évidentes différences de genre, d'époque et de culture, la mise en scène stylisée de ce texte à celle du célèbre type de théâtre japonais. L'intention des différents personnages se découpant clairement sur une scène dépouillée où les gestes répétés mettent en exergue une parole quasi transcendante, nous avions conclu, entre autres, que « le Jésus de Jean ne porte plus qu'un masque […] n'autorisant qu'une aspérité pour la parole ». Nous parvenons ici dans un autre cadre à une conclusion proche, qui prend acte de l'effacement du personnage (voire de la personne) et de l'articulation ainsi ménagée pour la parole salvatrice.

PERSONNE, PERSONNAGE, PERSONNALITÉ
L'ACTEUR À L'ÈRE DE SA REPRODUCTIBILITÉ
TECHNIQUE

Dans *La Rose pourpre du Caire* de Woody Allen (1985), une spectatrice de cinéma, petite employée d'une ville de province à la fin des années 1920, assise comme d'habitude dans une salle de cinéma parmi les autres spectateurs, voit un jour *sortir* de l'écran, et s'avancer vers elle, le héros du film incarné par son acteur préféré : tout d'un coup, la connaissance se fait réciproque. Il l'appelle par son nom – elle, la simple spectatrice – et, qui mieux est, tombe amoureux d'elle…

Ce fantôme, ou ce fantasme, qui s'incarne (fictivement) dans la réalité prosaïque où vit la spectatrice à l'époque de l'invention du *star-system*, se compose de deux entités : d'une part, le « personnage » du film, qui incarne tous les artifices, toutes les idéalisations de l'univers romanesque ; et d'autre part, l'acteur, qui se révèle être une personne réelle, dotée de préoccupations tout à fait réalistes telles que, par exemple, la gestion de sa carrière et de son image. La première dimension relève du registre fantastique, puisqu'il est *matériellement impossible* qu'un personnage de film sorte de l'écran et y rentre après s'être promené dans le monde réel ; la seconde relève du registre fantasmatique, car il est *socialement improbable* qu'un jeune et brillant acteur s'éprenne subitement d'une petite provinciale. Celle-ci, courtisée par l'un *et* par l'autre, va d'ailleurs, très réalistement, choisir le moins irréel des deux, à savoir l'acteur.

Mais cette description de l'intrigue ne serait pas complète si l'on ne remarquait que l'étrange créature qui sort de l'écran est, en fait, triple. Car ce n'est pas n'importe quel acteur qui crève l'écran pour pénétrer la réalité, répondant ainsi au désir profond de la spectatrice : c'est l'acteur-vedette, celui qui incarne le personnage principal. Aussi faut-il prendre en compte, parallèlement au personnage imaginaire interprété par l'acteur, et à la personne réelle qu'est aussi cet acteur, une troisième composante : celle de la star. Celle-ci existe bien (contrairement au personnage), et à un seul exemplaire (elle est parfaitement singulière), mais contrairement au simple acteur elle ne se donne à voir, et à entendre, que *via* la multiplicité de ses reproductions vocales et, surtout, visuelles, pour des millions de spectateurs, qui en connaissent le nom, la voix et, dans ses moindres détails, le visage.

Le *personnage* de cinéma, inscrit dans l'imaginaire collectif ; la *personne* de l'acteur, inscrite dans le monde réel ; et la *personnalité* que devient l'acteur en tant que célébrité, inscrite dans ses duplications iconiques (films et photos) et, à partir du cinéma parlant, vocales, ainsi que dans les traces verbales et scripturales laissées par les récits de sa vie : voilà donc installée une triade typique du monde moderne, et qui apparaîtra peut-être aux historiens du futur comme tout aussi fondamentale, pour comprendre la culture occidentale du XXe siècle, que fut la sainte Trinité dans le monde chrétien.

Précisons que le mot « personnalité » n'est pas à entendre ici au sens psychologique traditionnel, renvoyant aux traits constitutifs d'une personne, qui en font la spécificité et, éventuellement, l'originalité (« ce qui fait l'individualité d'une personne morale », selon le dictionnaire *Le Robert*). Il est à prendre plutôt au sens récent, apparu au XXe siècle, de « personne en vue, remarquable par sa situation sociale, son activité » (renvoyant à « notabilité, personnage ») : une signification autrefois portée par le sens ancien et premier de « personnage », à savoir « personne qui joue un rôle social important et en vue », renvoyant à « dignitaire, notable, notabilité, personnalité ». Quant au terme de « personne », nous ne tenterons pas ici d'en donner une définition substantielle, qui exigerait des développements complexes[1], mais nous l'utiliserons en tant qu'il marque une différence par rapport aux deux autres : l'un (« personnage »), renvoyant à un rôle imaginaire, et non pas à un être réel ; l'autre (« personnalité »), renvoyant à un statut d'exceptionnalité, et non pas à une condition commune à tout être humain.

---

1. *Cf.* notamment l'ouvrage collectif dirigé par I. Meyerson, *Problèmes de la personne*, Paris, Mouton, 1973.

LES TROIS CORPS DU ROI-ACTEUR

On connaît la célèbre thèse de l'historien d'origine allemande Ernst Kantorowicz sur «les deux corps du roi» : d'un côté, le corps terrestre, réel et donc mortel ; de l'autre, le corps politique, symbolique et immortel[1]. L'acteur de cinéma, lui, en possède, au moins potentiellement, trois : le corps réel de sa personne, à l'égal de n'importe quel humain ; le corps symbolique de la star, qui n'existe que grâce à ses représentations, fixées sur les supports cinématographiques et photographiques ; et le corps imaginaire des personnages de fiction qu'il incarne.

Réel, symbolique, imaginaire : ces trois dimensions peuvent aussi se décrire dans la «grammaire» goffmanienne de la cadre-analyse[2]. Si l'on reprend la situation imaginée par Woody Allen, la personne (réelle) de l'acteur s'inscrit – comme celle de la spectatrice – dans le «cadre primaire», celui de la vie de tous les jours ; le personnage (imaginaire) qu'il interprète s'inscrit dans un «cadre transformé», en l'occurrence ce «mode» particulier qu'est la représentation cinématographique ; quant à la personnalité, elle s'inscrit dans cet autre «mode» qu'est celui de la cérémonie, ne se donnant à voir *en personne* que dans le cadre très ritualisé de la présentation publique, telle (nous allons y revenir) l'arrivée des stars aux Golden Globe Awards, à Hollywood, ou la montée des marches du Palais des festivals, à Cannes.

Plus que toute autre catégorie de célébrités, l'acteur de cinéma représente l'idéal-type de cette «personnalité» propre au monde moderne qu'est la «*star*», même si «les *stars* ne sont pas nécessairement des acteurs ni les acteurs toujours, même potentiellement, des *stars*», comme le remarquait l'un des premiers analystes américains du phénomène, James Monaco[3]. En effet, lui et lui seul est en mesure de condenser les trois dimensions susdites. Car d'abord, contrairement aux autres catégories de «célébrités», son métier lui permet d'incarner des personnages imaginaires, qui s'ajouteront aux caractéristiques de son individualité, en tant que personne réelle, et aux marques de sa célébrité, en tant que personnalité. Si les *stars* jouent un rôle, c'est le leur propre, alors que les acteurs, eux, jouent un rôle au sens propre

1. *Cf.* E. Kantorowicz, *The King's Two Bodies : a Study in Medieval Political Theology*, Princeton, Princeton UP, 1957.

2. *Cf.* E. Goffman, *Les Cadres de l'expérience*, trad. fr. I. Joseph *et alii*, Paris, Minuit, 1992.

3. J. Monaco, *Celebrity. The Media as Image Makers*, New York, Delta, 1978, p. 11.

du terme, notait Monaco[1] : la vedette de cinéma « joue » à la *star*, mais elle est devenue *star* parce que (entre autres) elle a pu jouer des rôles. C'est pourquoi, à la différence du chanteur (et notamment du musicien de rock, qui a souvent été mis en parallèle avec l'acteur de cinéma au titre des célébrités spécifiques du XXe siècle), la personne (réelle) ainsi que la personnalité (symbolisée par ses images) de l'acteur se chargent des personnages imaginaires qu'il a pu incarner : Greta Garbo est aussi la reine Christine, Diane Keaton est aussi Annie Hall, et l'acteur Woody Allen est aussi la somme des rôles qu'il a joués après les avoir écrits pour lui-même. Outre qu'ils multiplient les occasions d'attachement de tout un chacun à l'acteur qui les incarne, ces multiples rôles interprétés par une même personne démultiplient les publics susceptibles de reconnaître et d'apprécier l'interprète. Au contraire, un chanteur voit son audience limitée par le genre musical dans lequel il exerce son art, et qui circonscrit inévitablement une certaine catégorie d'amateurs – comme on le voit particulièrement dans le cas de la *rock-star* qui, par définition, n'est une star que pour les amateurs de rock, aussi nombreux soient-ils.

La seconde raison qui fait de l'acteur de cinéma le point privilégié de condensation de ces trois dimensions est que, contrairement à l'acteur de théâtre – lui aussi partagé entre personne réelle et personnage imaginaire – il ne se donne pas à voir *en personne* dans le contexte *hic et nunc* d'une représentation théâtrale, face à un nombre limité de spectateurs : son régime de visibilité s'inscrit dans la reproduction indéfinie et rapprochée de son image (à la fois mouvante, sur l'écran de cinéma, et fixe, sur les photographies), multipliée dans l'espace et dans le temps, bien au-delà de sa présence réelle, bien au-delà de la durée de sa vie même. C'est un point qui a déjà été souligné : le cinéma constitue un amplificateur spectaculaire de la célébrité des acteurs, infiniment supérieur en cela à ce que permet le théâtre[2]. Celui-ci en outre ne permet pas le gros-plan, qui (inventé par David W. Griffith dans la deuxième décennie du siècle[3]) autorise la contemplation d'un visage étranger comme s'il était celui d'un intime ; « *intimate strangers* » est d'ailleurs le titre donné par l'historien du cinéma

---

1. « Actors play roles, stars play themselves » (*ibid.*).

2. « Une jeune fille de vingt ans, une vedette de cinéma bien lancée, une Danielle Darrieux par exemple, mettra huit mois à toucher autant de spectateurs que Sarah Bernhardt, en quarante ans de carrière théâtrale à travers le monde », notent par exemple J. Feyder et F. Rosay dans leur autobiographie, *Le Cinéma, notre métier*, Genève, Skira, 1944, p. 13, ajoutant qu'un film peut apporter 75000 spectateurs par jour contre 1500 pour une pièce.

3. *Cf.* notamment A. Walker, *Stardom. The Hollywood Phenomenon*, New York, Stein and Day, 1970, p. 21.

Richard Schickel à son livre sur la célébrité en Amérique, qui pointe justement cette différence[1]. Ainsi les moyens techniques de reproduction de l'image et du son, apparus à la toute fin du XIXe siècle, font de la transformation de l'acteur en *star* une extraordinaire innovation, alors que ce métier existait depuis l'Antiquité. L'acteur de cinéma est même le seul qui n'existe que grâce à ces moyens. On le sait, certes, car existe-t-il un phénomène plus familier, plus populaire que celui de l'immense célébrité des acteurs de cinéma[2]? On le sait, mais en mesure-t-on vraiment toutes les implications?

Dans les années 1950, alors que la starification des acteurs de cinéma avait atteint son acmé, le sociologue C. Wright Mills définissait ainsi une célébrité :

> Ce sont les noms qui n'ont pas besoin d'autre identification. Les gens qui les connaissent dépassent en nombre ceux qu'elles connaissent, à tel point qu'il n'est pas nécessaire d'en faire un calcul exact. Partout où vont ces célébrités, on les reconnaît, et, chose plus importante, on les reconnaît avec un intérêt passionné mêlé de respect. Tout ce qu'elles font a une valeur de publicité[3].

Or de qui aurait-on parlé ainsi dans les siècles précédents, sinon des rois? Et qui d'autre qu'un roi susciterait des scènes telle que celle-ci, décrite par Gloria Swanson se souvenant de son arrivée à New York accompagnée de son époux, en 1925, au sommet de sa gloire?

> La première semaine de mars, Henri et moi traversâmes l'Atlantique sur le *Paris*. Dès notre arrivée à New York, des foules en adoration nous suivirent partout, menaçant de nous étouffer. Sur les quais, et de nouveau dans le hall de l'hôtel Ritz, des reporters et des photographes nous tendirent de véritables guet-apens, tandis que les admirateurs en liesse étaient contenus par des barrières. Notre suite était entièrement couverte de fleurs, et les deux téléphones ne cessaient de sonner, ils ne devaient jamais s'arrêter. Le standard du Ritz était tellement submergé d'appels qu'il me fallut plusieurs heures pour obtenir ma maison de Croton-on-Hudson et parler à ma fille Gloria et au petit Joseph. Des valets, maîtres d'hôtel, femmes de chambre ne cessaient d'entrer et de sortir. Ils transmettaient un constant flux d'informations aux journalistes qui attendaient dans le hall : ce que nous avions commandé à manger, la couleur du pyjama d'Henri, ce que j'allais porter

1. R. Schickel, *Intimate Strangers: The Culture of Celebrity in America*, Chicago, Ivan R. Dee, 1985. *Cf.* aussi R. Dyer, *Stars* (1979) London, British Film Institute, 1998.

2. *Cf.* notamment R. DeCordova, *Picture Personalities. The Emergence of the Star System in America* (1990), Urbana, University of Illinois Press, 2001.

3. C.W. Mills, *L'Élite du pouvoir* (1956), Paris, Maspéro, 1969, p. 75-76.

pour le banquet donné en notre honneur le lendemain soir au nouveau Park
Lane Hotel et pour la première de *Madame Sans-Gêne*.

Pour le lendemain, M. Lasky avait organisé une grande parade jusqu'à
Astoria, Long Island, où j'avais tourné tous mes films depuis que j'avais
échappé à Hollywood en 1923. Partout, des bannières me souhaitaient la
bienvenue. Des enfants costumés lançaient des fleurs dans les rues [1].

ROIS ET REINES

« Roi-acteur », avons-nous dit ? Ou plutôt ici, « reine-actrice » ; car il
faut aussi souligner combien la possibilité d'accéder, par le cinéma, au rang
de personnalité – et à une dimension internationale – a pu représenter une
promotion particulièrement notable pour les femmes, qui avaient dû
jusqu'alors se contenter de rêver à un improbable destin de reine, d'héroïne
nationale ou de sainte. Plutôt que de lister les nombreuses actrices parve-
nues à un exceptionnel niveau de célébrité et que tout un chacun, pour
cette raison même, a en tête, tournons-nous vers la fiction pour trouver
un exemple révélateur de la façon dont cette nouvelle réalité a investi
l'imaginaire collectif : il s'agit de la transformation cinématographique
subie en moins d'une génération par le personnage féminin inventé par la
romancière américaine Fannie Hurst dans *Imitation of life* (1933). Dans une
première adaptation par John Stahl en 1934 (*Images de la vie* en français),
l'héroïne était, comme dans le roman, une femme d'affaires, passant d'un petit
commerce de sirop d'érable à la commercialisation à grande échelle d'une
préparation pour crêpes ; en 1959, une seconde adaptation par Douglas Sirk,
sous le même titre (*Mirage de la vie* en français) fait d'elle une actrice, de
théâtre et de cinéma, chargée donc d'incarner le comble de la réussite
professionnelle pour une femme...

Le sociologue français Gilles Lipovetsky a bien pointé l'importance de
ce phénomène, en mettant l'accent sur ce qui, dans le statut d'actrice, tient
non pas au talent de comédienne mais à la beauté (un point important, mais
que nous ne développerons pas ici, du fait que nous nous intéressons aux
conséquences du phénomène plutôt qu'à ses causes). « Avec la divini-
sation des stars », explique-t-il, la beauté permet à certaines femmes
d'égaler voire de surpasser bien des hommes en notoriété, sans impliquer
pour autant, comme auparavant, « une contrepartie sexuelle ou un lien

---

1. G. Swanson, *Gloria Swanson par elle-même. Rêve d'une femme* (1980), Paris, Ramsay-
poche cinéma, 1986, p. 14.

matrimonial » ; car au cinéma, « la plus-value de la beauté féminine se concrétise sur un marché médiatique et non plus sexuel. C'est l'image de la beauté qui s'achète et se vend, non le corps de la femme ». De sorte que :

> si la star est un phénomène inséparable de l'âge démocratique, ce n'est pas seulement parce que toutes les personnes de toute condition peuvent en droit prétendre accéder à la gloire médiatique, mais aussi parce qu'une valeur traditionnellement féminine, la beauté, permet d'élever les femmes à un niveau de consécration sociale égal à celui des hommes [1].

À la différence toutefois des rois et des reines, l'élite des acteurs n'a pas besoin de s'inscrire dans une dynastie héréditaire (même s'il existe, de plus en plus semble-t-il, des tendances à la transmission du statut d'acteur de parent à enfant) : il s'agit bien d'une « élite démocratique »[2], puisque virtuellement accessible à tout un chacun. Elle est, à ce titre, aussi paradoxale que l'« élite artiste » qui s'était développée au XIXe siècle dans le régime démocratique de la France post-révolutionnaire, autour des créateurs[3]. Un siècle plus tard, ce ne sont plus les artistes créateurs mais les interprètes – acteurs et chanteurs essentiellement – qui, en régime médiatique, tendent à supplanter les élites traditionnelles, avec de profondes conséquences que nous n'avons pas fini d'explorer – si même nous avons commencé à le faire vraiment.

L'une de ces conséquences est la modification, non plus seulement des possibilités de promotion de quelques-uns au statut de célébrité, mais aussi du rapport de tout un chacun à la réalité. C'est ce que soulignait Richard Schickel en notant qu'avec l'instauration, à partir des années 1920, du *star system* et des nouvelles technologies médiatiques, notre définition même de la réalité a changé, avec la duplication entre la « réalité quotidienne », que nous « expérimentons personnellement par nos sens », et « l'autre réalité », que nous appréhendons par les médias et qui ne sollicite que l'un ou, au maximum, deux de nos sens ; les célébrités qui habitent cette « réalité séparée » nous sont « aussi familières que nos amis et voisins », nous sommes « profondément impliqués dans leur destin », et nous leur consacrons « d'énormes quantités d'énergie et d'attention », au point que désormais « la plupart de nos problèmes, qu'ils soient politiques, intellectuels ou

1. G. Lipovetsky, *La Troisième femme*, Paris, Gallimard, 1997, p. 179.

2. *Cf.* E. Levy, « The Democratic Elite : America's Movie Stars », *Qualitative Sociology*, vol. 12, n° 1, Spring 1989, p. 29-54.

3. C'est la thèse que je développe dans *L'Élite artiste. Excellence et singularité en régime démocratique*, Paris, Gallimard, 2005.

moraux, n'acquièrent de statut réel qu'à partir du moment où ils ont été pris en charge et mis en scène dans le monde des célébrités »[1].

LE JEU ENTRE LES TROIS INSTANCES

Il existe de nombreuses possibilités, plus ou moins subtiles, de « jeu » – au double sens de ce qui est mal fixé et de ce que l'on s'amuse à faire bouger – entre les trois instances de la personne, du personnage et de la personnalité. Il arrive en effet que leurs frontières se brouillent – notamment grâce à l'ingéniosité de scénaristes malicieux, tel Woody Allen – sans que se perde toutefois cette condition première du sens de la réalité qu'est la différence entre le réel et l'imaginaire.

Jean-Philippe, film français de Laurent Tuel (2006), conte l'histoire de Fabrice (interprété par Fabrice Luchini), un employé ordinaire, *fan* de Johnny Halliday. Suite à un accident, il se retrouve brusquement dans un monde parallèle où personne n'a entendu parler de son chanteur préféré. Il part à sa recherche, et ne trouve que Jean-Philippe Smet (interprété par Johnny Halliday), qui a raté sa carrière de chanteur et est devenu un simple patron de bowling. Ici, Johnny Halliday se mue de chanteur-vedette en acteur pour incarner le rôle imaginaire du chanteur (Jean-Philippe Smet) qu'il aurait été s'il n'était pas devenu une personnalité (Johnny). Notons toutefois que pour figurer ce monde fantasmatique, il faut l'artifice du fantastique, avec l'accident qui fait basculer le *fan* de Johnny dans un monde où celui-ci n'existerait que comme personne, mais pas comme personnalité, n'ayant jamais réussi à, comme on dit, « percer » – à devenir une *star*.

Il arrive aussi que des acteurs (réels) finissent par se confondre avec un rôle (imaginaire) : Charlie Chaplin fut et est toujours « Charlot » pour des millions de spectateurs français ; la série des personnages écrits et inter-prétés par Woody Allen sont devenus indissociables, dans l'imaginaire collectif, de sa personne réelle ; et les cinéphiles ont longtemps associé Jean-Pierre Léaud à Antoine Doinel, son *alter ego* dans la série de films réalisés par François Truffaut, qui permit ainsi à son « acteur-fétiche » de « grandir harmonieusement à l'écran de l'enfance à l'âge adulte »[2].

1. R. Schickel, « Fairbanks : His Picture in the Papers », dans J. Monaco, *Celebrity*, *op. cit.*, p. 127.

2. J. Monaco, *Celebrity*, *op. cit.*, p. 134.

Comme le souligne la sociologue Dominique Pasquier dans son étude sur les *fans* de la série télévisée *Hélène et les garçons*, les téléspectateurs peuvent « tisser des liens » aussi bien avec le « héros de fiction » qu'avec la « personne civile » de l'acteur qui l'interprète[1]. Le jeu toutefois n'est pas tout à fait le même à la télévision ou au cinéma : des enquêtes ont montré que les séries télévisées, beaucoup plus que le cinéma, favorisent plutôt la focalisation du spectateur sur le personnage fictionnel, l'acteur qui l'interprète demeurant « virtuellement invisible et anonyme », de sorte qu'« on se souvient non pas du nom de l'interprète, mais du nom du personnage récurrent dans la série »[2].

DU PERSONNAGE À LA PERSONNE

Au cinéma, ce passage du personnage de fiction à la personne de l'acteur qui l'incarne a lui-même une histoire, qui a été abondamment contée par les historiens spécialisés. Aux tout débuts du cinéma, les acteurs étaient anonymes, ou recouraient à un pseudonyme, notamment parce qu'ils considéraient comme plutôt dégradante leur participation à ce qui n'était encore qu'un spectacle forain pour les enfants et les gens du peuple[3]. Ce qui prévalait dans la mémoire était donc l'aspect ou le nom du personnage plutôt que celui de l'acteur, qui, à défaut de pouvoir être nommé, était souvent désigné par ses caractéristiques physiques (« le gros », « la fille bouclée »)[4].

> Aux débuts du cinéma, se souvient ainsi Lilian Gish, les vrais acteurs dissimulaient leur identité sous des pseudonymes pour cacher une activité mal considérée. Plus tard, les patrons des studios et les impresarios allaient attribuer aux starlettes des noms qui leur paraissaient accrocheurs. Et les spectateurs ignoraient toujours notre véritable identité. Alors que

1. D. Pasquier, « Une nouvelle amie : le héros télévisuel comme promesse d'amour », dans Ph. Leguern (éd.), *Les Cultes médiatiques. Culture fan et œuvres cultes*, Rennes, Presses Universitaires de Rennes, 2002, p. 221.

2. J. Langer, « Television's "personality system" » (1981), dans P.D. Marshall (ed.), *The Celebrity Culture Reader*, London, Routledge, 2006, p. 190.

3. *Cf.* notamment N. Heinich, « Aux origines de la cinéphilie : les étapes de la perception esthétique », dans J.-P. Esquenazi (éd.), *Politique des auteurs et théories du cinéma*, Paris, L'Harmattan, 2002, p. 9-38.

4. *Cf.* B. Bowles Hampton, *History of the American Film Industry from its Beginnings to 1931* (1931), New York, Dover, 1970 ; P.D. Marshall, *Celebrity and Power. Fame in Contemporary Culture*, Minneapolis, University of Minnesota Press, 1997.

tout le monde pouvait voir partout nos visages, nous étions totalement anonymes[1].

Dans les années 1910 se développa la pratique du générique et des photographies d'acteurs : il devint alors possible de mettre des noms sur des visages devenus non seulement familiers, mais même intimement connus, du moins par leur reproduction sur l'écran en images mouvantes – et, bien sûr, émouvantes. Ce fut aussi dans ces années-là que la presse commença à parler des plus connus d'entre eux – les personnalités – non plus en fonction du rôle incarné à l'écran – le personnage – mais de leur vie réelle – la personne. Un moment-clé à cet égard fut, en 1910, l'épisode Florence Lawrence : le producteur Carl Laemmle eut l'idée de faire annoncer puis de dénoncer comme une fausse information la mort dans un accident de voiture de cette actrice sous contrat avec son studio, et connue jusqu'alors comme « the Biograph Girl » – l'apparition publique de l'intéressée créant alors un formidable « coup » publicitaire[2].

C'est précisément dans cette articulation-là – du personnage à la personne – que les spécialistes repèrent l'émergence d'une « célébrité », autrement dit d'une personnalité du cinéma, ce qu'on ne tardera pas à nommer une « *star* » : celle-ci, nous dit Richard DeCordova, « se caractérise par l'articulation marquée du paradigme vie professionnelle/vie privée. Avec l'émergence de la star, la question de l'existence de l'interprète en-dehors de son travail dans les films se mit à entrer dans le discours »[3]. Graeme Turner y insiste : « On peut repérer le moment précis où un personnage public devient une célébrité : c'est lorsque l'intérêt des médias pour ses activités se déplace de son rôle public aux détails de sa vie privée »[4].

En d'autres termes, le basculement du personnage fictionnel vu sur l'écran à la personne réelle, dotée non seulement d'un visage, reconnaissable, mais d'un nom, connu de tout un chacun, ouvre un écart entre le monde imaginaire créé par le cinéma et la vie réelle où les acteurs existent pour de vrai. L'image de l'acteur se trouve dès lors dotée d'un référent appartenant au même monde que celui où évolue le spectateur : on passe de la bi-dimensionnalité de l'écran à la profondeur qui se creuse entre l'écran où se meuvent les images et la salle où s'émeuvent les spectateurs – cette

1. L. Gish, *Le Cinéma, M. Griffith et moi* (1969), Paris, Robert Laffont, 1987, p. 99.

2. *Cf.* notamment A. Walker, *Stardom, op. cit.* ; J. Gamson, *Claims to Fame. Celebrity in Contemporary America*, Berkeley, University of California Press, 1994.

3. R. DeCordova, « The Emergence of the Star System in America », dans Ch. Gledhill, *Stardom, Industry of Desire*, London, Routledge, 1991, p. 26.

4. G. Turner, *Understanding Celebrity*, London, Sage, 2004, p. 8.

profondeur que va justement parcourir, en sortant de son statut d'image, le héros de *La Rose pourpre du Caire*, pour rejoindre son admiratrice enamourée.

Mais dès lors que s'instaure cette distance sémiotique – entre le signe et son référent – se profile le sentiment de l'écart, du manque, de ce qui fait défaut à l'image pour posséder cette puissance irréductible du réel qu'est, précisément, sa réalité ; et, inversement, de ce qui fait défaut au référent réel pour posséder cette force du symbole qu'est sa capacité à se reproduire à l'infini, pour un nombre indéterminé de personnes. C'est dans ce va-et-vient entre distance effective et proximité rêvée, entre intimité fantasmée et médiatisation obligée – c'est dans ce « jeu » réitéré entre la figure imaginaire, la personne réelle et l'ensemble de ses apparitions symboliques par la reproduction technique du visage et de la voix – que se forme la « personnalité » qui, finalement, va faire de l'acteur une *star*.

DE LA PERSONNE À LA PERSONNALITÉ

Le passage du personnage à la personne est donc ce qui rend possible – ou signale – le passage de l'acteur à la personnalité. Dès lors, « *a star is born* », pour reprendre le titre d'un célèbre film, qui connut pas moins de trois versions à Hollywood (en 1932 avec Janet Gaynor, en 1954 avec Judy Garland, en 1978 avec Barbara Streisand) – signe du caractère profondément marquant de ce moment dans l'imaginaire collectif.

Les personnalités sont, par définition, des exceptions : à la différence des simples personnes, et même des acteurs en général, elles ne sont pas seulement « particulières » – insubstituables par principe, irréductibles l'une à l'autre – mais aussi *singulières* : être hors du commun fait partie de leur identité, et si ce n'est pas la cause de leur assomption au statut de célébrité – par exemple une beauté exceptionnelle, un talent extraordinaire, un physique atypique – c'en est, au moins, la conséquence, le signe qu'elles ont bien endossé l'état qui leur a été assigné. Et nous voilà dans le monde de l'« extravagance, condition de plus en plus nécessaire de la gloire », où Jane Mansfield, « reine des excès, tint une conférence de presse dans une piscine carrelée en rose et pleine de champagne rosé »[1]. Nous voilà dans la circulation ininterrompue des rumeurs sur les excentricités de tel ou telle, dans les bijoux de prix et les tenues les plus éblouissantes, les demeures

---

1. F. Benhamou, *L'Économie du star-system*, Paris, Odile Jacob, 2002, p. 28.

sompteueuses et les cachets faramineux; nous voilà dans la sphère où Elizabeth Taylor «mène une vie hors-écran très élaborée, avec mariages et divorces, apparitions publiques et œuvres de charité, oscillations de poids spectaculaires et abus de substances illicites, qui finit par la rendre totalement autonome, en tant que personnalité publique, de ses rôles à l'écran»[1].

Singularité et, du même coup, transgression, deviennent des caractéristiques obligées de tout acteur de cinéma qui prétend se maintenir au rang de personnalité, comme le souligne encore David Marshall : «Les stars furent décrites dans toute leur grandeur. Leurs manoirs et leurs modes de vie extravagants furent intensément scrutés. Leurs vies, quoique parfois présentées comme ordinaires, étaient plus souvent représentées comme tout à fait extraordinaires»[2]. La célébrité devient ainsi un bien de consommation, comme le note Joshua Gamson : la notoriété est une forme de capital, et le nom propre fonctionne comme un nom de marque, puisque «la capacité à attirer l'attention peut immédiatement se monnayer»[3].

DE LA PERSONNALITÉ À LA PERSONNE

Mais le mouvement même par lequel un personnage devenu personne accède au rang de personnalité appelle sa réciproque : avec la conscience de la distance référentielle instaurée par la médiatisation, et aggravée par la distance sociale créée par la singularisation, apparaît chez le consommateur de ces images l'aspiration à une proximité, voire une intimité avec les vedettes. Leur vie privée en vient à attirer la curiosité, non tant pour son intérêt intrinsèque – d'ailleurs on ne la connaît pas – mais du simple fait qu'elle appartient à un personnage public, au-delà duquel existe forcément quelque chose, et quelque chose qui mérite d'y aller voir puisque, a priori, on n'y a pas accès.

Dominique Pasquier l'a bien noté à propos d'Hélène, à la fois personnage principal de la série télévisée française Hélène et les garçons, actrice de télévision et finalement, grâce à l'immense notoriété ainsi acquise, chanteuse. «Le personnage incarne un rôle, le comédien exerce un métier, la personne a une existence réelle. C'est cette dernière, dans sa dimension physique, humaine, affective, qui intéresse les fans»; de sorte

---

1. P.D. Marshall, *Celebrity and Power, op. cit.*, p. 106.
2. *Ibid.*, p. 105.
3. J. Gamson, *Claims to Fame, op. cit.*, p. 62. *Cf.* aussi, à ce sujet, N. Heinich, «La consommation de la célébrité», *L'Année sociologique*, vol. 61, n°1, 2011.

que, paradoxalement, les fans « s'intéressent moins à ce qui se passe dans la série qu'à ce qui se passe en dehors de celle-ci » :

> leur intérêt très vif pour *Hélène et les garçons* les a conduites à se renseigner sur l'univers professionnel de production. Elles connaissent les noms des producteurs, des scénaristes, des réalisateurs, les dates et les lieux de tournage [...]. Elles savent aussi beaucoup de choses sur les personnes civiles qui incarnent les personnages.

Aussi est-ce :

> une personne ordinaire qu'aiment les fans, et c'est celle-là qu'elles cherchent à mieux connaître. Dans les lettres, le sens de la démarche est très explicite : en s'adressant à la personne civile, le fan sublime sa condition de fan, il n'est plus un téléspectateur qui parle à une vedette de télévision. La relation est placée dans une dimension humaine, qui permet l'échange, la réciprocité, les sentiments. Et puis surtout, elle devient une relation unique qui sort le fan de l'anonymat du grand public [1].

D'où les innombrables situations, réelles ou imaginaires, où une personne ordinaire se trouve confrontée avec la vie – plus ou moins ordinaire – d'une personnalité extraordinaire. Dans *Le Rôle de sa vie*, film français de François Favrat (2004), une journaliste pigiste dans un journal de mode (interprétée par Karin Viard) rencontre une *star* de cinéma (interprétée par Agnès Jaoui), qui l'embauche comme assistante; une amitié complexe se noue entre elles, sur fond de rivalité féminine et de soumission volontaire. Dans *Backstage*, film français d'Emmanuelle Bercot (2005), une adolescente, *fan* d'une chanteuse célèbre, s'introduit dans sa vie privée à la faveur d'une émission de télévision, et en découvre les ambivalences. Sur le modèle du célèbre *All about Eve* de Joseph Mankiewicz (1950), qui mettait en scène la vie privée d'une célèbre actrice de théâtre, un certain nombre de films jouent avec cette idée de pénétrer au-delà de l'écran, là où les personnalités existent comme des personnes, avec leurs secrets, petits ou grands, et leurs soucis de cœur, comme tout un chacun. Il y a là, souligne l'historien du cinéma Richard Dyer, une ambivalence constitutive du jeu entre la « star-comme-image » et la « star-comme-personne réelle », laquelle « ne ressemble à rien tant qu'à un jeu de miroirs »[2], où les gens ordinaires quêtent le reflet de leur propre vie dans celui de la vie des grands

---

1. D. Pasquier, « Une nouvelle amie », art. cit., p. 223-224.
2. *Cf.* R. Dyer, « *A Star is born* and the Construction of Authenticity » (1982), dans Ch. Gledhill, *Stardom, op. cit.*, p. 136.

– ceux qu'Edgar Morin nomma, dans un ouvrage à juste titre célèbre, « les Olympiens » [1].

Le processus toutefois est voué à la réversibilité : pas plus tôt opéré le passage de la personnalité à la personne – par la multiplicité des enquêtes, des articles, des reportages qui emplissent les publications spécialisées [2] – que les fragments de vie privée ainsi glanés viennent réalimenter l'image publique, amplifier le mythe, recharger l'*aura* de la personnalité. C'est cette « ironie » qu'ont pointée les analystes du phénomène : depuis Richard Dyer constatant que le moindre fragment de vie privée d'une célébrité, une fois publié, devient partie prenante de sa personne publique [3] ; jusqu'à Catherine Lumby observant, à propos de Marylin Monroe, la façon dont chaque tentative pour « creuser le mythe » ne fait qu'« ajouter à la légende », dans une « accumulation sans fin des perspectives » sur sa vie, voire dans la prolifération des théories « conspirationnistes » qui, nées du sentiment que derrière la couverture affichée nous est cachée la « véritable histoire », ne cessent de « brouiller la frontière entre fait et fiction » [4].

Bref, s'il faut retourner à la personne pour faire d'un personnage une personnalité, ce retour ne fait qu'ajouter une couche supplémentaire au processus d'admiration collective qui construit la célébrité. Le jeu entre les trois instances est sans fin, dès lors que le fait même de jouer en alimente le désir.

« IMAGES-PERSONNES »

Ayant observé comment s'opèrent les circulations entre ce nouveau monde des personnalités et ceux, immémoriaux, où existent les personnes réelles et où se fantasment les personnages imaginaires, il nous faut à présent aller un peu plus loin dans la caractérisation des personnalités de l'ère médiatique.

1. E. Morin, *Les Stars* (1957), Paris, Seuil, 1972.

2. Pour une histoire de la presse « people », *cf.* notamment Ch. Delporte, « Des échos mondains du XIXᵉ siècle à *Voici* », *Médiamorphoses*, n° 8, septembre 2003, p. 72-78 ; pour une enquête de terrain, *cf.* L. Lutaud, Th. Dromard, *Les Dessous de la presse people*, Paris, La Martinière, 2006.

3. *Cf.* R. Dyer, *Heavenly Bodies : Film Stars and Society*, London, British Film Institute, 1986.

4. C. Lumby, « Vanishing point » (1999), dans P.D. Marshall (ed.), *The Celebrity Culture Reader*, *op. cit.*, p. 544.

Dans un remarquable ouvrage sur les *Big Stars*, le sociologue australien John Castles proposait une analyse originale de ce qu'on aimerait pouvoir nommer la « starité » (*stardom*), basée sur les deux dimensions de la reproduction par les technologies modernes. Il distingue en effet la *répétition*, diachronique, de la *réplication*, synchronique : la première relevant d'une multiplication dans le temps, qui permet de « rejouer l'original encore et encore », la seconde d'une multiplication dans l'espace, qui permet de le reproduire en un nombre potentiellement infini de copies. La réplication concerne la matérialité de la reproduction : films, photographies, disques, etc. ; la répétition concerne l'acte de consommation de ces reproductions : aller revoir un film, regarder pour la énième fois une photo, réécouter le même disque. Et le phénomène appelé *stardom* est fait, précisément, de la conjonction de ces deux dimensions [1].

Avant l'invention du magnétoscope puis du disque numérique, la répétition était beaucoup plus aisée pour la musique – grâce à l'accessibilité du disque vinyle, qui offrait un ersatz du concert, certes de moindre qualité, mais aisément disponible – que pour le cinéma, qui dépendait de la programmation des salles : un amateur de musique pouvait réécouter indéfiniment son chanteur préféré, tandis que le *fan* d'un acteur ne pouvait aller revoir ses films à sa guise et, en attendant, devait se contenter de ses photos. Aujourd'hui, la qualité des enregistrements et leur accessibilité, via les supports numériques puis Internet, placent le chanteur et l'acteur en position équivalente quant à la reproductibilité de leur image et de leur voix.

Le visage et la voix, donc, à l'ère de leur reproductibilité technique : voilà qui aurait pu constituer un riche thème d'investigation pour Walter Benjamin si son dédain esthète – propre à toute l'école de Francfort – pour la culture populaire de masse ne l'avait conduit à focaliser sa remarquable intuition sur la seule œuvre d'art, dont la portée pour l'expérience commune est pourtant infiniment moins grande. À cette regrettable limitation de son objet s'ajoute une erreur d'interprétation, lorsqu'il oppose l'*aura* de l'œuvre d'art originale – autrement dit le sentiment d'authenticité qui lui est associé – au manque d'*aura* de ses reproductions, comme si celles-ci constituaient une dégradation par rapport à celle-là : « À la plus parfaite reproduction il manque toujours quelque chose : l'ici et le maintenant de l'œuvre d'art – l'unicité de sa présence au lieu où elle se trouve » [2] ;

1. J. Castles, *Big Stars*, Curtin, Network Books, 2007, p. 37-38.
2. W. Benjamin, « L'œuvre d'art à l'ère de sa reproductibilité technique » (1936), dans *Poésie et révolution*, Paris, Denoël, 1971, p. 131.

or, tout au contraire, c'est l'existence même des reproductions mécaniques, depuis l'invention de la photographie qui, par contraste, a pu doter les originaux d'une valeur inédite : sans les reproductions, il n'y aurait pas d'*aura*[1]. Ce point est capital, puisqu'il permet de donner sens à la quête de l'origine au-delà des reproductions – mais appliquée aux personnes et non plus aux œuvres d'art – qui depuis près d'un siècle occupe une telle place, et mobilise une telle énergie émotionnelle, dans la vie de centaines de millions de personnes sur la planète.

C'est même, affirme Castles, l'existence des reproductions – avec l'infinie *réplication* des traces qui permet l'infinie *répétition* de leur consommation – qui fait la définition des *stars* : celles-ci ne sont pas reproduites parce qu'elles sont des stars, elles sont des stars parce qu'elles sont reproduites[2]. Et parce que reproduites, elles suscitent une attente de mise en présence avec « l'ici et le maintenant de l'original » (pour reprendre la définition de l'« authenticité » selon Benjamin[3]), qui aspire un considérable investissement émotionnel : celui-là même qui, du temps où l'authenticité n'était pas encore devenue « le substitut de la valeur cultuelle »[4], s'appliquait aux apparitions et, à défaut, aux reliques, ces substituts de la présence du saint. De même que « ce n'est pas le saint qui est à l'origine de l'icône, mais l'image qui est cause de ce qui est saint », comme l'affirme la philosophe Marie-José Mondzain, spécialiste des querelles sur l'iconoclasme[5], de même ce n'est pas la vedette qui est à l'origine de la multiplication de ses images, mais ce sont ses images qui en font une vedette. Et c'est, au premier chef, la vedette de cinéma qui objective ce phénomène : d'abord, nous l'avons dit, en raison de sa capacité à incarner des personnages imaginaires qui, si l'on peut dire, la « re-chargent » en présence et en force émotionnelle ; mais aussi parce que, historiquement, c'est la multiplication des images – photographiques et cinématographiques – avant celle des sons, qui a fait le « vedettariat », pour celles et ceux du moins dont les ressources esthétiques, les capacités photogéniques et les talents d'incarnation et d'interaction scéniques sont à même de les placer au-dessus du commun[6]. D'où l'antériorité, dans

1. *Cf.* N. Heinich, « Note sur l'*aura* de Walter Benjamin », *Actes de la recherche en sciences sociales*, n° 49, septembre 1983 (repris dans *Comptes rendus à...*, Paris, Les Impressions nouvelles, 2007).

2. « They are not recorded because they are stars ; they are stars because they are recorded », J. Castles, *Big Stars*, *op. cit.*, p. 25.

3. W. Benjamin, « L'œuvre d'art à l'ère de sa reproductibilité technique », art. cit., p. 148.

4. *Ibid.*

5. M.-J. Mondzain, *Image, icône, économie*, Paris, Seuil, 1996, p. 186.

6. Je remercie Thierry Lenain pour cette dernière remarque.

cette quête d'authenticité, de la figure de l'acteur par rapport à celle du chanteur, comme l'a noté Dyer[1].

Cette homologie entre le culte médiéval des reliques et la culture populaire des vedettes dans la modernité a été remarquablement mise en lumière par Thierry Lenain dans un article sur les « images-personnes »[2]. Cette locution, forgée à partir de la notion d'« objets-personnes »[3], désigne une catégorie d'images dotées de « deux qualités essentielles, en tension l'une avec l'autre : l'authenticité et la multiplicabilité »[4]. Elle s'applique particulièrement au monde du *show-business* : « Il est un domaine de la culture contemporaine où s'est écrit un chapitre inédit de l'histoire des images-personnes : le *show business* », lieu d'une « mécanique imaginale qui a su conserver certains des rouages les plus solides » du double culte de l'idole et de l'icône – ce qui explique « l'insolente bonne santé du monde des idoles de la culture de masse »[5]. Les stars constituent ainsi des images-personnes non plus à l'état de reliques, mais qui « se constituent à partir de sujets vivants », et « transmuent en belles représentations un matériau qui n'est autre que leur propre personne » ; « en elles, le corps resplendissant de l'artiste, [...] la forme artistique et le halo quasi-sacral produit par la technologie du spectacle se fondent en une belle totalité vivante ». D'où leur « attrait prodigieux », elles qui « fascinent leur public, lui inspirent une admiration éperdue, le foudroient d'émotion », bien au-delà de « ce qui advient aujourd'hui face aux meilleures œuvres d'art de nos musées et galeries d'art » : « par leur puissance iconique pure, les idoles du *show business* agissent sur le spectateur avec une force de frappe sans équivalent »[6].

Mais pour comprendre leur « puissance d'impact », il faut prendre en compte la nécessité de leur « incarnation » : pas de reproduction sans recherche de l'original, pas d'image sans que le manque d'un référent particulier – sensible, tangible, visible, audible – ne se mêle à la contemplation d'une multitude d'admirateurs, et pas de contemplation indéfiniment réitérée d'une image indéfiniment reproductible sans aspiration à la rencontre *hic et nunc* avec son modèle, en un moment unique, mémorable entre tous.

---

1. *Cf.* R. Dyer, « *A Star is born* and the Construction of Authenticity », art. cit.

2. *Cf.* Th. Lenain, « Les images-personnes et la religion de l'authenticité », dans R. Dekoninck, M. Watthee-Delmotte (éds.), *L'idole dans l'imaginaire occidental*, Paris, L'Harmattan, 2005, p. 303-324.

3. *Cf.* N. Heinich, « Les objets-personnes : fétiches, reliques et œuvres d'art », *Sociologie de l'art*, n° 6, 1993, p. 25-56.

4. Th. Lenain, « Les images-personnes », art. cit., p. 313.

5. *Ibid.*, p. 317-318.

6. *Ibid.*, p. 318.

Ces images-personnes d'un genre nouveau, écrit encore Lenain, n'exerceraient sans doute pas un tel pouvoir si, loin de ne se donner qu'à travers les *traces* authentiques laissées par la personne d'un auteur, elles ne se présentaient aussi et surtout dans les épiphanies d'un sujet vivant. Les idoles du *show business* rappellent en cela les images miraculeuses et les reliquaires habités du Moyen Âge, où l'objet était le lieu de manifestations réelles d'une personne sacrée [1].

C'est à la lumière de cette quête de confirmation de l'authenticité, commune à l'antique adoration religieuse comme à la moderne culture de masse (mais le culte des saints, qu'était-il d'autre que la culture de masse du Moyen Âge?[2]), que nous pouvons comprendre ce qui advient lorsqu'une personnalité – une « image-personne » – sort de son monde symbolique pour s'incarner dans sa personne réelle.

ÉPIPHANIES : CE FUT COMME UNE APPARITION...

Tout à l'heure, je tiens la porte de Dalloyau à une dame, elle passe puis se retourne après moi : « Je vous en prie. » – « Excusez-moi, dit-elle, je vous ai regardé parce que vous avez la voix de M.P. On vous l'a dit peut-être ? » – « Oui, oui », et je m'éloigne. J'ai donc « ma » voix, mais je ne me ressemble pas ? Du moins pour cette vieille dame. Hier dans l'autobus, deux dames du Midi assises en face de moi : elles commentent : « Décidément, c'est le jour : la deuxième (personnalité, je crois) de la journée. » Et assez fort pour que je les entende : « Je crois qu'il habite près de chez nous. » Je suis une image dont on parle.

Ces anecdotes proviennent du journal tenu par Michel Polac, écrivain et cinéaste qui eut son heure de gloire comme animateur d'une émission de débats à la télévision française[3]. Elles témoignent de ce petit choc que constitue la rencontre de hasard entre une personne ordinaire et une personne extraordinaire (une personnalité), décrit ici du point de vue de cette dernière : ce qui est plutôt rare, car on connaît mieux ce type de situations vues par le *quidam*.

La chose paraît évidente, si évidente même qu'on ne pense guère à l'interroger : pourquoi une telle rencontre fait-elle événement dans la vie

1. Th. Lenain, « Les images-personnes », art. cit., p. 318.
2. *Cf.* P. Brown, *Le Culte des saints. Son essor et sa fonction dans la chrétienté latine* (1981), Paris, Le Cerf, 1984.
3. M. Polac, *Journal*, Paris, PUF, 2000, p. 454.

d'une personne, au point que, très probablement, elle la racontera à ses proches en rentrant chez elle, et même peut-être ultérieurement à différentes connaissances, devenant la personne qui a rencontré X dans la rue – ce que les proches eux-mêmes raconteront peut-être à leur tour à d'autres, comme un petit événement méritant récit ? Et pourquoi, dans une semblable circonstance, y a-t-il toutes chances que la rencontre se solde par la demande d'un autographe, qui permettra au bénéficiaire de cet heureux hasard de posséder la preuve – la preuve écrite – que la rencontre a bien eu lieu, que l'image connue de tous a bien coïncidé, pendant quelques instants, avec le corps même qui en est le référent – la personnalité « en personne » ?

La réponse à cette question réside précisément dans la définition sémiotique de la célébrité « à l'ère de la reproductibilité technique », avec l'écart abyssal ouvert, nous l'avons dit, entre l'unicité de la personne, nommément désignée, et la multiplication infinie de son image à la fois très fidèle et très proche, pour un nombre infini d'individus : écart lui-même générateur d'une collusion paradoxale et troublante entre l'intimité du gros-plan et la distance de l'inconnu, l'extrême familiarité d'un visage bien connu et l'étrangeté d'une personne que l'on n'a jamais rencontrée et que, probablement, l'on ne rencontrera jamais... D'où le caractère événementiel d'une telle rencontre, qui fait se superposer, pour un instant, des ordres de réalité totalement hétérogènes.

Une telle rencontre peut être de deux ordres : fortuite, ou organisée. Le premier cas de figure a été étudié, avec les méthodes de la sociologie interactionniste, par une ethnométhodologue américaine, Kerry Ferris, qui a recueilli et analysé soixante-quinze récits de rencontres visuelles avec une célébrité à Hollywood (*celebrity sighting*), définies comme « une rencontre due à un heureux hasard, advenue dans le cours de la vie ordinaire, avec une personne suffisamment célèbre pour être reconnue »[1]. Il en ressort un petit nombre de comportements possibles de la part de celui à qui cela advient, sur un fond commun d'« intense émotion » provoquée par cette « collision de cadres », et faite d'« excitation, déception, hilarité, sentiment de risque, supériorité, et honte »[2].

La seconde catégorie de rencontres relève de ce que Thierry Lenain nomme des « rituels d'auto-présentation bien codifiés », dont le « concert *live* constitue la forme la plus caractéristique », mais dont relèvent aussi :

---

1. K.O. Ferris, « Seeing and being Seen : The Moral Order of Celebrity Sightings », *Journal of Contemporary Ethnography*, 33(3), 2004, p. 243.
2. *Ibid.*, p. 241.

la montée des marches du Festival de Cannes, la descente d'avion (moins pratiquée de nos jours qu'à l'époque des Beatles), la sortie de la salle de spectacle par une porte arrière qui n'est généralement pas dérobée pour tout le monde et devant laquelle attend le noyau dur des *groupies* – le tout avec ou sans distribution d'autographes.

Il mobilise à leur propos un vocabulaire d'origine religieuse, puisqu'il parle d'«épiphanies» à propos de ces «formes ritualisées de présentification de l'idole»[1].

Dans une approche relevant non plus de la philosophie ou de l'anthropologie générale, mais de l'enquête sociologique, Dominique Pasquier a été «sur le terrain», assistant à un concert d'Hélène au milieu de ses jeunes *fans* – une expérience émotionnelle d'une force stupéfiante, dont elle dit qu'«il n'y a pas de mots assez forts pour la décrire» : «Au concert, on ne vient pas écouter Hélène, on vient la rencontrer physiquement. Ce n'est pas un moment de musique, c'est un moment de face à face. Un moment qui vient mettre fin à une longue série de contacts à distance»[2]. Et elle précise : «le moment où Hélène apparaît sur scène, une bonne heure après le début, est marqué par un silence de mort, qui vient interrompre brutalement l'immense excitation qui régnait dans la salle. D'un seul coup des milliers de fans se taisent, n'en croyant pas leurs yeux : c'est la "vraie" Hélène»[3].

Quant à la montée des marches – autre ritualisation de l'épiphanie mais, cette fois-ci, réservée aux acteurs – elle a été elle aussi décrite dans un vocabulaire expressément religieux par Edgar Morin :

L'escalier du festival, balayé, inondé, ruisselant de la lumière des projecteurs, est dominé par un véritable polypier de photographes. […] Alors commence l'ascension à la fois mystique, radieuse et souriante de l'escalier. Cette cérémonie, équivalent du triomphe romain et de l'ascension de la Vierge, est quotidiennement recommencée[4].

Une quarantaine d'années plus tard, le sociologue américain Joshua Gamson a réalisé une très intéressante «observation participante» au milieu de la foule attendant l'arrivée des acteurs à la cérémonie des Oscars d'Hollywood – ce qu'il nomme la *live celebrity watching*. Il montre le caractère avant tout collectif d'une telle expérience, définie par son cadre situationnel, et qui n'a donc pas tout à voir avec les phénomènes

---

1. Th. Lenain, «Les images-personnes», art. cit., p. 318-319.
2. D. Pasquier, «Une nouvelle amie», art. cit., p. 228.
3. *Ibid.*, note 7.
4. E. Morin, *Les Stars*, *op. cit.*, p. 98.

d'identification et de projection psychologiques qu'on a tendance à y associer[1]; il décrit l'importance de l'attente et du spectacle de cette attente collective, qui comptent au moins autant que son objet même[2]; et il met finalement en évidence la récurrence successive de trois moments forts : celui de l'identification de la personnalité, celui de l'excitation à l'instant où a lieu ce processus d'association d'un nom à un visage, et celui de la documentation de l'événement par la prise d'une photo, véritable « trophée de chasse »[3]. C'est dire que la photo en aval de la rencontre – celle prise par le regardeur – vient compléter, comme en miroir, la somme innombrable des photos en amont qui ont *fait* la personnalité, transformant le spectacle, fugace, d'une personne montant un escalier, en événement mémorable.

Une équipe de sociologues et anthropologues français a effectué un travail analogue de l'autre côté de l'Atlantique, en se postant dans la foule qui attend l'arrivée des vedettes au Palais, lors du festival de Cannes – « l'un des rares lieux d'apparition réelle, officielle et collective des stars »[4], qui « se trouvent cette fois dans une autre dimension, puisqu'ils ne se voient plus en surface mais en volume », comme le note Pascal Lardellier[5]. Ces passages de la bi- à la tridimensionnalité des *stars* relèvent selon lui d'un véritable « rite d'incarnation, attestant de la réalité d'un idéal »[6]. Là, le travail d'identification est partie prenante du spectacle, puisqu'il est confié à un « maitre de cérémonie posté en haut des marches. Muni d'un micro, il a pour fonction d'annoncer au public les stars au fur et à mesure qu'elles arrivent, en déclinant leur nom et les moments phares de leur carrière »[7]. Aux regards et aux photographies prises par les amateurs massés derrière les barrières de sécurité s'ajoute le bombardement des images – télévisuelles et photographiques – captées par les professionnels accrédités, postés comme au safari entre la foule et les vedettes : c'est que

1. J. Gamson, *Claims to Fame, op. cit.*, p. 132.

2. « People seem to be there as much for the event of waiting as for the event of watching; as much for the spectacle as for the celebrities », *ibid.*, p. 134.

3. *Ibid.*, p. 139.

4. P. Lardellier, « La montée des marches. Une lecture sémio-anthropologique du Festival de Cannes », dans E. Ethis (éd.), *Aux marches du palais. Le festival de Cannes sous le regard des sciences sociales*, Paris, La Documentation française, 2001, p. 101.

5. *Ibid.*, p. 105.

6. « C'est leur présence qui sanctifie ce lieu, en le rendant mythique. Leur *incarnation* à Cannes, le temps de quelques jours, est un passage indispensable pour l'édification de leur légende. En effet, "la star doit s'exhiber" de temps en temps, afin de rendre tangible cette incarnation, de prouver l'authenticité de sa condition. Son apparition cannoise relève d'un rite d'incarnation, attestant de la réalité d'un idéal », *ibid.*, p. 107.

7. *Ibid.*, p. 99.

« la Montée des Marches, précisément, doit offrir la visibilité optimale sur les stars au public et au monde. Cette cérémonie a pour mission d'exhiber, d'exposer véritablement les vedettes », note encore Lardellier [1] – qui toutefois, emporté par la métaphore religieuse, interprète la situation comme un besoin de « prouver leur existence à ceux qui viennent à Cannes atteints de ce qu'on pourrait appeler le "syndrome de saint Thomas" » [2], alors qu'il s'agit, beaucoup plus probablement, d'*éprouver leur présence*.

Cette épreuve de la présence, qui permet de définir la situation comme une quête de ressenti émotionnel beaucoup plus que d'attestation rationnelle, a été en revanche parfaitement observée par Elisabeth Claverie dans son analyse du même phénomène. La montée des marches apparaît ainsi comme une épreuve de comparaison de la présence réelle des acteurs avec l'image : « Ils doivent soutenir la comparaison avec leur ou leurs images ou, plutôt, avec d'autres médiations de leur personne. C'est, en effet, au sein d'un dispositif conçu pour être l'équivalent fonctionnel de l'écran que les acteurs doivent, dans la scène des marches, parcourir un certain espace » [3]. Ceux-ci se trouvent alors dans « un état complexe », entre médiatisation et réalité, extrême proximité et absolue intouchabilité : un état qui « concilie l'inconciliable », car :

> ce qu'on veut, c'est les voir dans un état particulier de leur personne, dans leur état d'acteurs […]. On veut les appréhender dans un état tel qu'ils cumuleraient l'effet d'intouchabilité de l'écran et l'effet prosaïque produit par les journaux spécialisés dans la description de leurs péripéties biographiques, hors rôles. On les voudrait vivants mais ayant pour référent autre chose qu'eux-mêmes dans leur état de vivant. On les voudrait dans l'état que l'écran manifeste avec sa capacité de rendre les corps présents, de les restituer dans leur charge de présence, à portée de main et pourtant dans l'autre espace, l'espace qu'on n'atteint pas, de cumuler cette propriété, donc – puisqu'ici ils sont là – là, au point de grimper des marches rouges – avec la façon dont ils sont référés dans le prosaïque et la superbe des ragots de journaux [4].

Mais là encore, le spectacle de la personne réelle se reverse aussitôt en spectacle de son image, par un bouclage infini de la présence et de la médiation, du référent et de ses signes :

1. P. Lardellier, « La montée des marches », art. cit., p. 99.
2. *Ibid.*
3. E. Claverie, « Cannes et chicanes : "Voir à Cannes" », dans E. Ethis (éd.), *Aux marches du palais, op. cit.*, p. 55.
4. *Ibid.*, p. 56.

Le public ne les aperçoit que par bribes et pour une courte séquence, mais, tandis qu'ils progressent sur l'escalier, leur image est projetée, en grande taille, sur l'écran latéral géant, appuyant et réassurant le travail de sacralité, de distance, déjà constitué. Ils sont donc, sur les marches, offerts en même temps sous deux espèces et c'est précisément sous deux espèces que le public veut communier[1].

Effet de boucle : l'éloignement crée le désir de rapprochement, qui permet l'expérience de la proximité, qui intensifie la charge émotionnelle, qui renforce encore la grandeur, donc l'éloignement. Dans cette tension organisée, ritualisée, spectacularisée entre la présence et l'absence, entre la personne et ses images, entre le corps et la personnalité, entre l'acteur en chair et en os, ici et maintenant, et la mémoire partagée de ce qui a été donné à voir de lui, ce n'est pas tant l'une ou l'autre de ces instances qui est atteinte ou même visée, mais le vacillement, le va-et-vient de l'une à l'autre, du manque latent à sa satisfaction patente mais si fugace, évanescente – et qui relance le manque.

UNE AFFAIRE D'AUTHENTICITÉ

Cette « instabilité » constitutive de la « rencontre directe » (*live encounter*) a été soulignée par Gamson, lorsqu'il décrit ce type de situations comme une authenticité en attente de confirmation : « La rencontre directe et les tentatives pour la capter suggèrent une instabilité cruciale [...] : c'est que l'authenticité est toujours potentiellement en question, toujours en attente de confirmation »[2].

Authenticité : c'est bien là, semble-t-il, le maître mot de ce qui est à l'œuvre dans ces épiphanies laïques, qui confrontent la réalité de la personne – lestée des personnages incarnés par l'acteur au gré de ses différents rôles – à la somme de ses représentations sémiotiques à l'état de personnalité. Est-elle bien, dans la réalité, semblable à ses images ? Celles-ci sont-elles bien conformes à ce qu'elle est *en vrai* ? Y a-t-il donc bien – conformément à toute exigence d'authenticité[3] – continuité entre l'être perçu et l'être réel, entre l'état actuel et l'état d'origine, entre l'apparence et l'essence ? C'est là l'épreuve qui se joue dans toute rencontre,

---

1. E. Claverie, « Cannes et chicanes : "Voir à Cannes" », art. cit., p. 59.
2. J. Gamson, *Claims to Fame, op. cit.*, p. 140.
3. *Cf.* N. Heinich, « Le faux comme révélateur de l'authenticité », dans *De main de maître. L'artiste et le faux*, Paris, Hazan-Musée du Louvre, 2009, p. 53-78.

fortuite ou organisée, avec une célébrité. Et c'est même, suggère Dyer, l'origine du charisme de la star: «C'est le fait que la star ressemble vraiment à ce qu'elle est supposée être qui assure son statut, sa qualité de star ou son charisme. C'est l'effet d'authentification de l'authenticité [*authenticating authenticity*] qui confère à la star son charisme, et qui fait que nous voulons la regarder»[1].

Rencontre entre deux mondes: l'irruption de la star dans le monde ordinaire, «l'apparition de l'idole» est, nous dit à son tour Thierry Lenain, un «miracle parfaitement improbable qui crève d'un seul coup la toile grise du quotidien: la bonne fortune peut nous donner d'apercevoir Michael Jackson dans un centre commercial ou en visite au zoo, accompagné de ses gorilles et de son chimpanzé»[2]. Mais ne nous y trompons pas: cela ne nous la rend pas pour autant plus proche, non seulement parce que «l'accessibilité réelle de la star reste bien sûr tout à fait partielle et exceptionnelle», mais surtout parce que sa modalité d'être est, fondamentalement, l'inaccessibilité: «une inaccessibilité fondamentale que de très rares et brèves rencontres dans l'espace de la vie courante font ressortir *a contrario*»[3]. Car de même que l'aura, selon la célèbre formule de Benjamin, était «l'unique apparition d'un lointain, si proche qu'elle puisse être», de même, «tout comme le saint dans sa relique et l'auteur dans son œuvre, la star demeure essentiellement distante jusqu'en sa plus grande proximité»[4]. Icône autant qu'idole, ou plutôt idole *parce que* icône, la star permet de combiner, «d'une manière aussi originale que performante, les modes de fonctionnement des deux formes anciennes de l'image-personne», récupérant ainsi à son profit «un ensemble de schèmes dévotionnels bien connus des médiévistes»[5].

Si l'avènement des moyens modernes de reproductibilité technique du visage et de la voix, ouvrant un nouvel espace de jeu entre la personne, le personnage et la personnalité, a bien bouleversé l'économie émotionnelle de tout un chacun, à une échelle planétaire et dans des proportions jusqu'alors inconnues dans l'histoire de l'humanité, il ne faut pas pour autant que cette indiscutable innovation nous pousse à assimiler à une vague métaphore le terme d'«idoles» appliqué aux personnalités de la culture populaire: bien au contraire, elle s'inscrit en continuité avec des formes antérieures, et bien connues, de cultes (ce qui ne signifie pas que le

---

1. R. Dyer, «*A Star is born* and the Construction of Authenticity», art. cit., p. 133.
2. Th. Lenain, «Les images-personnes», art. cit., p. 319.
3. *Ibid.*
4. *Ibid.*
5. *Ibid.*

culte moderne des célébrités soit « une nouvelle religion », selon une interprétation trop répandue : bien plutôt faut-il voir dans les formes traditionnelles de la religion chrétienne une réalisation, parmi d'autres possibles,
des pratiques cultuelles[1]). Et seul, probablement, le mépris des lettrés
– théologiens médiévaux autant que penseurs modernes – envers la culture
populaire a pu nous dissimuler cette évidence, alors même qu'elle nous
crève les yeux, comme le héros de *La Rose pourpre du Caire* crevait l'écran
du cinéma.

Nathalie HEINICH
CNRS, EHESS, Paris

---

1. *Cf.* sur ce point N. Heinich, *La Gloire de Van Gogh. Essai d'anthropologie de
l'admiration*, Paris, Minuit, 1991.

PERSONNES ET PERSONNAGES
DANS LA LITTÉRATURE DE SCIENCE-FICTION

Telles que nous les considérons dans cette étude, la notion de
« personnage » est une catégorie littéraire, celle de « personne » relève de la
philosophie, de la morale, du droit. L'une et l'autre réfèrent le plus souvent
à des individus humains. Mais cette assimilation n'est généralisable ni en
littérature ni en philosophie.

Le philosophe et bioéthicien Hugo Tristram Engelhardt[1], par exemple,
distingue nettement entre personne et être humain. Est une personne toute
entité caractérisée par la conscience (spécialement réflexive), le sens de la
distinction du bien et du mal, des facultés cognitives (mémoire, intelligence…) et la capacité de choisir. Sans hypostasier la notion de personne
dans quelque substance (esprit, âme…), Engelhardt estime qu'il peut
exister des personnes non humaines (anges ou extraterrestres (ET), par
exemple) et que la personne humaine individuelle (appartenant à l'espèce
homo) est libre de faire ce qu'elle désire de sa réalité biologique, corporelle,
cerveau compris.

Richard Rorty[2] dans sa fable des Antipodiens – une expérience de
pensée qui fait songer à la science-fiction (SF) – imagine un peuple dont le
langage est technoscientifique. Les Antipodiens ne disent jamais « j'ai
mal » en référant à des « données immédiates de la conscience », mais :
« mes fibres XYZ sont dans un état B (ou C…) ». Les Antipodiens ignorent
les jeux de langage qui paraissent décrire les contenus de l'expérience intérieure immédiatement accessibles et connaissables de façon indiscutable

---

1. H.T. Engelhardt, *The Foundations of Bioethics* (1986), Oxford, Oxford UP, 1996.
2. R. Rorty *Philosophy and the Mirror of Nature*, Princeton, Princeton UP, 1979 (trad. fr.,
L'homme spéculaire).

par la conscience, qu'il s'agisse de douleurs ou de « vérités de raison ». Ils ne pratiquent pas ces jeux de langage qui réfèrent à une réalité intérieure – spirituelle – siège et fondement de la « différence anthropologique » qui distingue électivement les humains parmi tous les vivants et en fait des « personnes ». Ils ne parlent pas comme s'ils « avaient un esprit ». Les Antipodiens sont cependant parfaitement capables de faire la différence entre eux-mêmes en tant que personnes et des machines, des animaux ou des robots. Cette distinction – avec ce qu'elle peut comprendre en termes de valeurs, de droits, d'institutions libérales – est à garantir et à étendre par la volonté, la bonne volonté individuelle et collective, l'éducation affective autant que par l'argumentation rationnelle. Elle n'est pas à asseoir sur quelque fondamentalisme dogmatique de type ontothéologique qui affirme l'existence d'une « surnature » ou, en tous cas, d'un régime ontologique propre aux humains.

Sans soulever la question des convictions ultimes de leurs auteurs, nous avons là des descriptions de la notion de « personne » laïques et empiristes, évolutives et pragmatiques, constructivistes et contextualisées. De telles descriptions sont éloignées du concept de personne tel qu'il est généralement pensé dans le cadre de la métaphysique idéaliste ou de la théologie spiritualiste.

L'idée que toutes les personnes ne sont pas des humains et celle selon laquelle les humains (au sens biologique) qui sont des personnes sont libres de modifier leur réalité biologique jusqu'à les rendre éventuellement étrangers à l'espèce *homo*, ces deux idées sont des postulats de la SF. Que, par ailleurs, tous les personnages (en particulier, les personnages centraux d'une fiction) ne sont pas nécessairement humains ni même des personnes en est un autre.

Il ne faut pas s'en étonner. La SF est aussi [1] littérature de l'altérité et le thème central d'une fiction peut être précisément la question de la nature de l'entité « autre » (non humaine, bien sûr, mais vivante?, intelligente?, sensible?, consciente? …) avec laquelle des personnes, humaines ou non, essayent d'entrer en contact. Qu'il faille, dans toute fiction narrative, un

---

1. « Aussi », parce que la SF est tellement variée et diversement, voire contradictoirement, définie et délimitée. La question de la définition de la SF est la bouteille à encre de la critique SF autant que de son histoire. Ce que désigne l'appellation SF est une nébuleuse mouvante qui s'étend de la fiction très rigoureusement informée du point de vue technoscientifique à la littérature fantastique. Parce que, de mon point de vue, l'intérêt de la SF est du côté de la *hard SF* (notion elle-même élastique et évolutive mais qui connote l'exigence du respect de la vraisemblance technoscientifique), je puiserai mes exemples dans ce noyau plus ou moins dur.

« minimum » de personnages doués de *certaines* qualités de la « personne » paraît cependant incontournable, sans quoi il n'y aurait plus de récit possible. S'appuyant sur la notion de « débrayage » (Greimas) au sens de « mise à distance », Gérard Cordesse relève trois moyens principaux de distanciation : l'espace, le temps et les actants (ET, mutants, robots, etc). Là où ils sont « maximaux [...] le genre débouche sur l'impensable, sur l'autre absolu »[1].

De son côté, Lester Del Rey souligne que la difficulté – voire l'impossibilité – de définir la SF de façon largement satisfaisante tient à son immense ouverture : n'importe quelle époque, n'importe quel lieu, n'importe quel « personnage » : humains, végétaux, animaux, minéraux, planète entière[2]...

Philosophes et critiques littéraires sont volontiers systématiques et classificateurs. Nous ne nous engagerons pas sur cette voie trop périlleuse dans le cadre d'un article relatif à un champ littéraire aussi vaste, confus et controversé. Nous procéderons par cas et exemples, anciens et récents, illustrant des facettes du sujet traité, et donnant peut-être l'envie d'approfondir tel ou tel auteur piquant l'intérêt du philosophe.

LES « PERSONNAGES GÉNÉRIQUES »

« La SF est toujours plus à l'aise dans la généralisation que dans le cas particulier ». L'individualisation psychologique des personnages SF est contre-indiquée car tel n'est pas l'objet de la SF : les êtres humains n'y sont guère en relation avec d'autres êtres humains, mais « avec un monstre, un ET, une catastrophe ou une forme de société » ; « les personnages sont traités en tant que des représentants de leur espèce et non en tant qu'indi-vidus ». Ce constat est souligné déjà dans l'un des plus anciens essais critiques sur la SF, devenu une référence classique[3]. Il rapproche la SF de la philosophie et l'éloigne de la littérature traditionnelle qui lui reproche son absence d'intérêt pour la psychologie. Largement vrai pour la SF de la première moitié du XXe siècle, ce constat doit être nuancé à partir des années 1960 sous l'effet du *New Wave* qui s'est efforcé de remédier à

---

1. G. Cordesse, *La nouvelle SF américaine*, Paris, Aubier, 1984, p. 114.
2. L. Del Rey, *The World of SF : 1926-1976. The History of a Subculture*, New York, Ballantine, 1979, p. 3 *sq.*
3. K. Amis, *New Maps of Hell* (1960), *L'univers de la SF*, Paris, Petite Bibliothèque Payot, 1962, p. 102 et 150.

l'absence de différenciation et d'analyse psychologiques. L'évolution est aussi due aux profonds changements intervenus dans la représentation et la philosophie des sciences et des techniques ainsi que de l'expertise techno-scientifique (l'image du savant et du technicien) au cours du XXᵉ siècle.

Dans la SF classique – celle tout particulièrement de la conquête de l'espace – les explorateurs, les ingénieurs, les savants incarnent l'espèce humaine dans sa course illimitée vers le progrès. Essentiellement soucieux de faits scientifiques et d'opérations techniques, les héros SF sont parfois désignés moins par un nom propre (il peut être totalement absent) que par leur fonction : l'Ingénieur, le Coordinateur, le Cybernéticien, le Docteur, le Sociologue, le Calculateur... Le rationalisme technoscientifique moderne postule que la Science et la Technique sont universelles et unitaires. C'est pourquoi les individus qui possèdent ce savoir théorique et technique objectif sont des individus «universels», interchangeables à l'intérieur de leur domaine de compétences. Leur subjectivité propre paraît non relevante.

Eden de Stanislas Lem (1959)[1], qui relate l'exploration d'une planète porteuse de formes de vie et d'organisation radicalement autres (au sens évoqué ci-dessus), ne fait intervenir que des individus désignés par leur fonction technique : le Cybernéticien, le Docteur, le Chimiste, le Coordi-nateur, le Physicien, etc. *La fin de l'Éternité* d'Isaac Asimov (1965)[2] opère de la même manière tout en accordant aussi un nom propre aux person-nages et en décrivant l'évolution psychologique d'un Technicien pur (un Éternel), ou plus précisément sa reconnaissance progressive de lui-même comme sujet sensible suite à la rencontre d'une femme (une Temporelle) dont il tombe amoureux.

SOLARIS[3] DE STANISLAS LEM (1961)

Solaris est un monument de la SF d'un très grand intérêt philosophique, car ce roman illustre la question des limites empiriques de la raison et du sens humains. La distanciation y est réalisée principalement par deux sortes de « personnages », en plus du fait que l'histoire se situe dans un futur et un lieu éloignés.

---

1. En traduction chez Marabout SF.
2. Traduit chez Denoël (« Présence du Futur »).
3. Il existe de nombreuses éditions de poche de la traduction française.

La planète Solaris est, avec Kris Kelvin, le «personnage» central du roman. L'histoire se passe dans une station spatiale scientifique qui gravite autour de Solaris, planète lointaine étudiée depuis des siècles par les hommes qui ne parviennent pas à s'accorder sur sa nature. Une sorte d'océan protoplasmique la recouvre complètement, qui ne cesse de produire des formations architectoniques, protéiformes, aux géométries inouïes, dont la signification demeure totalement opaque. La «solaristique» a élaboré hypothèses sur hypothèses – intégrant les sciences de la physique et de la biologie jusqu'à la métaphysique et la théologie – afin de rendre compte de l'identité de Solaris. Dans quelle mesure est-ce un organisme global, est-il intelligent, est-il conscient (en particulier de la présence des humains), son incompréhensible activité est-elle intention-nelle, est-ce une sorte de dieu matériel solipsiste, est-ce un gigantesque inconscient matérialisant ses rêves mathématiques…? Ni humaine, ni personne, Solaris n'est cependant pas un macro-objet quelconque: elle interpelle vertigineusement l'humanité (les limites de la raison humaine) et aussi, comme on va le voir, les individus dans ce qu'ils ont de plus personnel. Solaris semble ne pas réagir aux tentatives de communication jusqu'au moment où les astronautes bombardent la surface de rayons X. Du moins est-ce après cette opération que débutent des événements étranges qui justifient l'envoi de Kris Kelvin, sans que pour autant la relation de cause à effet soit établie.

Ces événements étranges prennent la forme de nouveaux «personnages», d'apparence humaine, mais dont il est périlleux d'affirmer qu'il s'agit de «personnes». Solaris envoie aux astronautes des «visiteurs». Ceux-ci sont les doubles matériels exacts de personnes associées à un trauma affectif et moral profond dans la mémoire ou l'inconscient des astronautes. Kelvin voit ainsi revenir Harey, son épouse, dans le suicide de laquelle il porte une responsabilité. Tout se passe comme si Solaris avait puisé dans le cerveau de Kelvin les éléments de cette création suivant une possible intention (ou simplement, une réaction) qui restera opaque jusqu'à la fin. Harey est matérielle, mais sa composition atomique la rend quasi indestructible. Les relations sont d'autant plus dramatiques qu'Harey présente tous les caractères d'une personne humaine (qui serait en partie amnésique, notamment en ce qui concerne son propre suicide): elle reconnaît et aime Kelvin à un point tel qu'elle ne supporte pas d'être séparée de lui. Mais en même temps, elle ignore comment et pourquoi elle est là, et lorsque Kelvin s'efforce de lui expliquer la situation, elle préfère l'anéantissement. Bref, Harey est une énigme absolue tant à elle-même qu'à Kelvin.

Voilà donc un personnage à la fois humain et non-humain, un être qui a tous les caractères d'une personne (y compris la sensibilité), mais que l'on est tenté de considérer comme un objet ou un artefact dénué de sens, un monstre, produit par une entité inintelligible et suscitant un malaise allant jusqu'à l'angoisse.

Tout grand roman est passible de nombreuses interprétations : on peut lire *Solaris* d'un point de vue exclusivement psychologique (psychanalytique) ou comme une fable morale. C'est cependant nier sa qualité proprement *hardsciencefictionnelle* qui n'exclut pas que l'homme puisse un jour se trouver dans une situation réelle analogue à celle du récit.

Solaris est, selon moi, le roman qui illustre avec le plus de puissance et de profondeur les limites de ce que l'on appelle la raison humaine, qui passe pour universelle, c'est-à-dire capable de «tout comprendre» et valable jusqu'aux confins de l'univers. La distanciation, le sentiment d'étrangeté induits par ce roman de la rencontre empirique avec une altérité absolue – un in-fini particulier et concret – opaque tant à la spéculation théorique qu'à l'expérimentation et pourtant respectable comme forme de vie(?), d'intelligence(?), de conscience(?) possible, ont été rarement égalés. Les affects autant que les questionnements que *Solaris* suscite chez le lecteur sont ceux-là même de la philosophie – l'émerveillement, l'étonnement, l'angoisse, la «*Unheimlichkeit*»... Car, pas plus qu'Harvey, nous ne savons pas, ultimement, d'où nous venons, pourquoi nous sommes là, qui nous sommes, pourquoi nous souffrons...

LE VAISSEAU QUI CHANTAIT[1] D'ANNE MCCAFFREY (1969)

Cette suite d'histoires autour du même personnage, Helva, publiées comme un roman unique, illustre une thématique très courante de la SF : l'individu prothétique, le cyborg[2]. Celle-ci soulève, bien entendu, de nombreuses questions philosophiques et éthiques relatives aux limites de

---

1. La traduction de *The Ship Who Sang* est parue chez Pocket Science-Fiction.

2. Dans un volume antérieur de la même collection, «*Enhancement*» : *éthique et philosophie de la médecine d'amélioration*, J.-N. Missa et L. Perbal (dir.), Paris, Vrin, 2009, G. Klein a publié une étude intitulée «La Science-Fiction, littérature prothétique» qui montre que l'ensemble du champ science-fictionnel peut être abordé sous cet angle de l'auto-artificialisation extensive de l'homme. Dans le même volume, nous avons publié une étude illustrant l'intérêt – voire la nécessité – de la SF pour la philosophie et la bioéthique : «SF et diète de l'imagination philosophique».

l'humain, à l'importance de l'intégrité et de la naturalité du corps humain, à l'identification de l'individu à son cerveau fonctionnel, mais aussi relatives au handicap et à la manière d'y répondre, et, bien sûr, à la notion de « personne ».

L'idée de base du récit est donnée d'emblée par le premier chapitre qui résume au fond l'essentiel : Helva est née difforme et très handicapée, mais son cerveau est intact et prometteur. Dans la société future imaginée par McCaffrey, cette naissance offre deux possibilités laissées au choix des parents : l'euthanasie ou l'encapsulation. Cette dernière consiste à enfermer l'individu handicapé, principalement son cerveau, dans un arte-fact systémique de survie muni de senseurs et d'effecteurs branchés direc-tement sur le cerveau et le système nerveux. Les personnes ainsi encap-sulées (*shell-people*) jouissent d'une « vie » active et relationnelle, quoique de prime abord non humaine. L'opération doit avoir lieu très tôt, avant deux ou trois ans. Elevé et éduqué dans cette situation, l'enfant la ressent comme normale, voire préférable à celle impartie naturellement aux humains. Elle lui accorde d'ailleurs des capacités que les humains normaux n'ont pas. La personne encapsulée est ordinairement intégrée soit à un astronef soit à une cité dont elle devient le cerveau et qu'elle commande directement. Helva est ainsi devenue un vaisseau. Lui est associé, avec son consentement, un partenaire humain normal surnommé « le muscle » (par opposition au « cerveau »), bien qu'il s'agisse d'individus également très cultivés et entraînés. L'ensemble forme une équipe qui est envoyée en mission dans l'espace. Anne McCaffrey a l'art de traiter le sujet avec beaucoup d'humanité et d'empathie : par exemple, dans ce remarquable passage sur la rencontre entre Helva et un être accidentellement « encapsulé » (*locked-in syndrom*) avec lequel elle établit spontanément une communication via les battements de la paupière et dont le sort est infiniment plus douloureux. McCaffrey décrit les sentiments d'Helva qui ne se sent pas du tout infé-rieure ou malheureuse. Au contraire : son mode d'existence lui assure une longévité de plusieurs siècles et une activité particulièrement variée, inté-ressante et utile. Helva tombe amoureuse de son partenaire musicien et chanteur, qui lui rend son affection. Hélas, il meurt accidentellement, ce qui plonge Helva dans une profonde dépression : le vaisseau qui chantait devient alors le vaisseau en deuil (*The Ship Who Mourned*).

Il ne fait aucun doute qu'Helva (XH-834 dans son existence en tant que vaisseau) est un personnage et une personne. Elle est aussi une humaine, même si elle n'en a plus du tout l'apparence physique. Cette histoire est de la psychologie-fiction autant que de la science- ou de la technique-fiction. Là réside son intérêt, car elle fait voir, contre les préjugés de tous ordres, certaines réalités et certains possibles sous un angle (en particulier, moral) très différent et, aussi, quelquefois, beaucoup plus positif que d'ordinaire.

LE FILS DE L'HOMME[1] DE ROBERT SILVERBERG (1971)

Difficile à classer, à la limite de la SF et même du roman, *Le fils de l'homme* fait penser aux *Last and First Men* (1930) du philosophe Olaf Stapledon qui imagine l'évolution cosmique de l'espèce humaine sur des millions et des milliards d'années. À la différence de celui-ci, Silverberg maintient un personnage central dont le nom est Clay (argile, glaise, en anglais : une matière éminemment plastique, modelable). Clay est emporté par le flux du temps dans plusieurs époques futures très éloignées où il rencontre des êtres aux formes et aux comportements infiniment divers – monstrueux et effrayants, admirables ou grotesques, lourds ou éthérés suivant ses critères. Tous ces êtres se donnent toutefois comme « humains », ils sont des « fils de l'homme ». Clay rencontre aussi des descendants lointains capables de s'auto-transformer à volonté : du changement de sexe aux changements morphologiques les plus éloignés de la forme humaine : ils prennent l'aspect d'autres espèces biologiques autant que d'autres structures physiques, de la nuée au cristal... Clay lui-même fait l'expérience de cette capacité métamorphique qui décuple la puissance d'auto-transformation, spontanée et naturelle mais univoque et irréversible, du corps humain qui va de l'état de zygote à celui de cadavre. Il reconnaît que ce changement inlassable concerne aussi la personnalité. Néanmoins, il demeure toujours lui-même : Clay. Il reste la même personne en dépit de toutes ces métamorphoses biologiques et psychologiques. Ainsi, tous les descendants de l'espèce humaine – produits de la nature ou de l'artifice technique – demeurent également des « hommes », et chacun avance son idéal humain que l'on ne peut identifier et définir une fois pour toutes. Clay résiste à cette vérité, mais il finira par l'accueillir en apprenant à accepter et à aimer toutes les formes qui se succèdent et s'échangent dans le flux jaillissant et créateur du devenir sans fin.

Le fils de l'homme ne relève pas de la *hardSF*, si la délimitation de celle-ci tient dans la présence expresse d'une explication technoscientifique (ne fût-ce que rhétorique) des événements imaginés[2]. Mais ce

---

1. La traduction de *Son of Man* a paru au Livre de Poche.
2. *Le fils de l'homme* appartient à l'époque du *New Wave* (décennies 1960 et 1970) qui prend ses distances par rapport à la SF antérieure, jugée positiviste et technoscientiste. Ce

roman procède bien de l'imagination spéculative matérialiste, empiriste. Il fait songer au *Rêve de d'Alembert* de Diderot. La continuité du devenir n'est pas due à la permanence intemporelle d'une forme essentielle (une « essence » de l'homme) : elle procède de concaténations généalogiques biophysiques. L'enchaînement – racontable – est un processus matériel. Le tenir-ensemble est empirique, expérimental. Il est aussi brut, factuel, et il n'exprime aucun sens, aucune finalité. *Le fils de l'homme* est une fable évolutionniste, dont la philosophie du devenir sous-jacente mêle des accents héraclitéens, nietzschéens et judéo-chrétiens sécularisés.

LA VILLE AU BORD DU TEMPS[1] DE THOMAS F. MONTELEONE (1977)

Ce roman très original et complexe, où l'on retrouve un souffle stapledonien, est la chronique de l'évolution d'une ville – Chicago – sur des centaines de milliers, des millions d'années. Le personnage central – dont on pourra se demander si, à un certain moment, il ne devient pas aussi une personne – est la ville. L'autre personnage également important est l'espèce humaine représentée par des individus ordinaires (du moins jusqu'à un certain point), dont certains vivent très longtemps, mais qui se succèdent au fil des étapes décrites de l'évolution de la ville. La chronique est, au fond, celle des rapports entre l'espèce humaine (ou des fractions de celle-ci) et ce monstre artificiel – véritable technocosme – que les hommes ont créé. Une partie de ceux-ci sont restés dans la cité, d'autres l'ont quittée ou en ont été expulsés, retournant à la barbarie. Mais une partie a également gagné les étoiles et elle évoluera là-bas vers une dématérialisation de plus en plus éthérée. Ce sont les très lointains descendants des humains ainsi transfigurés qui reviendront sur Terre détruire la Cité devenue une immense et puissante Intelligence Artificielle (IA) paranoïaque qui a entrepris de se reproduire pour conquérir l'espace et anéantir toute forme de vie organique. Mais avant d'en arriver là, le lecteur voit se dérouler, concrétisée sous forme de scènes particulières, une succession d'époques qui scandent cette évolution. Le roman ouvre sur l'étonnant récit des difficultés psychologiques éprouvées par un cyborg – un humain étroitement connecté à son astronef – lorsqu'il est décidé de le rendre à ses limites

mouvement a le souci d'une écriture plus littéraire, nettement perceptible dans le livre de Silverberg.

1. La traduction de *The Time-Swept City* a paru au Livre de Poche.

humaines, à son corps propre. Après cette première mise en scène de la problématique des rapports entre l'homme et ses artefacts invasifs autant qu'englobants, on découvre une cité de plus en plus fonctionnelle et technocratique, mais non encore autonome : elle reste gérée par des « techniciens », humains-inhumains. La reproduction, par exemple, est progressivement assurée par des femmes-matrices géantes sous le contrôle eugénique des ordinateurs de la Cité aidés de techniciens. Elles ont des sentiments, mais ne sont plus considérées à proprement parler comme humaines. Plus tard, alors que des astronefs chargés d'humains cryogénisés sont partis vers les étoiles, la folie des hommes détruit de nombreuses cités et ravage la Terre qui devient aride. L'espèce humaine évite de peu l'anéantissement pur et simple. Chicago survit (avec quelques autres cités, telle Los Angeles) et comprend qu'il lui faut se prémunir contre la folie des hommes. Elle devient une IA de plus en plus autonome qui se sert désormais des humains. Mais comme ceux-ci se révèlent irréductiblement dysfonctionnels, elle finira par les remplacer par des robots. Le dernier chapitre de cette épopée anthropotechnocosmique raconte le retour de descendants des humains partis, depuis des centaines de milliers d'années, dans l'espace. Ils viennent en pèlerinage, mais aussi en prévention, car Chicago se prépare à la conquête de l'espace.

IAIN M. BANKS : LE « CYCLE DE LA CULTURE » (1987-)

Le « Cycle de la Culture » est une série de romans dont le premier a été publié en 1987 – *Consider Phlebas* [1] – et dont un nouveau volume vient de sortir en 2010 (*Surface Detail*).

La « Culture » est une civilisation pan-galactique qui est bien plus ancienne que l'histoire humaine et que l'espèce humaine n'intégrera que dans notre propre avenir. Toutefois, bien des aspects de cette civilisation sont des accentuations de traits du monde anglo-américain en voie de globalisation. La Culture est postmoderne, libérale à la limite du libertaire ; elle comprend une multitude de mondes et de formes de vie qui pratiquent librement les échanges les plus variés ; elle tient ensemble non par la force et la domination mais par le partage de quelques valeurs et principes tels la tolérance, le respect de l'autre, l'égalité, le pluralisme, le goût de la diversité et du changement, une philosophie de tendance utilitariste, matérialiste

---

1. En traduction française au Livre de Poche, *Une forme de guerre*.

et hédoniste. C'est une civilisation de l'abondance des biens auxquels tous ont largement accès. La Culture est très profondément technophile, artificialiste. Elle est davantage gérée par des IA que par des humanoïdes. La Culture s'étend en communiquant et exportant subtilement ses valeurs et modes d'existence. Elle peut le faire secrètement en influençant l'évolution d'un monde par l'entremise d'agents spéciaux. Elle n'utilise pas la violence physique aussi longtemps qu'une autre forme de vie ne la désigne pas comme ennemi et lui déclare la guerre. Ses ennemis potentiels sont des civilisations de type fondamentaliste, non évolutives, fortement hiérarchisées, dont les principes sont opposés au mode de vie de la «Culture». C'est ce genre de conflit que raconte le premier roman dont l'action se passe quelque part dans la Galaxie à une époque qui correspond à notre Moyen Âge. La Culture y est en guerre contre la planète Idir, sorte de technothéocratie fanatique, conquérant les mondes et les soumettant, par la force, à son ordre religieux. Aucun des personnages n'est donc à proprement parler humain terrien. On y rencontre Horza, le Métamorphe, un humanoïde capable de changer de forme physique, à la recherche d'un Mental (robot de forme discoïde doté d'IA, autonome et dirigeant un immense vaisseau spatial) appartenant à la Culture : ce Mental s'est réfugié sur Schar, planète mausolée d'une espèce disparue, après que le vaisseau dont il était le cerveau a été détruit. Les Mentaux et autres IA sont omniprésents dans les romans de la Culture : ils assistent les individus humanoïdes, mais ils sont conscients, expriment des émotions et réclament des droits comme des personnes à part entière. Dans le second roman du Cycle – *L'homme des jeux* [1] – ils sont particulièrement nombreux : ils ressemblent à des drones de dimensions et de formes diverses et capables de s'automodifier. Ils parlent et ils manifestent leur humeur en modulant la couleur du champ qui les entoure. Frère-Imsaho (le drone qui protège, conseille le Joueur, et parfois se querelle avec lui) se révélera être *in fine* non seulement le narrateur mais aussi le manipulateur de toute l'aventure sous diverses identités. L'enjeu est le basculement de l'Empire d'Azad dans les réseaux de la Culture, qui est bien l'ultime personnage et manipulateur de l'univers imaginé par Banks.

---

1. *The Player of Games* (1988) a été traduit au Livre de Poche. G. Klein a rédigé pour ces traductions des introductions éclairantes du point de vue de la philosophie politique de la Culture.

GREG EGAN : « AXIOMATIQUE » (1990), ETC.
LA PERSONNE ET SES « *MODS* »

La nouvelle « Axiomatique » du très original et philosophiquement intéressant auteur australien Greg Egan est reprise dans son recueil homonyme[1]. Nous y rencontrons des personnes neuro-technologiquement assistées et même carrément prothétiques. « Axiomatique » raconte que la femme adorée de Mark Carver a été abattue lors d'un braquage de banque. Après plusieurs années, son assassin sort de prison. Mark est déchiré entre d'une part, sa haine et son désir de vengeance, car il n'a toujours pas fait le deuil de la défunte et, d'autre part, ses principes hostiles à la peine de mort en raison de sa croyance dans le caractère sacré de la vie humaine. Pour s'arracher à cette impasse, il finit par acheter un « *axiomatic* » ou « *mod* » ou nano-implant. Les *mods* sont des dispositifs guère plus grands qu'un grain de sable que l'on inhale et qui se frayent un chemin jusqu'au cerveau où ils lâchent une multitude de nanobots (robots d'échelle nanométrique) qui reconfigurent les liaisons neuronales de manière à y inscrire, soit de façon définitive, soit pour un temps déterminé, des présupposés, postulats, axiomes sélectionnés. Ce type d'implants inscrit donc au choix des certitudes dans le cerveau. Il y en a de toutes espèces ou presque : par exemple, s'il y a bien un *mod* d'« humanisme laïque », il n'y en a pas d'« agnosticisme hésitant », car « à l'évidence, il n'y avait pas de marché pour le doute ». Carver s'injecte un mod qui lui fait croire pour trois jours que la vie humaine est une réalité purement matérielle et contingente sans valeurs. Il tue, en fait plus ou moins accidentellement, l'assassin qui tente de s'expliquer. Ensuite, il est repris par ses doutes et il décide d'acquérir un *mod* de certitude définitive, afin de goûter à « la liberté que procure la certitude ».

Une autre nouvelle du recueil, « *The Jewel* » (« En apprenant à être moi », en français), problématise plus avant l'identité personnelle et les capacités caractéristiques de la personne. À la naissance, chaque enfant subit l'implantation dans le cerveau d'un cristal qui est un micro-ordinateur. Celui-ci devient progressivement le double du cerveau organique en reproduisant sous une forme physique quasi indestructible le câblage cérébral structurel et toute l'expérience que le cerveau organique accumule. À six ans, la vérité est révélée à l'enfant qui devra un jour décider de basculer de son cerveau organique au cristal immortel. Il ne faut évidemment pas attendre trop longtemps, car très tôt le cerveau commence aussi à se détériorer, et le cristal l'imiterait. Le récit suit les hésitations du

---

1. La traduction de *Axiomatic* a paru au Livre de Poche.

narrateur devant cette échéance car il s'interroge sur la continuité de son identité en tant que personne, de son moi, ainsi que sur la nature *humaine* de l'individu basculé. Il finit cependant par faire le saut vers l'amortalité cristalline. Demeure toutefois qu'il faudra régulièrement réparer son corps physique. En outre, la question de la continuité de l'identité personnelle reste indécidée, même si la tonalité générale du vécu de l'expérience est plutôt positive.

Dès le recueil *Axiomatique*, les *mods* d'Egan soulèvent de nombreuses questions philosophico-éthiques autour de l'objectivation opératoire fine du cerveau, en tant qu'organe multifonction dont les individus disposent. Bien que laissant les questions ouvertes, la tonalité dominante n'est certainement pas technophobique ni pessimiste. L'objectivation opératoire ne semble pas devoir nécessairement supprimer la liberté, ni la conscience, ni l'identité personnelle individuelle. Au contraire, il n'est pas exclu que les *mods* puissent renforcer des qualités de la personne. Mais au-delà des fantasmes et des spéculations, ce sont, dans l'univers d'Egan et selon sa philosophie implicite, des *questions empiriques et expérimentales*, à résoudre progressivement comme telles.

Dans le roman *Isolation* (1992)[1], le recours aux *mods* s'est considérablement étendu, diversifié et approfondi, en même temps que les interrogations qu'ils suscitent.

Produits des NBIC[2], les *mods* permettent l'objectivation-opérationalisation-mobilisation à volonté de toutes les fonctions, capacités, facultés humaines via des nano-artefacts. Ils offrent à la conscience la libre capacité de moduler, d'intensifier, de modérer toutes ces fonctions efficacement, alors que pour l'homme non « augmenté », cette maîtrise est soit impossible, soit difficile et très incertaine car acquise et mise en pratique via des apprentissages, des disciplines, le connais-toi toi-même, l'auto-suggestion, bref des activités essentiellement symboliques précaires d'autogestion par la conscience des potentialités du soi auxquelles elle peut accéder. Observons que cette thématique fictionnelle des *mods* prolonge et surtout nuance des tendances aujourd'hui encore grossières qui s'expriment dans la psychopharmacologie, l'imagerie médicale, les dispositifs d'autodiagnostic, les implants chimiques et électroniques…

Les *mods* sont des nano-machines-logiciels qui peuvent être implantés simplement par inhalation de vecteurs viraux modifiés. Ils sont la plupart

---

1. La traduction de *Quarantine* a paru au Livre de Poche.
2. Nanotechnosciences, biotechnologies, informatique et sciences cognitives, désignées aussi comme « technologies convergentes ».

du temps à la disposition du sujet : celui-ci peut les démarrer ou les arrêter à volonté, en les « invoquant », le plus souvent par leur nom ou leur sigle (par exemple, Maître-Chiffre, Déjà-Vu, P1, P2, etc). «Déjà Vu» permet de trouver familier un lieu inconnu et de s'y repérer à coup sûr; «Docteur Pangloss» est un «extracteur de connaissances» en ligne.

Mais leur action peut aussi être automatique : intervenir en cas de dangers internes ou externes perçus par les *mods* de réception et de gestion, inaccessibles aux sens naturels du sujet (nombreuses applications médicales). La portée des *mods* n'est pas limitée aux activités cognitives et émotionnelles conscientes. Certains *mods* permettent de communiquer quasi télépathiquement via des ondes modulées et amplifiées à partir de l'activité du cerveau. Ils peuvent être implantés pour changer définitivement des aspects de la personnalité. Les *mods* augmentent la perception, les capacités cognitives (mémoire, accès direct à des bases en ligne); ils modifient les sentiments, apaisent ou renforcent, à loisir, les émotions (sérénité, insouciance, vigilance…). Ils permettent de contrôler et de réguler à volonté le système endocrinien. Les *mods* désamorcent des sensations plus ou moins confuses et désagréables (par exemple, la faim) au profit d'un message clair et factuel dans le cerveau (tel déséquilibre biochimique à combler). Cela s'applique à toutes les pulsions (sexe, désir d'enfant, etc). Les *mods* permettent à l'individu de se modeler volontairement avec une efficacité sans commune mesure avec les autocontrôles ordinaires; ils permettent à l'individu de ne plus être ballotté par ses pulsions. Ils sont bien plus efficaces que les moyens « naturels » ou appris de contrôle de soi, de changement de soi, d'histoires racontées pour supporter la douleur, le deuil et les épreuves… Les *mods* sont encore comme des ordinateurs reliés au réseau mais qui peuvent fonctionner soit entièrement dans la tête soit en produisant l'hallucination auxiliaire quasi holographique d'un terminal externe ou d'un interlocuteur. Ils sont, bien sûr, produits, construits et commercialisés par des firmes.

Les *mods* décuplent le champ de la décision, du choix : on peut avoir et être en le désirant-décidant simplement. Mais il y a des effets de cascade et de paradoxe : qu'est ce que je veux vouloir vouloir, désirer désirer… Qui est le sujet de cette liberté? Qui, et sur quelle base, décide de désirer ou non ceci ou cela : qu'est-ce qui désire tel désir plutôt que tel autre…?

BIOS[1] PAR ROBERT CHARLES WILSON (1999)

Le personnage central de *Bios* est une biosphère planétaire radicalement hostile à la colonisation humaine. Isis, planète éloignée, d'aspect terrestre, présente une nature de prime abord familière. Mais elle s'est révélée très différente et létale pour tout organisme terrestre. Non du fait de facteurs chimiques ou physiques (atmosphère, par exemple), mais à cause des organismes, micro et macro, qu'on y rencontre et qui conspirent en quelque sorte fonctionnellement à la mort de l'étranger. On n'y trouve pas d'êtres individuels intelligents et conscients ou doués d'intentions propres. Une nouvelle expédition comprend l'astronaute Zoé, génétiquement modifiée pour résister aux agressions d'Isis. Mais l'aventure sera une succession de désastres. Zoé même mourra et se désagrégera dans le sol d'Isis. Au cours de cette agonie, le cerveau de Zoé, envahi par les microorganismes virulents qui le désintègrent, entre en communication avec Isis dont la biosphère constitue une totalité consciente. Le lecteur apprend ainsi que la règle dans l'univers est la planète vivante dotée d'une biosphère consciente. Les planètes vivantes et conscientes, engendrées par la dissémination cosmique de la vie germinale, communiquent entre elles. Sur Terre, l'évolution a mal tourné en produisant une multitude atomisée de consciences partielles en guerre perpétuelle. Bref : Gaïa est ratée et isolée.

Bios présente une dimension de fable « écosophique », bien dans l'air du temps. Mais sa pointe irrationaliste finale ne doit pas éclipser la richesse descriptive et narrative, accompagnée d'une rhétorique technoscientifique élaborée, d'un roman passionnant qui illustre un type de personnage – voire de personne – très éloigné de tout anthropomorphocentrisme.

LA PROIE[2] DE MICHAEL CRICHTON (2002)

Avec ce techno-thriller de SF, davantage large public que les ouvrages dont j'ai parlé jusqu'ici, nous sommes confrontés à un personnage que l'on ne peut considérer comme une personne et moins encore comme humain. Il s'agit d'une entité douée d'une intelligence collective émergente, constituée d'une foule auto-organisatrice de nanobots. L'histoire se passe en

---

1. Traduction chez Gallimard (« FolioSF »).
2. *Prey* a paru en traduction chez Pockett.

Californie à une époque à peine décalée du présent et met en scène deux personnages principaux, tout à fait ordinaires, qui travaillent l'un, Jack, dans une firme de logiciel et d'IA, l'autre, Julia – épouse de Jack – dans une firme de nanorobotique. Celle-ci met au point des dispositifs médicaux, en particulier une nano-caméra complexe fondée sur la coordination en essaim d'une myriade de nanobots. Mais derrière cet alibi, elle travaille pour le Département de la Défense qui a d'autres exigences. Jack est appelé à la rescousse dans un laboratoire secret du désert, car des essaims se sont échappés. Or, ceux-ci ont été programmés de façon à exprimer un comportement collectif organisé intelligent basé sur des principes simples. Ils sont capables de se multiplier, car ils sont les produits d'une collaboration entre bactéries manipulées et nano-assembleurs moléculaires, qui puisent leur énergie dans le rayonnement solaire et leurs matériaux de base dans l'environnement. *La Proie* est, par excellence, un roman des NBIC. Vu leur vocation militaire, ces essaims ont été dotés d'une intelligence artificielle (notamment un programme de « prédateur », d'où le titre) basique, finalisée et, en principe, contrôlable. Mais l'essaim se révèle capable d'adaptation, d'apprentissage et même d'évolution rapide par transmission (lamarckienne) des comportements acquis. Enfin, étant hybrides, les essaims peuvent littéralement investir le corps et le cerveau humains – en « prendre possession corps et âme » – les maintenir en vie apparente tout en les instrumentalisant à leurs propres fins évolutionnaires insondables, créant ainsi une forme de vie nouvelle posthumaine. Jack échappera à ce destin et réussira à détruire le laboratoire et sa menace.

La Proie est un roman aux accents « gothiques » : la description des essaims tantôt visibles, tantôt invisibles, rappelle celle de fantômes, de spectres, avec des comportements de vampires et d'esprits qui prennent possession des humains. Il appartient à la descendance de *Frankenstein* (Mary Shelley, 1818) souvent présenté comme le premier roman de SF. Mais la créature de Frankenstein soulève des questions relatives à l'identité de la personne et de l'humain, largement absentes de *La Proie*. Sous son apparence intégralement techno-matérialiste, le roman de Crichton ranime des affects irrationnels puissants traditionnellement associés au surnaturel. Il touche cependant à des questions philosophiquement importantes issues de la révolution matérialiste, évolutionniste, technoscientifique qui s'expriment aujourd'hui de plus en plus sous les vocables de « transhumanisme » et « posthumanisme ».

« LA FAMILLE ÉLARGIE »[1] DE SHANE TOURTELOTTE (2009)

Une famille de Chinois immigrés aux États-Unis a obtenu que le grand-père maternel, qui est resté en Chine et que ses petits-enfants n'ont jamais connu, soit « enregistré » sous forme de mémoire électronique et d'une IA simulant parfaitement sa personnalité avec son expérience de la vie. Ce genre d'entité est appelé « émulation »[2]. Via l'interface de l'écran, l'ancêtre IA entre en conversation personnelle avec ses petits-enfants qui apprennent, par cette voie, beaucoup sur le passé et les racines de leur famille. Ces dialogues enrichissent leur expérience et leur savoir. Le récit suit surtout Lian, le petit-fils, qui résiste à la rencontre qu'il juge artificielle : il a trop conscience du fait qu'il ne s'agit évidemment pas de son vrai grand-père décédé. Mais peu à peu, il se laisse séduire et conquérir par l'expérience qui « élargit vraiment la famille » et lui fait connaître ce grand-père autrement étranger. Les parents, eux, accueillent d'emblée l'émulation comme si elle était la personne vivante venue, enfin, rejoindre la famille émigrée. Le procédé semble aussi permettre de résoudre des problèmes relationnels qui n'ont pas pu être résolus du vivant de la personne émulée. Tel est le cas de la mère de Liam dont l'émulation est le père perdu de vue depuis très longtemps.

Cette nouvelle qui introduit un nouveau type de personnes-personnages est intéressante en raison de la grande sensibilité psychologique et de l'humanité qui s'y expriment. C'est de la SF psychologique en marge d'une technologie encore largement spéculative mais plausible. Elle suggère des apports possibles de la *high tech*, culturellement assimilée, en vue de l'éducation ou de la « réparation » des personnes avec l'aide de personnes virtuelles. Elle inscrit aussi, implicitement, cette technologie dans le prolongement de pratiques anciennes : les ancêtres morts continuaient symboliquement de vivre avec les vivants dans la plupart des cultures traditionnelles.

La nouvelle de Tourtelotte touche à une thématique particulièrement riche et à la mode depuis les années 1980 : la vie, la survie, l'immortalité électroniques digitales par la numérisation intégrale de l'individu et le transfert de tous les aspects cognitifs et émotionnels de la personne sous

---

1. *Galaxies*, n° 3, hiver 2009.
2. En informatique, l'émulation consiste en la substitution électronique virtuelle (sous forme d'un logiciel, par exemple) d'une réalité physique (un terminal, par exemple) dont tous les facteurs et variables sont connus. L'émulation se distingue de la simulation qui vise précisément à explorer le comportement d'un modèle dont la connaissance n'est que partielle.

forme de logiciels et de données informatiques[1]. La vie, la survie, l'immortalité sont dans le cyber-espace[2].

DE LA « PERSONETICS » DE LEM
À LA « SINGULARITY » DE VERNOR VINGE

Depuis plusieurs décennies et de façon plus perceptible depuis quelques années, une littérature imaginaire et spéculative, inégalement fondée dans les technosciences (en particulier les TIC, plus récemment les NBIC) a alimenté des courants trans- et post-humanistes. Les questions sur les limites de l'humain, les liens – nécessaires ou contingents – entre les concepts d'« humain » et de « personne », la production artificielle d'entités « personnelles » non humaines y sont centrales. Cette problématique spéculative et fictionnelle a toutefois une très longue préhistoire dont des racines sont aussi mythologiques et religieuses. Au XXe siècle, elle a explosé, d'abord, sous l'impulsion de la robotique et de la cybernétique. Dès 1964, avec sa *Summa Technologiae*, et en 1971, dans « Non Serviam »[3], Stanislas Lem spécule sur des technosciences imaginaires qu'il baptise « intellectronics » et « personetics ». La « personetics » est la technologie qui permettrait de produire des « personnes artificielles ». Lem s'interroge sur les aspects métaphysiques et épistémologiques, mais aussi éthiques de ces spéculations. Passant d'une approche ontologique à un point de vue épistémologique, il suggère qu'une machine pourrait être dite « spirituelle » ou « humaine » dès lors qu'elle paraît capable de faire tout ce que font les hommes « doués d'esprit »[4].

---

1. Un des romans les plus vertigineux à cet égard est *Permutation City* (1994) de G. Egan (trad. fr. *La cité des permutants*, Paris, Livre de Poche).

2. Le terme « cyberspace » a été introduit par W. Gibson (*Neuromancer* (1984), trad. fr. *Le Neuromancien*, Paris, Livre de Poche) qui est l'une des sources principales du courant « cyberpunk » particulièrement riche en personnages et personnes partiellement ou totalement électroniques.

3. Ces écrits en polonais n'ont pas été traduits en français. La *Summa Technologiae* a été publiée en traduction allemande (Insel); « Non Serviam » figure dans le recueil d'essais-fictions traduit en anglais sous le titre *A Perfect Vacuum* (Harcourt).

4. Le lecteur philosophe lira avec intérêt D. Hofstadter et D. Dennett, *The Mind's I*, New York, Basic Books, 1981.

Plus récemment s'est développée dans et en marge de la SF, sous l'influence de l'auteur de SF Vernor Vinge[1] et de l'entrepreneur informaticien et futurologue Ray Kurzweil[2], la problématique spéculative et fantasmatique de la Singularité. Sous cette étiquette (empruntée à la physique mathématique : le trou noir est l'exemple type d'une singularité) est désignée la possible émergence, non délibérée et non anticipée, d'entités personnelles(?), intelligentes(?), conscientes(?), autonomes(?), sensibles(?) posthumaines. Semblable possibilité future (et peut-être prochaine) ne serait pas à écarter en raison 1) de l'accélération et de la complexification humainement immaîtrisables des technosciences de l'information, de la communication (réseaux) et de l'intelligence artificielle ; 2) du caractère *a priori* inanticipable des propriétés émergentes au sein de systèmes complexes partiellement chaotiques. De la « personetics » de Lem à la « Singularité » de Vinge, les enjeux potentiels ne sont pas seulement théoriques et spéculatifs mais aussi très pratiques et concrets.

***

Nous arrêtons là cet album de vignettes qui devraient inviter à lire et non à conclure.

Les fictions que nous avons esquissées très brièvement sont beaucoup plus riches que nos résumés indicatifs très partiels ne le laissent attendre. Elles interpellent l'imagination spéculative du philosophe, trop souvent nourri d'exemples peu nombreux et unilatéraux.

Le sujet est passible d'illustrations multiples et très diverses. Il y a tant de grands absents dans ce qui précède : Asimov et sa série des robots ou A.C. Clarke. Nous avons à peine évoqué William Gibson, sans parler de Bruce Sterling. Des auteurs tels que Gregory Benford, David Brin, Elizabeth Vonarburg, Robert Reed, Robert Forward, Kim S. Robinson... ont tous publié des fictions illustrant encore autrement « personnes et personnages ».

1. Voir le texte « What is the Singularity » dont la version originale a été présentée au VISION-21 Symposium sponsorisé par le NASA Lewis Research Center et le Ohio Aerospace Institute (1993), et publiée dans la livraison d'hiver 1993 de la *Whole Earth Review*. Mais la notion joue un rôle déterminant dans ses fictions dès les années 1980 : *The Peace War* (1984) et *Marooned in Realtime* (1986) (trad. fr. *La captive du temps perdu*, Paris, Livre de Poche).

2. *The Singularity is Near*, New York, Viking, 2005.

Il faut laisser les choses ouvertes. Ce n'est que très partiellement que la SF est et a ambitionné d'être anticipative et prédictive[1]. Si l'on adopte le point de vue philosophique qui nous paraît dominant dans la *hardSF*, une approche matérialiste (non au sens métaphysique, mais épistémologique et mieux encore opératoire), évolutionniste, agnostique ou athée, empiriste et expérimentaliste, la «production» d'entités «artificielles» présentant des caractères réservés à la personne ne doit pas être *a priori* exclue. N'avons-nous pas – l'espèce humaine – émergé en tant que «personnes» d'un processus matériel immensément long, aléatoire et inanticipable qu'aucune personne n'a dirigé?

Gilbert HOTTOIS
Université Libre de Bruxelles

---

1. *Cf.* notre étude «La SF éclaire-t-elle l'avenir?», dans *La philosophie et l'état du monde. Entretiens de l'Institut International de Philosophie*, septembre 2010, à Paris (à paraître chez Vrin).

ÉPROUVER LA PERSONNE COMME PERSONNAGE

À partir de la deuxième moitié du XXᵉ siècle, un certain nombre de penseurs et d'activistes ont prétendu que certains animaux au moins, comme les grands singes, étaient des personnes[1]. À l'aube du XXIᵉ siècle, une question importante est sans doute moins celle de savoir *ce qu'est une personne* que de savoir ce qui peut être considérée comme telle. Une telle phrase pourra surprendre un lecteur qui aura tendance à considérer que les deux parties de la proposition sont *grosso modo* équivalentes. Mais c'est précisément ce *grosso modo* qui m'intéresse ici. La vraie question est en effet en premier lieu pratique : que pouvons nous raisonnablement considérer comme une personne, c'est-à-dire, pour être plus précis encore : avec *quoi*, ou avec *qui*[2], devons nous nous comporter *comme si* c'était une personne ?

LES ATTRIBUTS DE LA PERSONNE

La démarche habituelle pour attribuer à un agent le statut de personne est de définir les attributs nécessaires et suffisants qui le qualifient comme personne. Une très nombreuse littérature, scientifique et philosophique a commencé à paraître depuis les années 80, en s'interrogeant en particulier sur la présence d'autoreprésentation, de conscience, d'anticipation, etc.,

---

1. Par exemple T. Regan, P. Singer, *Animal Rights and Human Obligations*, Englewoods Cliffs, Prentice Hall, 1989.
2. Il manque clairement en français la possibilité lexicale d'évoquer une entité qui peut être soit une personne soit une chose, et de ne pas déterminer *a priori* si on a affaire à un « qui » ou à un « quoi ».

chez des animaux non humains. On a ainsi pu prétendre que les grands singes anthropoïdes, par exemple, étant supposés avoir le même niveau d'intelligence qu'un enfant de deux ans, devaient être par conséquent considérés comme des personnes[1]. Une telle démarche, en apparence logique et rationnelle, présente cependant de multiples difficultés, en particulier conceptuelles.

Peut-on définir *a priori* une notion comme celle de « personne » ?

La première difficulté est de se demander si nous pouvons définir *a priori* et d'une façon satisfaisante une notion aussi complexe et aussi lourde d'enjeux de toute nature que celle de personne. Une réponse largement insatisfaisante, même si c'est elle qui est donnée dans la majorité des cas, est de s'adosser sur l'exemple indiscutable de l'humain : nous considérons en effet que tout humain est une personne et que les attributs de la personne sont universels. Ce raisonnement est pourtant trop rapide pour être satisfaisant. Un lecteur un peu critique peut par exemple se demander ce qui différencie cette question de celle de savoir qui est humain, et si finalement, *être une personne* et *être humain* sont deux notions vraiment identiques et superposables.

Cartographier les attributs de la personne

La deuxième difficulté rencontrée concerne les éléments qu'on est supposé trouver chez celui (ou celle...) qui prétend être une personne : une certaine intelligence, certes, mais aussi la conscience, un sens de la responsabilité, un jugement moral et esthétique, etc. et les connexions qui peuvent être établies entre ces éléments et l'attribution du statut de personne. Démarche kantienne par excellence, on la retrouve aujourd'hui remarquablement acclimatée à l'époque moderne chez un philosophe comme Harry Frankfurt[2], par exemple. Mais chacune des notions ainsi mobilisées est aussi complexe et problématique que celle que l'on veut expliciter. En toute rigueur, multiplier ainsi les difficultés peut être intellectuellement jouissif, mais n'est pas nécessairement très efficace.

1. C'est un argument que l'on trouve dans P. Cavalieri, P. Singer (eds.), *The Great Apes Project : Equality beyond Humanity*, London, Fourth Estate, 1993.
2. H.G. Frankfurt, « Freedom of the Will and the Concept of a Person », *The Journal of Philosophy*, 68, 1, 1971, p. 5-20, trad. fr. dans M. Jouan (éd.), *Psychologie morale. Autonomie, responsabilité et rationalité pratique*, Paris, Vrin, 2008, p. 79-102. Les textes réunis par M. Jouan exemplifient d'ailleurs cette démarche.

Quelles sont les occurrences observables des attributs de la personne ?

À supposer même qu'on réussisse à se mettre d'accord sur les attributs du phénomène de la personne, comment en observer les occurrences empiriques : comment traduire donc ces caractéristiques en phénomènes observables, et quels moyens mobiliser pour les observer effectivement ? C'est une troisième difficulté. Pour ne donner qu'un exemple, les sciences cognitives donnent lieu à de très nombreux débats et controverses à propos de la visualisation de la conscience, chez l'humain et le non humain, et sur son rôle dans l'économie effective de l'activité humaine.

Ne pas éliminer trop vite les candidats limites

Une quatrième difficulté, qui suscite le consensus, rend la démarche attributive particulièrement délicate à manipuler en toute rigueur logique et en toute satisfaction morale : nous voulons en effet englober tous ceux qui pourraient raisonnablement être des personnes, mais ne pas exclure ceux qui pourraient ne pas avoir *toutes* les caractéristiques requises mais avoir néanmoins un statut de personne – comme les très jeunes enfants, les grands vieillards ou les humains qui ont de sérieux handicaps cognitifs par exemple. Considérer, comme on a pu le dire, que le problème est résolu parce qu'un très jeune enfant est un humain accompli à venir, ou qu'un humain gravement handicapé est un humain qui a eu un accident n'est guère satisfaisant : on pourrait argumenter de la même manière qu'un chimpanzé à qui manque tel attribut nécessaire de la personne pourrait *potentiellement* un jour l'avoir par les technologies modernes, tant que le contraire n'a pas été démontré de façon irréfutable[1].

Adopter d'emblée une option qui en élimine d'autres

Une dernière difficulté de la démarche attributive, la cinquième, est qu'elle tend à entraver l'accès à la question de la personne dans une perspective pluraliste, en considérant qu'il n'existe qu'une notion de personne et une seule. Une telle conception de la personne s'explique dans une perspective humaniste dans laquelle le vrai problème, au fond, est de sauver l'humain de tout ce qui le menace, en particulier des *non humains* et des *faux humains*, c'est-à-dire de ceux qui n'ont jamais été des humains et ne le seront jamais, et de ceux qui ont perdu, par luxure, perversité ou manque d'attention ce qui rend un humain vraiment humain.

1. C'est d'ailleurs ce que fait G. Dvorsky, « All Together Now : Developmental and ethical considerations for biologically uplifting nonhuman animals », *Journal of Evolution & Technology*, 18, 1, 2008, p. 129-142.

Complexité de la situation présente

La démarche attributive a sans doute pu faire illusion, mais elle n'est guère satisfaisante à une époque où se multiplient les prétendants au statut de personne. Outre quelques animaux, que certains veulent faire entrer dans l'espace de la personne, on trouve aussi un certain nombre d'artefacts parmi ceux qui frappent à la porte. Inversement, l'avatar d'un monde virtuel persistant est-il *encore* une personne[1]? La question de la personne, en d'autres termes, s'est soudainement singulièrement complexifiée à la fin du XXe siècle, et dans des directions qu'on n'imaginait pas auparavant. Il devient en effet légitime, voire urgent, non seulement de se demander ce qui peut avoir le statut de personne mais aussi *jusqu'où s'étend* la personne d'un agent originellement identifié comme tel. Qu'une femme ait pu demander avec succès le divorce après qu'elle eut constaté que l'avatar de son mari la « trompait » avec l'avatar d'une autre femme sur *Second Life* montre bien, au minimum, que la notion de personne peut désormais être considérée comme une propriété contaminante dans notre culture.

L'ENQUÊTE MORALE COMME OPTION PRAXÉOLOGIQUE

Une possibilité de se sortir des difficultés rencontrées plus haut est d'aborder la question de la personne dans une toute autre perspective que celle qui cherche à recenser les compétences requises pour être une personne. Plutôt que d'adopter une démarche « top down » nous proposons une approche « bottom up »[2]. Nous cherchons en effet à *déterminer ceux avec lesquels nous nous comportons comme s'ils étaient des personnes* et à comprendre à partir de cette enquête morale ce qu'est pour nous une personne. La question importante devient donc finalement moins celle de savoir qui est une personne que celle de savoir qui peut tenir un rôle de *personnage* dans des narrations dans lesquelles nous sommes nous-mêmes impliqués, et dans lesquelles nous éprouvons notre propre identité et celle de ceux avec lesquels on interagit. La *notion opérationnelle de personnage*, qui n'a de sens que dans une narration, se substitue donc à la *notion onto-logique de personne* qui prétend à la validation dans toutes les narrations et indépendamment d'elles.

---

1. La question est en particulier posée par ceux qui se demandent si je peux être psychologiquement blessé à travers ce qu'on fait à mon avatar.
2. Une telle démarche s'inscrit en particulier dans « la philosophie de terrain » que j'essaie de développer depuis vingt ans.

L'amoureuse automate de William James

Une telle démarche se trouve déjà exprimée *négativement* par William James quand il évoque la figure de l'amoureuse automate dans une note à un texte publié en 1909 – *The Meaning of Truth* – « The pragmatist account of truth and its misunderstanders »[1]. Je dis « négativement » parce qu'il s'agit clairement pour le philosophe américain de présenter une expérience de pensée qui montre finalement le contraire de ce qu'elle est censée exprimer. Pour James, Dieu est nécessaire au pragmatiste car il donne un sens à l'Univers. Un pur amas de matière n'est pas satisfaisant. De façon « analogue », explique le philosophe de Harvard, une amoureuse automate ne serait pas satisfaisante. Nous voulons une *vraie* amoureuse, et même une *simulation parfaite* est insatisfaisante :

> un corps sans âme qui serait absolument impossible à distinguer d'avec une jeune fille animée d'un esprit : riant, parlant, rougissant, nous soignant, et accomplissant toutes les fonctions féminines avec autant de tact et de douceur que si une âme était en elle. La regarderait-on comme un parfait équivalent ? Non, certes ; et pourquoi ? Parce que, faits comme nous sommes, notre égoïsme aspire par-dessus tout à la sympathie et à l'intérêt, à l'amour et à l'admiration qu'autrui nous porte en son for intérieur. La manière dont on nous traite extérieurement, nous l'apprécions surtout comme une expression, une manifestation de l'état de conscience concomitant auquel nous croyons. Pragmatiquement, donc, la croyance à l'amoureuse-automate ne *fonctionnerait pas*, et, de fait, personne ne doit la traiter comme une hypothèse sérieuse. L'univers sans Dieu serait exactement semblable.

Pour James, les idées sont vraies si elles peuvent être assimilées, validées, corroborées, et vérifiées. De même, comme le souligne Ferraris au moyen d'une très belle expression : « l'amoureuse nous corrobore »[2]. On pourrait en effet dire que ce qui nous intéresse dans l'amoureuse, c'est l'attachement que nous *postulons* en elle, plus que la relation que nous avons effectivement avec elle.

En d'autres termes, si l'on suit à la lettre le raisonnement de James sans nous laisser influencer par sa conclusion, ce qui nous importe vraiment est moins ce qui est, que les agencements entre ce qui est et ce que nous imaginons être. James explique en effet qu'un homme ne peut pas se satisfaire d'une automate-amoureuse parce qu'il n'arrive pas à en faire un

---

1. Voir la discussion de M. Ferraris, *T'es où ?*, Paris, Albin Michel, 2006, p. 144 *sq.* Ferraris se range malheureusement trop précipitamment du côté de James.
2. *Ibid.*, p. 144.

personnage convaincant dans une histoire d'amour dont il serait le héros. On peut donc conclure, en toute rigueur, que la différence entre l'amoureuse-automate qui ressemble en tout point à une amoureuse vraie et cette dernière, c'est que nous sommes capables de déployer avec la vraie femme une imagination que nous sommes incapables de mobiliser avec un automate. Ce qui signifie encore que les raisons pour lesquelles nous sommes incapables d'être satisfaits par une amoureuse-automate ne résident pas dans les limites des compétences de cette dernière, mais dans les limites de notre propre imagination.

LA QUESTION DES LIMITES DE L'IMAGINATION EN MORALE

Le problème important est donc celui de l'écart entre nos capacités imaginatives et l'espace de nos actions possibles. Hannah Arendt à propos du procès Eichmann, et surtout Günther Anders à propos de la bombe atomique, l'évoqueront de façon très moderne. Ce dernier, en effet, pose déjà la question à propos de la bombe atomique et de l'*après* des crimes d'Hiroshima et Nagasaki[1]. L'un des concepts les plus intrigants qu'il ait alors mobilisé pour rendre compte de la situation est celui de la dimension morale du manque d'imagination. Anders fait en effet passer ce concept du champ de la psychologie empirique à celui de la philosophie morale avec une fécondité remarquable, même si Nietzsche évoquait déjà la question quand il affirmait que la moralité découle de l'imagination, nécessaire pour accorder foi aux superstitions. Anders suggère en particulier que le manque d'imagination constitue l'une des limitations majeures de l'humain du XXe siècle quant à l'élaboration d'une attitude morale recevable. Cette proposition peut avantageusement être reprise pour approcher la notion de personne dans la perspective relationnelle et narrative du personnage énoncée plus haut. Les difficultés à attribuer un statut de personne à certains agents non humains résultent en effet d'une limitation de notre imagination à interagir avec ces agents comme avec des personnages. La démarche attributive est en effet particulièrement handicapante de ce point de vue, puisqu'elle prétend savoir d'emblée et *a priori* ce qui fait personne.

---

1. G. Anders, *L'Obsolescence de l'homme*, Paris, Éditions de l'Encyclopédie des Nuisances, 2002.

Cette limitation de l'intelligence joue d'ailleurs au moins à deux niveaux sensiblement distincts.

Le premier niveau est lié à ce qu'on est prêt à percevoir chez un agent non humain, qu'il soit naturel ou artificiel. La nécessité de voir l'animal comme une machine, en éthologie ou en psychologie comparée, n'aide pas à voir l'animal autrement. Ce qui ressemble à un truisme est malheureusement loin de l'être. Quand un philosophe écrit sans sourciller qu'il n'y a plus que les propriétaires de grands singes qui estiment qu'ils ont une intentionnalité[1], la question de savoir si l'on peut considérer un chimpanzé ou un orang-outan comme une personne n'est même plus d'actualité. Mon imagination peut par ailleurs être limitée par les préjugés culturels, les interdits institutionnels, les croyances religieuses et mes attentes personnelles. Le deuxième niveau de limitation de l'imagination est plus profond encore. Il est en particulier lié aux ressources qu'on est prêt à mobiliser pour être satisfait de notre évaluation. Dans une approche attributive, l'identification de la personne prend habituellement la forme d'un *test* ou d'une série de tests. L'écrivain américain Philip Kindred Dick[2] a très bien perçu cette intuition, à la fois en montrant que la question de l'identification de l'humain peut devenir un problème majeur des temps à venir et en plaçant le test au centre du processus identificatoire.

LOGIQUE DU TEST ET LOGIQUE DE L'ÉPROUVER

La logique du test n'est pourtant pas nécessairement la plus féconde pour identifier une personne, et une autre logique pourrait être mobilisée de façon féconde : *une logique de l'éprouver*[3]. Elle considère en effet que la *situation* dans laquelle sont engagées des personnes est essentielle pour appréhender le statut respectif de ces personnes et que la relation prime donc l'ontologie. La *logique de l'éprouver* s'oppose sensiblement à la *logique du test*. Avital Ronell a suggéré que cette dernière renvoie à une

---

1. « L'hypothèse de l'existence d'une théorie de l'esprit chez l'animal non humain ne se soutient plus aujourd'hui que d'anecdotes rassemblées par les propriétaires de grands primates domestiques », J. Proust, « L'animal intentionnel », *Terrain*, 34, mars 2000, p. 36 *sq.*
2. Dans son roman *À quoi rêvent les moutons électriques ?*, dont Ridley Scott a tiré un film culte, *Blade Runner*.
3. J'ai commencé à développer cette logique de l'éprouver dans « What Does It Mean to Observe Rationality ? A Philosophical Discussion », dans S. Watanabe *et alii* (eds.), *Rational Animals, Irrational Humans*, Tokyo, Keio UP, 2009.

posture caractéristique de la culture occidentale contemporaine[1]. Dans le contexte qui nous intéresse ici, la logique du test prend sens à partir du postulat qu'il est possible de trouver des tests discriminants efficaces, en particulier pour déterminer si un agent est une personne ou non. Une telle logique est en effet pratiquement toujours conçue sur un modèle standard qui permet d'attribuer les caractéristiques requises pour obtenir un statut comme celui de personne. Il s'agira par exemple de déterminer si un animal est capable ou non de se reconnaître dans un miroir[2]. Elle estime ainsi qu'une frontière opérationnelle peut être tracée entre ceux qui satisfont les exigences requises et ceux qui y échouent. Une autre logique du test est cependant plus intéressante pour nous – celle que proposait Alan Turing dans les années 50 pour déterminer si une machine pouvait être intelligente ou non[3]. Son approche présente en effet la particularité alors inédite d'impliquer explicitement le testeur dans la procédure de test. En d'autres termes, le statut du testé ne dépend pas seulement de ses performances mais également de celles du testeur. Le résultat du test ne découle par conséquent pas seulement des qualités du testé, mais des frictions entre celles-ci et celles du testeur. Une véritable logique de l'éprouver se dégage à travers une telle procédure. Turing propose en effet une conception très originale, qu'on pourrait qualifier de *conception cooptative du test*[4] – qui n'est déjà plus un test malgré son nom. Le testé réussit en effet le test à partir du moment où le testeur estime qu'il l'a réussi. Ce qui pourrait passer pour une tautologie assez insignifiante prend tout son sens si l'on se rappelle que l'enjeu du test est de savoir si le testé peut être déclaré « intelligent ». La réponse donnée par Turing n'est pas de recenser les qualités du testé mais de les confronter avec celle du testeur : un agent est déclaré intelligent à partir du moment où un agent appartenant déjà à cette sphère le considère comme tel.

1. A. Ronell, *Test Drive. La passion de l'épreuve*, Paris, Stock, 2005.

2. Ce sont les expériences qui ont débuté avec Menzel Jr. en psychologie comparée.

3. A. Turing, « Computing machinery and intelligence », *Mind*, *LIX*, 36, 1950, p. 433-460.

4. J'ai en particulier proposé une telle lecture du test de Turing. Voir D. Lestel, L. Bec et J.L. Lemoigne, « Visible Characteristics of Living Systems : Aesthetics and Artificial Life », dans J.L. Deneubourg *et alii* (eds.), *Self-Organization and Life : from Simple Rules to Global Complexity*, *Proceedings of the European Conference on Artificial Life*, Bruxelles, MIT Press / Bradford Books, 1993, p. 595-603, et D. Lestel, « "Metaphors of Complexity : Language and Cognitive Ressources of Artificial Life », *Social Science Information*, 35,5, 1996, p. 511-540.

LA PERSONNE COMME INTERLOCUTEUR ET PERSONNAGE

Dans la perspective de Turing, la situation du test n'est donc plus conçue comme une *mise en examen*[1] mais comme un authentique dispositif relationnel. On peut dire, en effet, que pour Turing, une machine est intelligente à partir du moment où elle est capable de tenir sa place dans une communication avec un humain. Une telle logique est remarquablement bien adaptée à la question de la personne puisqu'elle en retient l'esprit et non la lettre. *Sera en effet considérée comme une personne ce qui pourra être éprouvé par une personne comme étant une personne.* Une telle approche peut être résumée en disant qu'un agent A sera considéré comme une personne à partir du moment où un agent B dont le statut de personne ne fait aucun doute interagit de façon satisfaisante avec l'agent A comme s'il était une personne. En d'autres termes, un agent est considéré comme une personne à partir du moment où il peut tenir le rôle d'interlocuteur dans une communication, c'est-à-dire *s'il est capable de se comporter comme un personnage dans une interaction signifiante*[2]. Mais si un agent peut tenir sa place dans une situation de communication, c'est aussi parce que je suis moi-même capable de la lui donner. En ce sens, être un interlocuteur requiert une double compétence : celle d'un agent qui peut se comporter comme un personnage dans une interaction et celle d'un agent qui peut donner à ce dernier l'opportunité de se comporter comme tel.

L'objection de l'indifférenciation

Une objection fréquente est précisément celle qui est la moins recevable. Elle consiste en effet à dire que cette logique de l'éprouver est tout simplement inacceptable parce qu'elle reviendrait à accepter que *n'importe quoi* puisse être une personne, c'est-à-dire n'importe quel animal ou n'importe quel artefact. Le constat est en effet *à peu près* juste, mais à peu près seulement. D'abord parce qu'il ne s'agit pas d'accepter *n'importe quoi* comme personne (il faut passer par la situation du dialogue) mais d'accepter *beaucoup plus* d'agents que des humains seulement. Ensuite parce que les nouveaux admis dans le club fermé de ceux qui peuvent avoir le statut de personne ne sont pas choisis *a priori* et de façon arbitraire mais dans l'ensemble de ceux qui peuvent assumer avec succès la

---

1. La référence judiciaire n'est naturellement pas fortuite ici.
2. En la qualifiant de signifiante, j'exclus toute interaction qui pourrait être réduite à un simple enchaînement de réponses à des stimuli.

posture de l'interlocuteur, c'est-à-dire être un personnage dans le jeu relationnel et narratif évoqué plus haut.

Réfutation de l'objection de l'illusion

Une autre objection attendue est de considérer que des artefacts, par exemple, peuvent donner l'illusion d'être des interlocuteurs, sans qu'ils le soient réellement[1]. Une telle objection peut cependant être aisément écartée pour trois raisons. La première est que Turing envisage explicitement cette critique, mais qu'il l'écarte en considérant que la tromperie et la ruse font précisément partie de ce qu'on est en droit d'attendre d'un agent intelligent. La deuxième raison est qu'en prenant l'objection au sérieux, on retourne en fait au problème de l'amoureuse-automate de James. La troisième raison, enfin, est qu'on supposerait à travers cette objection qu'il existe des qualités intrinsèques de la personne, ce qui est précisément en cause ici, et on retournerait ainsi à la logique du test dont on essaie précisément de sortir.

Caractériser la logique de l'éprouver

Ce qui gêne dans la logique de l'éprouver peut maintenant être déterminé avec un peu plus de précision : ce sont ses dimensions *praxéologiques* et *a posteriori* tout d'abord ; sa dimension *herméneutique*, ensuite ; et le statut de mise en scène que mobilise sa dimension narrative, enfin.

Sa dimension praxéologique se perçoit très clairement dans le fait que l'on doive être *déjà* engagé dans une communication avec un agent pour se demander si ce dernier est une personne ou non[2]. Je n'ai en effet aucune raison de me poser cette question à propos de n'importe quoi. En d'autres termes, la question ne se pose qu'à propos d'un agent avec lequel on agit déjà comme s'il était une personne. Et pouvoir interagir avec un agent comme s'il était une personne suppose qu'on ait déjà pu établir avec lui une situation d'interlocution dans laquelle on a mobilisé des qualités

---

1. Par exemple en faisant référence à un programme d'intelligence artificielle célèbre en son temps, ELIZA, écrit par un informaticien de l'Université Stanford, Weizenbaum, qui simulait avec beaucoup de talent un psychanalyste dans le cours d'une analyse. À propos de ce programme et de ce qu'il a vraiment signifié de façon rétrospective, on pourra lire avec intérêt les remarques de Sh. Turkle, « A Nascent Robotic Culture : New Complicities for Companionship », *AAAI Technical Report Series*, July 2006.

2. N. Wiener, *God & Golem Inc.*, Paris, L'Éclat, 2000, p. 92, soulignait que l'une des grandes différences entre les machines et les humains était que ces derniers *pouvaient s'accommoder d'idées vagues*. C'est une remarque très puissante si on commence à y réfléchir un peu.

interprétatives fondamentales. Engager un dialogue avec un interlocuteur consiste en effet plus à chercher à *tisser*[1] ses intentionnalités (réelles ou supposées) avec les nôtres qu'a adopter une posture pragmatique comme celle préconisée par Dan Dennett, pour qui on peut considérer un ordinateur comme intelligent si on joue mieux aux échecs avec lui ainsi[2]. L'aspect praxéologique de la question est qu'on s'interroge sur ce avec quoi on interagit réellement, et la mise en scène est requise précisément parce qu'un personnage n'a de sens que dans les narrations dans lesquelles il prend consistance pour nous, ce qui est loin de signifier pour autant que le statut de l'agent en question soit lui-même celui d'une fiction. Le côté *a posteriori* de cette démarche se trouve dans le fait que je ne cherche pas à établir l'ensemble fermé de ceux qui ont une ontologie *ad hoc* mais que je pars de relations réelles avec des agents.

Quelques autres exemples dans la logique de l'éprouver

On peut donner un autre exemple pour montrer la supériorité de l'explication relationnelle sur l'explication psychologique[3] : assister au « viol » et au « meurtre sadique » d'un robot qui ressemblerait exactement à une femme et que l'on aurait d'abord pris pour un véritable être humain serait aussi éprouvant que d'assister à un vrai viol et à un vrai meurtre, alors que le robot ne ressentirait bien évidemment rien et qu'il n'y aurait aucun délit. Ce qui serait choquant ne serait pas de l'ordre de l'empathie, puisque les créatures virtuelles en question ne ressentent rien, mais de l'ordre de la logique (c'est une situation qui est analogue à une situation qui me ferait souffrir par empathie réelle s'il s'agissait d'une vraie femme).

LES ARTEFACTS RELATIONNELS

On pourrait estimer qu'une relation aussi forte que celle évoquée plus haut avec un agent non humain reste purement spéculative, mais ce n'est pas le cas. Les travaux de Sherry Turkle au MIT sur ce qu'elle appelle des *artefacts relationnels* sont particulièrement intéressants dans cette

---

1. À propos de l'anthropologie de la ligne de T. Ingold. À ce sujet, on peut se référer à son livre, *Lines. A Brief History*, London-New York, Routledge, 2007.
2. D. Dennett, *Intentional Stance*, Cambridge (Mass.), MIT Press, 1987.
3. Nietzsche est sans doute l'un de ceux qui ont le mieux vu les limites des explications psychologiques par rapport aux explications logiques dans le traitement de la moralité.

perspective[1]. Ces artefacts (comme le *Tamagutchi*, l'*Aibot* de Sony, le *Furby* ou *My Real Baby*) sont des artefacts qui simulent des êtres vivants d'une façon telle que nous nous attachons effectivement à eux de façon très puissante. Les artefacts relationnels précités sont avant tout destinés aux enfants ou aux vieillards, mais rien ne permet de penser qu'ils devraient se cantonner à cette population. Cynthia Braezel, qui est aujourd'hui professeur de robotique au MIT, a par exemple expérimenté ce qui pourrait être identifié comme étant une « connexion maternelle » avec le robot androïde, Kismet, sur lequel elle a longtemps travaillé[2]. Quand elle a dû quitter ce robot après avoir soutenu son doctorat, Braezel a ressenti un très fort sentiment de perte. Construire un autre robot, même similaire, n'aurait pas pu remplacer celui qu'elle avait fréquenté pendant longtemps. L'idée intéressante qui apparaît ici est précisément que la « personnification » de l'artefact ne vient pas de ses propriétés intrinsèques mais qu'elle dépend de son histoire commune avec un humain. S. Turkle estime en particulier que Braezel est l'un des premiers humains à avoir vécu la séparation avec un robot, avec lequel elle a formé un attachement basé sur le fait qu'elle ait pris soin de lui comme une mère le fait avec son enfant[3]. Turkle souligne à juste titre que ce qui est en jeu n'est pas l'intelligence du robot mais l'expérience de Braezel comme soignante, et que materner une machine qui se présente elle-même comme dépendante crée des attachements significatifs. Comme l'écrit très clairement Turkle[4], « la nouvelle génération de robots "sociables" ou "relationnels" a été construite *pour nous engager*, de créature à créature. Ils peuvent reconnaître des visages, apprendre le nom des gens, établir un contact oculaire, suivre la trace de nos mouvements – toutes choses qui poussent nos boutons darwiniens élémentaires ». S. Turkle n'évoque jamais la question de la personne mais c'est finalement bien ce dont elle parle avec ses artefacts relationnels. Elle essaie, en effet, de comprendre comment un humain peut s'attacher à des artefacts, et répond en suggérant que cet attachement résulte de la nécessité dans laquelle l'humain s'est trouvé de s'en occuper, de s'en soucier et d'en prendre soin – c'est-à-dire, pour reprendre notre approche, de l'intégrer dans des narrations efficaces.

1. S. Turkle, *Relational Artefacts*, NSF Report, 2004.
2. Sur son travail, on peut lire en particulier son livre de synthèse : C. Braezel, *Designing Sociable Robots*, Cambridge (Mass.), MIT Press, 2002.
3. S. Turkle, « A Nascent Robotic Culture : New Complicities for Companionship », art. cit.
4. Dans une interview donnée à *I.D. The International Design Magazine*, March/April 2008, 55, p. 2.

Le travail de S. Turkle permet du coup de reprendre la question de l'automate amoureuse de William James de façon éclairante. Cet artefact ne serait pas satisfaisant, explique en effet James, parce qu'il ne nous porterait aucune attention. Mais ces artefacts relationnels dont parle Turkle sont précisément des artefacts qui nous portent attention, ou plus exactement, et la nuance est essentielle, qui nous conduisent à croire qu'ils nous portent attention. Ces artefacts, en d'autres termes, fonctionnent comme des *pièges affectifs* terriblement efficaces. Oui, objectera-t-on, mais ils ne nous portent pas vraiment attention. C'est vrai, mais ceci importe seulement dans une approche attributive de la personne, pas dans la perspective relationnelle proposée par Turing, et nous vivons de plus en plus dans un monde « turingien », que cela nous plaise ou non.

QUI EST PERSONNE ?

La question de la personne est en passe de devenir l'une des questions majeures du XXIe siècle, et c'est toute la philosophie morale qui doit en être consciente. Nous entrons en effet, sans doute, dans une période troublée et explosive qui n'a encore connu aucun précédent dans l'histoire de l'humanité : même le passage du paléolithique au néolithique ne pourrait en donner qu'une approximation très vague. L'époque qui s'annonce résulte en effet de la convergence annoncée entre biotechnologies, nanotechnologies et technologies de la cognition et de l'information[1]. La révolution qui se dessine sous nos yeux à une vitesse dont, dans leur très grande majorité, nos contemporains n'ont pas encore pris la mesure est une *révolution ontologique* majeure plus encore qu'une révolution culturelle. Un aspect particulièrement troublant des modifications en cours concerne précisément ce qu'on doit légitimement considérer comme étant une personne. Le grand problème est en effet qu'il est de moins en moins tenable de n'accepter que les humains dans cette catégorie. Les théoriciens de la Libération Animale ont été les premiers à ouvrir le feu, en exigeant que certains animaux au moins, comme les grands singes anthropoïdes, puissent avoir un statut de personne dans nos sociétés – avec les droits et protections y afférant. Ce qui était un peu choquant pour la plupart des

---

1. Voir le rapport qui réunit l'avis de plus de 50 experts représentant le gouvernement, le monde universitaire et le secteur privé : M.C. Roco, W. Sims Bainbridge (eds.), *Converging technologies for Improving Human Performance*, Washington (DC), National Science Foundation, 2002.

gens au siècle dernier nous apparaît aujourd'hui comme singulièrement timide. Il ne s'agit en effet plus de savoir si certains animaux peuvent être considérés comme des personnes mais si des artefacts peuvent avoir ce statut.

La démarche habituellement suivie, en particulier par des théoriciens comme Peter Singer ou Tom Regan, reste une *démarche attributive* qui consiste à chercher les conditions faisant d'un agent une personne et à les traquer chez les animaux à qui ils veulent attribuer le statut de personne. Une telle façon de faire pose deux problèmes majeurs. Le premier est méthodologique : nous recherchons en général chez un agent les attributs que nous croyons sous-jacents à la notion de personne chez l'humain pour déterminer s'il peut être une personne. Cette démarche est loin d'aller de soi parce qu'elle s'appuie sur la croyance que la notion de personne est une notion causale (telle caractéristique neurophysiologique est par exemple requise pour être une personne) et que la notion de personne *humaine* est la norme à prendre en compte. Le deuxième problème est l'écart croissant entre des agents qui n'ont évidemment pas ces qualités requises et notre propension à agir avec eux comme s'ils les avaient néanmoins. Une façon classique de résoudre le problème est de mettre en avant les illusions cognitives dont nous serions le jouet, et à renforcer les frontières hygiéniques entre entités pour les éviter. Dans les pages qui précèdent, j'ai choisi de développer une toute autre approche. Loin de considérer que nous sommes trompés par nos sens, j'ai suggéré que nous faisions plutôt erreur sur la nature de ce qu'est une personne. En reprenant la signification du test de Turing, j'ai en effet émis l'hypothèse que la notion de personne n'était pas causale mais relationnelle et narrative, et qu'une personne était un agent avec lequel nous interagissions de façon satisfaisante comme s'il était un personnage au sein de mises en scènes narratives dont nous étions l'un des « héros ». En d'autres termes, j'ai considéré que la relation narrative primait sur l'ontologie et non l'inverse. L'imagination morale et ses limites, celles que fustigeait par exemple Anders, acquiert ainsi une nouvelle pertinence, puisqu'une part essentielle d'une logique de l'éprouver et des structures narratives autour desquelles elle se construit repose en effet sur les ressources de l'imagination que nous pouvons mobiliser pour dialoguer avec les « autres »

L'hypothèse fondamentale sous-jacente à la démarche que j'ai défendue dans cet essai peut s'exprimer simplement : la philosophie est moins une entreprise purement normative qu'une discipline d'explicitation et d'ouverture. Après avoir compris ce qui guide nos choix et nos intentionnalités et l'avoir conceptualisé de façon satisfaisante, nous pouvons élargir le champ des possibles pour rendre notre vie plus riche et plus féconde – plus rigoureuse et plus efficace aussi. On pourra sans doute reprocher la base empirique de cette démarche. À tort. Il s'agit en effet moins de déduire des normes morales universelles d'une empiricité plus ou moins avérée que d'expérimenter ce qui peut être légitime ou raisonnable à partir de ce qui est vécu, ce qui est sensiblement différent. Un avantage de cette façon de procéder est qu'elle permet de réexaminer un postulat-clef et trop peu discuté de la philosophie occidentale, à savoir l'universalité et l'anhistoricité de l'éthique. Une démarche basée sur les usages permet en particulier d'*équilibrer l'espace de la preuve.* Ce n'est en effet plus seulement celui qui cherche à obtenir le statut de personne qui doit présenter ses lettres d'accréditation, mais celui qui les lui demande qui doit prouver qu'il est habilité à les lire correctement. Les notions d'*accréditation* et d'*habilitation* que j'emploie ici peuvent surprendre, mais elles sont intéressantes parce qu'elles renvoient non seulement à un espace cognitif mais également à un espace culturel et diplomatique[1]. En d'autres termes, le statut de personne donné à un agent ne dépend pas seulement des qualités propres à celui qui veut l'avoir mais aussi de celles de celui qui peut (ou non) le considérer comme tel. Et parmi les compétences que doit avoir ce dernier, l'imagination joue un rôle fondamental.

Dominique LESTEL
École normale supérieure, Paris

---

1. Pour une première approche de cette notion à propos de l'attribution du statut de personne à l'animal, *cf.* D. Lestel, *L'animal Singulier*, Paris, Seuil, 2004.

DE LA CONSCIENCE IMPERSONNELLE
À LA « PERSONNALISATION »
JEAN-PAUL SARTRE, 1937-1971

Car il n'est permis à personne de dire ces simples mots : je suis moi.
Les meilleurs, les plus libres, peuvent dire : j'existe.
C'est déjà trop *.

La pensée de Sartre, dit-on souvent – en l'opposant à celle de Merleau-
Ponty – est faite de dualités : pensée coupante, anguleuse, hostile à la
nuance et aux entrelacs qui font la complexité de l'existence humaine.
Chacun a en mémoire quelques sentences péremptoires qui semblent en effet
séparer sans appel la mort de la vie, la conscience de l'être, l'imaginaire du
réel, la poésie de la prose, le pour-soi du pour-autrui. On pourrait s'attendre
à ce qu'un semblable coup d'épée conceptuel[1] tranche entre personne et
personnage, s'il est vrai que le premier terme est *grosso modo* du côté du
réel, le second de celui de l'imaginaire. Il n'en est rien, et peut-être cette
problématique, déployée dans sa complexité et son devenir, permet-elle,
par contrecoup, de réfuter la vulgate du dualisme impénitent de Sartre.

PHÉNOMÉNOLOGIE ET *TABULA RASA*

1933-1934. Sartre, boursier à Berlin, y découvre et étudie Husserl ; à la
suite de cette découverte, il écrira deux textes consacrés à ce dernier, « La

---

* J.-P. Sartre, *Saint Genet comédien et martyr*, Paris, Gallimard, 1952, rééd. 1985, p. 100.

1. « Longtemps j'ai pris ma plume pour une épée », J.-P. Sartre, *Les Mots*, dans *Les Mots et
autres écrits autobiographiques*, Paris, Gallimard, 2010, p. 138. Ou encore : « En ce temps-là,
je prenais volontiers les plumes pour des épées », dans « Merleau-Ponty », *ibid.*, p. 1136.

transcendance de l'Ego » et « Une idée fondamentale de la phénoménologie de Husserl : l'intentionnalité » [1]; en Allemagne, il rédige aussi, sous sa
forme finale, *La Nausée*, dont la rédaction a débuté en 1931. La rencontre
avec la phénoménologie est cruciale : Sartre, depuis toujours révulsé par
l'idéalisme de ses maîtres – spécialement de Léon Brunschvicg – trouve
dans « l'intentionnalité » de quoi nourrir son rejet de tout ce qui ressemble
de près ou de loin à la « substance pensante », à l'intériorité du sujet, à la
diligence digestive de l'esprit qui absorbe l'être selon l'adage : *esse est
percipi*. Une formule husserlienne simple et pour lui paradigmatique,
« toute conscience est conscience de quelque chose » [2], lui sert de viatique
pour confirmer ses intuitions de jeunesse, exprimées notamment dans *Une
Défaite*, roman datant de 1927 et publié à titre posthume : non, l'esprit n'est
pas le dépositaire attitré de la vérité, celle-ci réside au contraire dans le
monde ; dans le monde, non pas en tant qu'il est régi par les lois de la science
– Sartre rejette aussi bien le positivisme que l'idéalisme – mais en tant
que sa sauvagerie et son indépendance le rendent irréductible à notre
conscience. Frédéric, le jeune héros d'*Une Défaite*, avatar de Nietzsche, se
promène dans une rue printanière et hume avec passion les exhalaisons
d'une poubelle, y contemple épluchures brunies de carottes et coquilles
d'œufs maculées :

> Il était saisi d'une commotion, comme chaque fois qu'il constatait
> l'existence des choses. Il pensait vaguement : c'est donc vrai qu'elles
> existent, si vraies, si pleines, si catégoriques, si violentes, si indépendantes
> de toute notre science et de toutes les constructions de notre philosophie
> […] ? Si l'on en croyait les cuistres, elles seraient à demi bâties avec nous-
> mêmes. Pouah ! Alors elles sentiraient notre souffle punais, elles seraient
> molles et tièdes entre nos mains, elles sentiraient le renfermé et nous les
> regarderions avec lassitude. Mais elles sont si étrangères, si hostiles, si
> fraiches, comme les embruns que porte le vent du large […]. Je les aime
> parce qu'elles sont si méchantes, parce qu'elles n'ont aucun lien de parenté
> avec moi et qu'on peut les aimer sans inceste [3].

1. « Une idée fondamentale de la phénoménologie… » n'a été publié qu'en 1939 dans la
Nouvelle revue française. L'article est repris dans *Situations I*, Paris, Gallimard, 1948 (nous
citerons cette édition). « La transcendance de l'Ego » a paru en 1937 dans le numéro 6 de la
revue *Recherches philosophiques*, puis a été édité en volume chez Vrin (nous citerons
l'édition de 2003).
   2. « Une idée fondamentale de la phénoménologie de Husserl : l'intentionnalité », dans
Situations I, op. cit., p. 33.
   3. Dans J.-P. Sartre, *Écrits de jeunesse (1922-1927)*, M. Contat et M. Rybalka (éds.),
Paris, Gallimard, 1990.

L'article sur l'intentionnalité husserlienne apporte, avec lyrisme et enthousiasme, un fondement philosophique à cette intuition première : la conscience n'a pas de dedans, elle est tout entière au dehors, sur les routes du monde, sans cesse à l'autre bout de l'intentionnalité ; pur mouvement, pur éclatement, elle n'a aucune intériorité ; elle n'est pas l'enregistrement passif de « faits » régis par des lois préétablies, car c'est par elle que le monde *apparaît* ; mais cette phénoménalisation n'est pas une activité d'assimilation qui résorberait l'être en l'intériorisant, car il y a, métaphysiquement antérieur à la conscience, un être transphénoménal du phénomène : *exit* les prétentions exorbitantes du roseau pensant, les complaisances spiritualistes, les moiteurs de l'intimité, les affres exquis de la psychologie proustienne. « Dans » la conscience, il n'y a rien, rien qu'un grand vent clair qui, selon une transcendance horizontale nommée intentionnalité, la projette hors d'elle-même, sur les choses ; non pas sur les choses empiriques, ni sur les objets de la connaissance – ou en tout cas pas seulement, puisque il y a plusieurs registres de l'intentionnalité, par exemple un registre affectif, qui se dit dans des verbes tels aimer, craindre, haïr, etc. – mais sur les choses non domestiquées, ou – cela revient au même pour Sartre – sur la Chose même. L'intentionnalité, c'est l'opérateur intellectuel miraculeux grâce auquel, résume Simone de Beauvoir, « nous exaltions les pouvoirs de la pure conscience et de la liberté, et pourtant nous étions anti-spiritualistes ; nous posions la matérialité de l'homme et de l'univers, tout en dédaignant les sciences et les techniques »[1].

« La transcendance de l'Ego », rédigé auparavant, est également une réflexion sur Husserl, mais plus distanciée. Précisément parce qu'il est alors très proche du philosophe qu'il est en train d'assimiler, Sartre est critique, fait ses armes, cherche à établir les bases de sa *propre* phénoménologie. Il reproche à Husserl de n'avoir pas poussé assez loin la démarche qui permet l'accueil de la Chose même, ou des choses elles-mêmes, c'est-à-dire la suspension de l'attitude naturelle ou la réduction phénoménologique, d'en avoir exempté l'instance qui opère cette réduction, à savoir le Je transcendantal, bref, d'avoir conservé encore trop de subjectivité. Pour sa part, il fait du « Je » et du « Moi » de simples épiphénomènes, dérivés en vérité d'une conscience *impersonnelle* et *irréfléchie*, seul champ transcendantal qui vaille.

Le premier personnage romanesque anthume de Sartre est Roquentin, protagoniste principal de *La Nausée*. Cet anti-héros, ce « garçon sans importance collective » – ces mots de Céline sont l'épigraphe du livre – se

---

1. S. de Beauvoir, *La Force de l'âge*, Paris, Gallimard, 1960, rééd. 1986, p. 52.

trouve exactement à la croisée des deux études sur Husserl : sa subjectivité se délite et tend au champ transcendantal impersonnel et irréfléchi en même temps qu'il découvre la folie des choses sans propriétés ni propriétaires, échappant à toute règle préexistante, carnaval grinçant où la banquette de tramway se fait cadavre d'âne gonflé par une crue torrentielle, le papier gras sur le trottoir morceau de viande pourrie, le sexe de la patronne du bar « Au rendez-vous des cheminots » un jardin d'herbes folles où prolifèrent les insectes, etc. La conscience de ce monde en déréliction – dont la vérité se découvrira être la contingence – c'est la Nausée. Et, en une sorte de parodie paradoxale de la réfutation de l'idéalisme de Descartes par Kant [1], le cogito de la Nausée, éperdu dans la débandade des choses, s'exprime comme suit :

> Dieu comme les choses existent fort aujourd'hui […]. Je suis entre les maisons, tout droit sur le pavé ; le pavé sous mes pieds existe, les maisons se referment sur moi comme l'eau se referme sur le papier en montagne de cygne [Roquentin vient de jeter par terre une feuille de journal roulée en boule], je suis. Je suis j'existe je pense donc je suis ; je suis parce que je pense, pourquoi est-ce que je pense ? je ne veux plus penser je suis parce que je pense que je ne veux plus être, je pense que je […] parce que […] pouah [2] !

Roquentin, Je en déliquescence, se détache, au fil du livre, du peu qui faisait sa consistance de personnage. Deux modes de temporalité, avant l'expérience de la Nausée, gouvernaient son existence : une temporalité téléologique, celle du récit de ses lointains voyages, qu'il avait coutume de se chuchoter à lui-même et qui l'érigeait à ses propres yeux en personnage, celui de « l'aventurier » – temporalité qu'il redoublait en écrivant la biographie d'un aventureux diplomate-espion, le marquis de Rollebon [3] –, et une temporalité condensée, fulgurante, flamboyante, celle des « instants parfaits », métamorphoses ensorcelées de la prose du monde, qu'avait tenté

---

1. Dans ce raisonnement, c'est la stabilité du monde extérieur qui garantit celle du « Je pense » et donne forme au flux du sens interne.

2. J.-P. Sartre, *La Nausée*, dans *Œuvres romanesques*, Paris, Gallimard, 1982, p. 120.

3. Ce travail auquel s'adonne Roquentin est loin d'être indifférent. Sartre fut en effet pendant longtemps un lecteur vorace de biographies, avant de se livrer lui-même à la rédaction de biographies existentielles (Baudelaire, Genet, Flaubert). Addiction parfaitement intelligible : le fondement philosophique de toute son œuvre est la liberté individuelle ; sa névrose, qu'il dénoncera dans *Les Mots*, le portait à s'intéresser aux grands hommes et aux destins d'exception, dans la mesure où il escomptait bien – il ne se trompait pas – devenir à son tour auteur d'une œuvre considérable et objet d'étude pour les biographes. *Cf.* S. de Beauvoir, *La Cérémonie des adieux* suivi de *Entretiens avec J.-P. Sartre*, Paris, Gallimard, 1981, p. 256.

de lui enseigner son ex-amante Anny du temps de leur passion défunte. Après la Nausée, ont sombré le temps du récit et ses illusions rétrospectives, le temps de l'instant et ses épiphanies magnifiques; Roquentin abandonne l'écriture biographique ainsi que les murmures autobiographiques, et vit, dans un morne présent où les jours s'ajoutent aux jours, «une existence de champignon». Le personnage principal n'est plus personne, ceux qui restent des «personnages» – périphériques, caricaturaux, destinés à sertir le vide central par l'enflure de leur fausse importance – le sont au sens où ils jouent une comédie sociale à laquelle ils croient : ce sont ceux que Roquentin appelle les Salauds, les notables et les fondateurs de Bouville – la ville provinciale et portuaire où Roquentin fait l'épreuve de la contingence. Portraiturés, ils en peuplent le musée de leur dérisoire grandeur. Au contraire de Roquentin, ils furent «quelqu'un», le Juge, l'Ingénieur, l'Avocat, le Médecin, et, pour continuer à l'être, se firent éterniser par le pinceau servile d'un peintre de commande.

Le personnage phénoménologique, résultat d'une ascèse – la Nausée, correspondant romanesque de l'épochè – n'est donc personne, rien, une pure table rase dévoilant l'étrangeté des phénomènes, une évidence corrosive où se dissolvent les figures notoires et bourgeoises des «Salauds». À la même époque, Simone de Beauvoir rédigeait L'Invitée, dont elle caractérise ainsi le personnage principal, Françoise : «Il entrait de la tristesse dans son orgueil quand, pendant la fête célébrant la centième de Jules César, elle se disait : "Je ne suis personne". Exilée, un après-midi, loin de Pierre et de Xavière, elle cherchait en vain du secours en elle-même : elle n'avait littéralement pas de moi. Elle était pure transparence, sans visage ni individualité»[1].

ONTOLOGIE ET SITUATION

Cette vacuité intérieure de la conscience, conséquence de l'assimilation de la phénoménologie et plus particulièrement du concept d'intentionnalité, a une conséquence majeure : ce n'est pas seulement le personnage de roman, le personnage de théâtre, ou encore le personnage du théâtre social – le Salaud – avec les oripeaux relativement extérieurs de sa dignité, rosette du décoré, hermine du magistrat, uniforme du Saint-Cyrien, etc., qui sont fictifs, mais aussi, plus radicalement, ce qu'il est convenu d'appeler la

---

1. S. de Beauvoir, La Cérémonie des adieux, op. cit., p. 386.

personne, ses contenus, ses constantes, ses variantes, son caractère, ses sentiments, ses émotions, ses idées, ses sensations mêmes. «Je» et «moi», sont des rôles qu'il faut jouer et tenir, c'est ainsi depuis «La transcendance de l'Ego». Simone de Beauvoir, parlant du comportement à la fois exalté et inconsistant d'une de ses collègues de lycée, écrit :

> Nous [Sartre et moi] avions découvert, sous des noms différents, l'idée de *rôle*. Sartre s'intéressait particulièrement à cette part de vide qui ronge les conduites humaines et même l'apparente plénitude de ce qu'on appelle les sensations. Il eut une violente crise de coliques néphrétiques et embarrassa beaucoup le médecin en affirmant qu'il ne souffrait pas vraiment : la souffrance même lui était apparue comme poreuse, et presque insaisissable, encore qu'elle le clouât sur son lit [1].

C'est qu'il n'avait pas consenti à jouer le rôle du souffrant. Elle précise cependant qu'ils manquaient d'outils conceptuels pour étayer leur théorie de la subjectivité : telle quelle, la phénoménologie ne suffisait donc pas : «Nous avions grand besoin d'unir nos efforts, car nous ne possédions aucune méthode d'explication»[2].

C'est pendant la guerre que Sartre se forgera ces outils. La guerre, dit-il, «a vraiment divisé ma vie en deux»[3], et l'on interprète de coutume, d'ailleurs en accord avec Sartre lui-même, cette coupure comme étant d'ordre politique : avant guerre, un penseur individualiste, flirtant avec l'anarchisme mais en vérité retiré dans la tour d'ivoire de l'intellect, dépourvu de tout sentiment de responsabilité à l'égard de la collectivité humaine ; après guerre, un théoricien et un praticien de l'engagement politique. Quoique sans doute juste, cette vision des choses est sommaire. Sartre, dès sa mobilisation comme météorologue sur le front de l'Est, le 2 septembre 1939, et jusqu'en avril 1940, tient un journal de guerre, publié à titre posthume sous le titre *Carnets de la drôle de guerre*[4]. S'il est un document permettant de saisir la supposée mutation de l'auteur en guerre, c'est celui-là. Sartre consigne, quasi quotidiennement, dans des carnets de moleskine, réflexions sur la vie militaire, interrogations sur l'Histoire, analyses de lectures, recherches philosophiques ; il fait aussi, souvent, des remarques sur l'avancement de son «roman», commencé durant l'été 1938

1. S. de Beauvoir, *La Cérémonie des adieux*, *op. cit.*, p. 149-150.
2. *Ibid.*, p. 148.
3. J.-P. Sartre, «Autoportrait à soixante-dix ans», dans *Situations X*, Paris, Gallimard, 1976, p. 80.
4. J.-P. Sartre, *Carnets de la drôle de guerre*, dans *Les Mots et autres écrits autobiographiques*, *op. cit.*, p. 147 *sq.*

et auquel le grand bouleversement mondial ne le fait pas renoncer, bien au
contraire : il constate très vite que son affectation lui offre des loisirs
conséquents et, sitôt arrivé dans son premier cantonnement alsacien, il écrit
à Simone de Beauvoir : « Comme on fait un sondage toutes les trois heures,
je pense que j'aurai tout le temps de travailler et, même si la guerre est
courte, de finir mon roman [...]. Si elle est longue, je commencerai le
deuxième volume. De ce côté-là, je gagnerais plutôt du temps sur la vie
civile »[1]. On le voit, même si Sartre soutient qu'il y a eu là une rupture, de
solides continuités le rattachaient à sa vie antérieure et il poursuit implaca-
blement la réalisation du programme littéraire qu'il s'était fixé dès le début
des années 30 : après *La Nausée*, qu'il désignait, avant de lui avoir trouvé
un titre[2], comme « le factum sur la contingence » et dont l'objet est le dévoilement de l'existence comme telle, est venu un recueil de nouvelles (*Le
Mur*, publié en 1939), chacune montrant la façon dont un individu s'empare
de l'existence et la vit de façon singulière ; reste à rédiger *le roman*, plus
ambitieux, « fresque à multiples personnages »[3]. Aux yeux de Sartre, *La
Nausée* semble donc n'être pas un roman à proprement parler, la forme
romanesque ne surgissant qu'avec l'enchevêtrement des personnages et la
complexité de l'intrigue qui résulte de leur interaction. Il y a pourtant des
rapports étroits entre *La Nausée* et *Les Chemins de la liberté* : Sartre a
commencé par envisager le « roman » comme une suite du « factum » et son
héros comme un prolongement de Roquentin. Ce sera finalement Mathieu
Delarue, à la fois proche et distinct de son prédécesseur. Tous deux ressemblent à Sartre par des traits biographiques superficiels : Bouville figure
Le Havre, où Sartre enseigna de 1934 à 1936 ; Mathieu est professeur de
philosophie à Paris, au lycée Buffon, Sartre l'était alors au lycée Pasteur.
Tous deux, surtout et plus métaphysiquement, sont condamnés par leur
créateur à faire usage de cet encombrant cadeau : une liberté dépourvue de
raison d'être. Tous deux, en raison de cette condamnation, détestent la
bourgeoisie, qui vit de justifications.

Cependant Roquentin et Mathieu sont aussi très différents : Roquentin,
à Bouville, est seul, sans attaches, sans statut social défini, dépourvu de tout
rapport à l'Histoire vivante : pure traduction du vide de la conscience
phénoménologique. Mathieu, lui, a un métier, il se trouve pris dans une
constellation de relations humaines, les soubresauts du siècle l'assaillent

---

1. J.-P. Sartre, *Lettres au Castor et à quelques autres*, t. I, Paris, Gallimard, 1983, p. 284.
2. Ce titre fut suggéré par G. Gallimard, Sartre avait, lui, proposé *Melancholia*.
3. Pour tout ceci, voir M. Contat, « Notice pour *Les Chemins de la liberté* », dans *Œuvres romanesques, op. cit.*, p. 1859-1860.

dès la première page de *L'Âge de raison*, où il est question de la guerre d'Espagne. Si Sartre mobilisé continue, impavide, son roman, et en situe l'intrigue, comme prévu, avant guerre, il n'en reste pas moins que les questions et les découvertes théoriques propres à la guerre infléchissent la construction de son personnage. Sa lecture philosophique décisive, pendant cette période, est Heidegger[1]. Deux concepts fondamentaux, à la faveur de cette lecture, se mettent en place dans *Carnets de la drôle de guerre* : 1) le néant (lié à l'angoisse heideggérienne), qui n'est plus le simple vide de la conscience phénoménologique, mais devient une structuration ontologique de celle-ci, un mode d'être, intelligible et consistant ; c'est dans les *Carnets* qu'apparaissent pour la première fois les termes de Pour-soi et d'En-soi, pivots conceptuels de *L'Être et le Néant* ; 2) la situation (liée à l'historicité heideggérienne), c'est-à-dire l'ancrage de cette conscience-néant, de ce Pour-soi, dans un certain monde sur lequel elle a prise, certes, mais par lequel aussi elle est prise. Ces deux concepts-clés, néant, situation, sont liés. Sartre arrive sur le front alsacien blindé d'idées pacifistes et stoïques, celles d'Alain dans *Mars ou la guerre jugée* : il acceptera la guerre, puisqu'il est impossible de faire autrement, mais, en dépit ou, mieux, à cause de cette acceptation extérieure, il se retirera dans la forteresse éthérée mais inexpugnable de sa liberté intérieure. Cette première solution lui semble très vite inopérante 1) parce que tout son acquis phénoménologique lui enseigne que l'intériorité n'existe pas ; 2) parce que, comme le lui fait remarquer Simone de Beauvoir, la conscience-refuge est une vision typique d'intellectuel, fort particulière, impossible à universaliser en termes de liberté humaine : comment un « berger des Cévennes », lui écrit-elle, pourrait-il adopter semblable attitude[2] ? Quand Sartre est atteint par une objection, il l'est en profondeur : se souvenant de cette remarque, il forgera, dans le second volume du « roman », *Le Sursis*, un personnage de berger réagissant en analphabète à sa mobilisation, Gros Louis. Mais surtout il ne cessera de creuser, au fil de toute son œuvre, l'impact de la *situation* : être né ici ou là, comme ceci ou comme cela, dans telle circonstance sociale, historique, familiale ; ce qui

---

1. Sartre a lu en 1938 le recueil de textes intitulé *Qu'est-ce que la métaphysique ?* (trad. fr. H. Corbin, Paris, Gallimard, 1938) et qui rassemble la conférence du même nom, « Hölderlin et l'essence de la poésie », « Ce qui fait l'essentiel d'un fondement ou raison », des extraits d'*Être et Temps* et de *Kant et le problème de la métaphysique*. Ce n'est cependant que durant sa mobilisation qu'il en comprit toute la portée : l'époque et la pensée de Heidegger, exposera-t-il dans le Carnet XI, se conjuguaient et se convenaient alors de façon que celle-ci rendît tout son sens.

2. Cf. *Carnets de la drôle de guerre*, *op. cit.*, p. 202.

revient à dire que la liberté humaine est double : facticité (composantes de la situation) et transcendance (reprise, néantisation, acceptation de cette facticité), chaque fois selon une équilibration variable des deux termes. «L'idée de rôle» dont parlait Simone de Beauvoir reçoit ainsi son soubassement théorique : jouer un rôle, c'est privilégier un des aspects de la liberté humaine en «oubliant» opportunément l'autre : Sartre jouant le stoïque se masque, au profit d'une pure transcendance néantisante, les inévitables inflexions que l'être-en-guerre imprime à sa liberté. Inversement, le caporal Paul, un de ses camarades de chambrée, toujours perdu dans l'affairement des menues tâches et corvées militaires, s'enfonce dans la facticité pour ne pas s'interroger sur le sens de la guerre[1]. Le souffrant qui veut souffrir «vraiment» s'enfouit tant qu'il le peut dans les profondeurs de son corps et tente d'oublier que jusque dans ses hurlements de douleur il est une part de comédie : il ne peut coïncider pleinement avec sa facticité souffrante, puisqu'il en est séparé par le rien qu'est sa conscience. L'authenticité, notion heideggérienne que Sartre est en train de faire sienne, lui apparaît au contraire comme la nécessité de tenir ensemble les deux aspects de la liberté humaine, facticité et transcendance, d'établir entre eux, écrira-t-il dans *L'Être et le Néant*, une «coordination valable».

Sartre a contaminé Mathieu de sa lucidité quant à l'hypertrophie quasi naturelle, chez le philosophe, de la lucidité, de sa tendance à passer sous silence la facticité, voire à la mépriser, de son incapacité à quelque abandon que ce soit. Pour s'en assurer, il suffit de recouper ces passages, les uns autobiographiques, extraits des *Carnets*, les autres romanesques, tirés de *L'Âge de raison* :

> Dès cette époque il régna dans mon esprit une clarté impitoyable, c'était une salle d'opération hygiénique, sans ombre, sans recoins, sans microbes, sous une lumière froide[2].
> Seulement, sais-tu ce que je crois ? [c'est Marcelle, la maîtresse enceinte de Mathieu, qui s'adresse à ce dernier] Que tu es en train de te stériliser un peu [...] Oh! Tout est net et propre chez toi; ça sent le blanchissage; c'est comme si tu étais passé à l'étuve. Seulement ça manque d'ombre. Il n'y a plus rien d'inutile, plus rien d'hésitant ni de louche [...]; tu as le goût de t'analyser[3].

---

1. Ces manipulations de la liberté par elle-même, exemptes de cynisme – sans quoi elles seraient assimilables au mensonge et le rôle serait joué sans conviction – seront nommées «mauvaise foi» dans *L'Être et le Néant*. Contrairement au mensonge, la mauvaise foi requiert d'être crue : il y a une foi de la mauvaise foi.
2. *Carnets de la drôle de guerre*, *op. cit.*, p. 560.
3. *L'Âge de raison* dans *Œuvres romanesques*, *op. cit.*, p. 402.

C'est vrai, je ne suis pas authentique. Tout ce que je sens, avant même de le sentir je sais que je le sens. Et je ne le sens plus qu'à moitié, tout occupé à le définir et à le penser. Mes plus grandes passions sont des mouvements de nerfs. Le reste du temps, je sens à la hâte et puis je développe en mots, je presse un peu par ici, je force un peu par là et voilà construite une sensation exemplaire, bonne à insérer dans un livre relié. Tout ce que les hommes sentent, je peux le deviner, l'expliquer, le mettre noir sur blanc. Mais non pas le sentir [1].

Je peux pas t'expliquer [Lola, amante de Boris, lui-même élève de Mathieu, parle au premier de son professeur] je le trouve austère, et puis si tu regardes ses yeux, on voit trop qu'il a de l'instruction, c'est le mec qui n'aime rien simplement, ni boire, ni manger, ni coucher avec les femmes ; il faut qu'il réfléchisse sur tout, c'est comme cette voix qu'il a, une voix coupante de monsieur qui ne se trompe jamais [2].

Cette implacable réflexivité est vécue par le créateur et sa créature comme, d'un certain point de vue, une amputation. Sartre rêve de Gauguin, Van Gogh, Rimbaud, qui ont su *se perdre*, Mathieu, visitant une exposition de tableaux de Gauguin en compagnie d'Ivich, la jeune sœur fantasque et mystérieuse de Boris, à laquelle il porte un amour malhabile, ressent douloureusement le mépris dont celle-ci l'accable. Pour elle, il est un dérisoire fonctionnaire de l'intelligence, impuissant face au peintre refermé sur son énigme :

Vis-à-vis de Gauguin, Van Gogh et Rimbaud j'ai un net complexe d'infériorité parce qu'ils ont su se perdre. Gauguin par son exil, Van Gogh par sa folie et Rimbaud, plus qu'eux tous, parce qu'il a su renoncer même à écrire [3].
— « En tout cas il n'y a qu'à le regarder sur sa toile… »
— « Eh bien ? »
— « Eh bien ! J'imagine qu'il ne doit pas y avoir beaucoup de ronds-de-cuir de son espèce. Il avait l'air… perdu […] Je parle du petit tableau où il est encore jeune : il a l'air capable de n'importe quoi. » Elle regarda le vide, un peu hagarde, et Mathieu sentit la morsure de la jalousie.
— « Évidemment, si c'est ça que vous voulez dire, je ne suis pas un homme perdu. »
— « Oh ! non, dit Ivich. » [4].

1. *Carnets de la drôle de guerre*, *op. cit.*, p. 342.
2. *L'Âge de raison*, *op. cit.*, p. 420.
3. *Carnets de la drôle de guerre*, *op. cit.*, p. 307.
4. *L'Âge de raison*, *op. cit.*, p. 475.

On remarquera cependant, aussi étroites que soient les similitudes entre l'auteur et son personnage, que le premier se diagnostique impitoyablement lui-même, mais ne prête pas cette aptitude au second, qui apprend ce qu'il est par les autres (ici Marcelle, Lola, Ivich). Quand Mathieu se rapporte solitairement à soi-même, le goût de son existence est plus proche de celui de Roquentin que de celui de Sartre : nauséeux, pessimiste, voire désespéré : «Exister, c'est ça : se boire sans soif. Trente-quatre ans que je me déguste et je suis vieux»[1]. Et il retourne aussitôt au pour-autrui.

> C'est comme ça qu'ils me voient, eux, Danielle, Marcelle, Brunet, Jacques : l'homme qui veut être libre [...]. Il veut être libre comme d'autres veulent une collection de timbres. La liberté, c'est sa petite connivence avec soi-même. Un type paresseux et froid, un peu chimérique mais très raisonnable au fond, qui s'est sournoisement confectionné un solide bonheur d'inertie et qui se justifie de temps en temps par des considérations élevées[2].

Sartre, lui, ne fait pas de distinction entre sa lucidité hyperbolique, son optimisme, sa croyance en un destin d'exception, son orgueil métaphysique : s'il ne cesse de monter sur ses propres épaules et de contempler «son homme», c'est-à-dire le Sartre qu'il était à l'instant précédent, c'est parce qu'il est sûr de s'en défaire et de *progresser* : «[Mon orgueil] est au cœur même de ce redoublement d'une conscience qui s'assume [...]. Voilà pourquoi je l'appelle métaphysique. À ce niveau-ci il ne diffère pas de mon optimisme ni de ma croyance en mon destin»[3]. Mathieu, lui, à la dernière ligne du roman, déguste «minute par minute, en connaisseur, une vie ratée»[4]. Sartre, qui dit de sa propre assurance réflexive, en toute simplicité, qu'«un tel absolu ne peut disparaître»[5], n'éprouve, corrélativement, jamais aucun remords[6] : s'est-il trompé, peu importe, puisque sa subjectivité erratique d'hier, négligeable dépouille, à présent abandonnée, ne concerne plus les certitudes de celle d'aujourd'hui, flèche tendue vers un avenir en perpétuel progrès. Si Mathieu semble, plus que son créateur, en proie aux lourdeurs de la situation et des situations, c'est précisément dans la mesure où chacune de ses décisions ou de ses indécisions lui occasionne des remords. La guerre d'Espagne? Ne pas être parti se battre est un

---

1. *L'Âge de raison, op. cit.*, p. 443.
2. *Ibid.*
3. *Carnets de la drôle de guerre, op. cit.*, p. 236.
4. *L'Âge de raison, op. cit.*, p. 729.
5. *Carnets de la drôle de guerre, op. cit.*, p. 236.
6. «Jamais je n'ai de remords», *ibid.*, p. 234.

remords[1]. Marcelle enceinte? L'épouser, à défaut de trouver l'argent nécessaire à un avortement opéré dans des conditions d'hygiène acceptables, est une possibilité, ne pas la réaliser est répréhensible. Aimer la jeune Ivich? C'est se comporter comme un vieux cochon. Ne pas répondre aux sollicitations de Brunet qui l'engage à se joindre au Parti Communiste? Même si Mathieu sait qu'en défilant, poing levé, et en chantant *L'Internationale*, il ne serait qu'un pantin sans conviction – que ce serait un rôle[2] – il en éprouve du regret. Bref, au contraire de Sartre, son personnage est relié par mille adhérences à ce dont il se défait, adhérences qui le déchireraient si seulement il avait quelque envergure tragique. Mais c'est un tiède.

LES PERSONNAGES, CES HOMONCULES

Le personnage construit par Sartre est, de la sorte, dépourvu de l'insolente force affirmative – celle-ci s'exerçât-elle par le biais du néant – qui caractérise son créateur. On peut, sur un point précis, évaluer le processus de transformation de l'auteur au personnage. Dans trois écrits différents, « Relecture du Carnet I »[3], « Journal des 10 et 11 juin 1940 »[4], « Journal de Mathieu »[5], mais de même contenu, puisqu'il s'agit à chaque fois de réfléchir sur la guerre, revient une phrase de structure identique : la guerre est à l'image de celui qui la fait. Sartre, relisant son premier carnet de guerre, en 1954 ou 1955, quand une nouvelle entreprise autobiographique, celle des *Mots*, se profile à l'horizon, écrit : « Je faisais une guerre à mon image : bourgeois, j'avais choisi mon arme par recommandation ; pacifiste, je l'avais prise pacifique, antimilitariste, je l'avais voulu faire comme simple soldat (antimilitariste *parce que* intellectuel), inapte à la vie

---

1. S. de Beauvoir, dans *La Force de l'âge*, *op. cit.*, p. 315, écrit : « De retour à Paris, en septembre, nous plongeâmes dans le drame qui pendant deux ans et demi domina toute notre vie : la guerre d'Espagne ». Il serait sûrement abusif de considérer ce drame comme indifférent à Sartre. Néanmoins, lorsqu'elle l'interroge sur ces années, en 1974, S. de Beauvoir obtient un laconique : « N'oubliez pas que jusqu'en 1937-1938, j'attachais une grande importance à ce que j'appelais alors l'homme seul. C'est-à-dire, au fond, l'homme libre dans la mesure où il vit hors des autres parce qu'il est libre et qu'il fait arriver des choses par sa liberté », *La Cérémonie des adieux*, *op. cit.*, p. 446.

2. Cf. *L'Âge de raison*, *op. cit.*, p. 525.

3. Dans *Les Mots et autres écrits autobiographiques*, *op. cit.*, p. 937 *sq.*

4. Dans *Les Mots et autres écrits autobiographiques*, *op. cit.*, p. 653 *sq.*

5. Dans *Les Temps Modernes*, n° 434, septembre 1982, p. 449-465.

physique, je la faisais dans l'auxiliaire »[1]. Le ton est précis, sec, concret, sans complaisance : Sartre se radiographie, se diagnostique, se décrit. Il abandonna la rédaction des *Carnets* en avril 1940, quand le pressentiment de la défaite lui intima de concentrer ses efforts d'écriture sur l'achèvement du roman. Fait prisonnier en juin 1940, il écrivit, dès qu'il fut libéré, au printemps 1941, un journal, reconstruit après-coup, de la débâcle et de l'arrivée au Stalag, à Trèves. Ces pages constituent à la fois une continuation des *Carnets de la drôle de guerre* – dont les protagonistes reviennent sous d'autres noms, mais où le diariste, anonyme, continue à être Sartre et non un «personnage» – et une préfiguration du troisième tome des *Chemins de la liberté, La Mort dans l'âme*, roman de la défaite, dont l'action débute le 15 juin 1940 (chute de Paris) et se termine le 29 juin, dans les camps de prisonniers. Les pseudonymes que Sartre a choisis dans les pages de journal resteront inchangés dans le roman, l'écriture en est beaucoup plus littérairement élaborée que celle des *Carnets*, rédigés au fil de la plume, sans ratures ni brouillons. Dans ces pages, on peut lire ceci : «Cette guerre est à l'image de notre vie, où l'on souffre de ne jamais souffrir assez »[2] : ici, Sartre livre une vérité générale, à teneur ontologique : la conscience, parce qu'elle est duelle – étant ce qu'elle n'est pas et n'étant pas ce qu'elle est, dira *L'Être et le Néant* – ne peut jamais se rejoindre elle-même, donc ne peut être souffrante comme un caillou est minéral. On l'a dit déjà : pour souffrir, il faut jouer la souffrance. Dans le «Journal de Mathieu», on peut lire ceci :

> Ma guerre est venue, elle était à mon image : abstraite et tiède, languissante comme mes désirs, perdue d'avance, et me voilà, tournant en rond dans une enceinte ronde, rentier toujours, nourri par une administration allemande, libre de former les pensées les plus folles, parce que les pensées, ici comme au lycée, n'engagent à rien[3].

Cette fois nous sommes dans le personnage, puisque le diariste de ces pages est nommé Mathieu Delarue. On voit la *Stimmung* : par rapport à la phrase de Sartre lui-même, autocritique, mais pleine d'alacrité, celle de Mathieu est lucide, certes, mais sur le mode du désabusement et d'un dégoût de soi qu'on n'entrevoit pas chez son auteur. La guerre à notre image, à mon image : une vérité concrète d'abord, une vérité théorique ensuite, enfin les sombres émanations d'une âme en peine («la mort dans l'âme»).

1. « Relecture du Carnet I », *op. cit.*, p. 938.
2. « Journal des 10 et 11 juin 1940 », *op. cit.*, p. 669.
3. « Journal de Mathieu », *op. cit.*, p. 463.

La sœur de Simone de Beauvoir, qui dactylographie les manuscrits de Sartre, et en 1939 celui de *L'Âge de raison*, se plaint à cette dernière, dans une lettre, du caractère « sinistre » des personnages qu'elle est ainsi forcée de côtoyer à longueur de temps. Heureusement que Sartre n'est pas pareil à eux, sans quoi sa vie serait un enfer, ajoute-t-elle. Celui-ci, averti de cette réflexion, note dans son Carnet XIV :

> Ça me donne à réfléchir : pourquoi Antoine Roquentin et Mathieu, qui *sont moi*, sont-ils, en effets, sinistres, alors que, mon Dieu, la vie ne se présente pas si mal pour moi ? Je pense que c'est parce que ce sont des homoncules. Par le fait, c'est *moi, à qui l'on aurait arraché le principe vivant* [...]. Dans toutes nos pensées, dans tous nos sentiments, il y a une composante de tristesse affreuse. Mais lorsque l'organisation interne est assurée par des principes synthétiques, cette tristesse est inoffensive ; elle se fond dans l'ensemble, comme l'ombre qui fait mieux ressortir la lumière. Si l'on extrait du mélange un principe directeur, les structures secondaires, jusque là asservies au tout, se mettent à exister pour elles seules [...]. C'est ce que j'ai fait. J'ai ôté à mes personnages ma passion maniaque d'écrire, mon orgueil, ma foi en mon destin, mon optimisme métaphysique et j'ai provoqué en eux, de ce fait, un pullulement sinistre. Eux, c'est moi décapité [1].

Ce « principe directeur » d'une existence, Sartre, lorsqu'il écrira les « biographies existentielles », le nommera « choix original », ou « projet original » : il a d'ailleurs posé les préliminaires de ce concept dans le même Carnet XIV, à propos de sa lecture de *Guillaume II*, par Emil Ludwig [2]. Le sens du pro-jet original y est déjà présent, mais Sartre ne l'articulera que dans *L'Être et le Néant*. Dans les biographies existentielles qui s'ensuivront, la « personne » n'est plus simplement « rôle » au sens péjoratif de ce terme, ainsi qu'il résultait de « La transcendance de l'Ego » : elle existe, elle est individualisée, et même si elle est jouée en quelque façon, ce jeu a une teneur ontologique, qui n'est pas nécessairement dévalorisante ni dévalorisée. La « personne » ainsi entendue est l'objet d'une enquête liée à la psychanalyse. Cependant la « psychanalyse existentielle » diffère de la psychanalyse freudienne [3]. Comme cette dernière, elle envisage la personne comme historialisation de soi ; toujours comme elle, refusant les donnés de la psychologie, elle s'engage dans la recherche de l'événement qui a suscité le devenir tel ou tel d'un individu. Mais cette enquête ne devra

---

1. *Carnets de la drôle de guerre, op. cit.*, p. 630-631.
2. *Ibid.*, p. 594.
3. Pour ce qui suit, cf. *L'Être et le Néant*, Paris, Gallimard, 1943, p. 643.

s'arrêter que face à un terme à la fois irréductible et transparent, qui nous illumine d'une évidence intuitive quant à ce qu'est la «subjectivité absolue» de la personne. Or, dit Sartre, la psychanalyse freudienne se bute sur le terme opaque de *libido*, auquel elle confère arbitrairement la dimension de commencement. Il n'est certes pas question d'effacer la contingence du commencement, d'en affirmer la nécessité; puisqu'il s'agit d'un vécu pré-logique, il ne peut être déduit, mais seulement rencontré. En revanche, il importe que cette contingence s'annonce d'elle-même comme contingence et ne soit pas décrétée de l'extérieur. Bref, qu'elle soit à elle-même la lumière de son propre mystère, selon la formule par laquelle Sartre remplace l'inconscient: mystère en pleine lumière. Seul un choix premier peut répondre à cette exigence: contingent, il l'est, parce qu'il n'est choix que parce qu'il aurait pu se choisir autrement; et intelligible, il l'est parce qu'il n'a pu se choisir ainsi plutôt qu'autrement qu'en se donnant les raisons, les motifs qui réduisaient à néant cette liberté d'indifférence et l'engageaient totalitairement dans l'organisation du monde selon les paramètres de *tel* choix. Ce choix premier n'est pas transcendant par rapport à la multiplicité des choix empiriques, il n'est rien d'autre que ceux-ci que pourtant il enveloppe et auxquels il donne unité.

SARTRE-POULOU ET FLAUBERT-GUSTAVE

Le choix original de Sartre, c'est sans doute l'optimisme: dans une interview accordée à Pierre Verstraeten, il l'énonçait en tout cas comme une évidence constitutive de lui-même, infondée autant qu'irréfutable et fondatrice: «Ce qu'il y a de moins fondé, chez moi, c'est l'optimisme: la réalité de l'avenir. Je l'ai, cet optimisme, mais je ne pourrais pas le fonder»[1]. Dans *L'Être et le Néant*, le choix original n'est pas spécialement rapporté à l'enfance. Quoique Sartre ait déjà écrit «L'enfance d'un chef»[2], la pleine ampleur de l'enfance dans l'auto-élaboration d'une personne ne lui est pas encore apparue explicitement. C'est à partir de 1957 et de *Questions de méthode*, texte où, déjà engagé dans le long chantier autobiographique qui aboutira à *Les Mots*, il entend établir les rapports de l'existentialisme et du marxisme, qu'il reproche à ce dernier de ne prendre en considération l'individu qu'à partir du jour où il touche son premier

1. J.-P. Sartre, «Je ne suis plus réaliste», *Gulliver*, n° 1, 1972, p. 44.
2. Nouvelle parue dans *Le Mur*, dans *Œuvres romanesques*, *op. cit.*

salaire : c'est bien avant, bien plus tôt, dit-il, c'est dans les blessures et les nœuds de l'enfance, dans les violences et l'amour du premier dressage, dans l'égarement de la bête dressée, que se noue le fondamental[1].

Sartre, dans *L'Idiot de la Famille*, postérieur à *Les Mots*, consacre plus de 1700 pages à la jeunesse de Flaubert, depuis les premiers mois du nourrisson mal aimé que fut «Gustave» jusqu'au début de sa carrière de *minus habens* s'inscrivant à la Faculté de Droit – celle de Médecine, la seule qui vaille, étant réservée à l'aîné Achille, le véritable héritier. Sont abordées successivement la «constitution», puis la «personnalisation», c'est-à-dire respectivement l'exposé de la situation, puis de la compréhension qu'en produit Flaubert. Sur sa propre enfance, dans *Les Mots*, Sartre fut incisif et au contraire très bref. Ces deux enfances diamétralement opposées (et pas seulement par le «format»), celle de Poulou, celle de Gustave, se recoupent, en filigrane, dans des pages de la *L'Idiot de la famille* sur la personnalisation de Flaubert. L'amour filial et parental au sein d'une famille bourgeoise, dit Sartre dans ce passage, est toujours en quelque façon comédie, «montre». Et l'on se souvient alors des *Mots* :

> Tout le monde se récriait : «Ce garnement [Poulou] l'a [le grand-père Schweitzer] rendu fou!» Il m'adorait, c'était manifeste. M'aimait-il? Dans une passion si publique, j'ai peine à distinguer la sincérité de l'artifice [...]. Nous jouions une ample comédie aux cents sketches divers : le flirt, les malentendus vite dissipés, les taquineries débonnaires et les gronderies gentilles, le dépit amoureux, les cachotteries tendres[2].

L'enfant joue l'emportement aimant, singe les attitudes que les adultes attendent de lui. Mais quand ceux-ci lui réciproquent la «montre» d'amour, quand ils «couvrent de caresses le petit cabotin, le rôle tend à disparaître : tout se passe dans la vérité intersubjective du vécu familial [...]. Bien accueillies, les mimiques enfantines s'ignorent : elles se dépassent vers leur fin qui est la réponse de l'être aimé»[3]. Ainsi jouée, la comédie n'est un qu'un passage vers la réalité de l'amour, de proche en proche vers l'apprentissage du monde ; l'enfant, lesté de confiance en soi et en l'avenir, se personnalisera sous le signe de l'optimisme. Le cas échéant, cet optimisme sera assez inébranlable pour que l'adulte dans sa maturité, fils d'un enfant protégé par mille bonnes fées propices à l'éclosion de son

---

1. *Cf.* J.-P. Sartre, *Questions de méthode*, dans *Critique de la raison dialectique*, t. I, *Théorie des ensembles pratiques*, Paris, Gallimard, 1960, réed. 1985, p. 56.

2. *Les Mots*, *op. cit.*, p. 11-12. *Cf.* également «L'enfance d'un chef», dans *Le Mur*, *op. cit.*, p. 314-320.

3. J.-P. Sartre, *L'Idiot de la famille*, I, Paris, Gallimard, 1971, réed. 1988, p. 674.

génie, déchire cette enfance à belles dents (*Les Mots*, précisément) et regarde sereinement les produits de sa plume se dépouiller de toute magie :

> Je réussis à trente ans ce beau coup : décrire dans *La Nausée* – bien sincèrement, on peut me croire – l'existence injustifiée, saumâtre de mes congénères et mettre la mienne hors de cause. *J'étais* Roquentin, je montrais en lui, sans complaisance, la trame de ma vie ; en même temps, j'étais *moi*, l'élu, annaliste des enfers, photomicroscope de verre et d'acier penché sur mes propres sirops protoplasmiques [1].

Autrement dit, un homme aussi surabondamment doté d'amour, du même coup de foi en ses entreprises, donc de réussites, pouvait concevoir sans s'inquiéter de sinistres homoncules, des personnages atrophiés – cela n'entame en rien la puissance littéraire de ces créatures ni leur force révélante, mais cela éclaire le rapport qu'entretenait avec elles leur créateur.

Pour Flaubert, ce sera l'inverse. Gustave est un mal aimé : il naît d'une mère qui, ayant désiré et attendu une fille, soignera avec compétence et froideur ce nouveau-né au sexe malvenu et ne l'initiera pas aux premiers sourires, aux caresses et gazouillis de la tendre enfance : satisfait dans ses besoins immédiats, abandonné pour le reste, c'est-à-dire pour tout ce qui prépare à l'intersubjectivité humaine, jamais sollicité, stimulé, encouragé, le petit Gustave est réduit à l'impuissance, noyé dans la contingence de l'existence, dans la fadeur d'une facticité qu'on ne lui a pas appris à dépasser ; il reporte tout son amour sur son père, le médecin Achille-Cléophas, notable de Rouen et chef de famille au sens le plus fort de ces mots ; celui-ci accueille d'abord cet amour avec la bienveillance qu'un seigneur peut porter à son vassal, puis coupe brutalement court aux effusions en s'apercevant de « l'idiotisme » de son fils cadet, c'est-à-dire de ses difficultés à apprendre l'alphabet. Au lieu de s'effacer en débouchant sur le réel et de préparer le terrain de l'action, la comédie de l'amour se met alors à tourner à vide, l'enfant en friche n'a d'autre choix que l'imaginaire. Aucune réciprocité ne l'ancre plus dans le réel, il est éminemment douteux pour lui-même, son être même est aux mains des autres tout comme, quelques années plus tôt, son corps de nourrisson fut manipulé sans rudesse mais sans tendresse par les mains expertes de sa mère : « Cabotin ! Renvoyé à lui-même, c'est-à-dire à la non-vérité, Gustave découvre avec stupeur son irréalité » [2]. Son choix originel sera à la fois celui du pathos (il subit) et de

1. *Les Mots, op. cit.*, p. 137.
2. *L'Idiot de la famille*, I, *op. cit.*, p. 676.

l'imaginaire (muette adresse au père : tu m'as anéanti, très bien, je serai irréel). D'où sa tentation, dès huit ans, d'être acteur : « chacun joue à être ce qu'il est. Mais Kean, lui, joue à être ce qu'il n'est pas et ce qu'il sait ne pas pouvoir être » [1]. Gustave joue des pièces pour et avec sa sœur Caroline ; à dix ans, son répertoire est d'au moins « trente pièces » [2] ; les personnages qu'il incarne justifient et fixent son irréalité constitutive : ils existent plus que lui, ils ont une *Selbständigkeit*, ils sont écrits dans les livres, leurs paroles sont établies et il suffit de les apprendre par cœur, les adultes les connaissent et les reconnaissent. Surtout, il crée, quelque quatre ans plus tard, son propre rôle, surgi de son obscur mal-être, qu'il approfondit et dont il le protège tout à la fois : il invente avec ses camarades de collège, contre eux et pour eux indissolublement, un personnage qu'il jouera toute sa vie et qui est aux antipodes de sa subjectivité en carence, en déshérence : le Garçon ; un personnage qui n'est pas de littérature et que Sartre nomme « la *persona* de Flaubert » [3], c'est-à-dire en même temps son choix, son masque, sa vérité. Le Garçon, c'est la transmutation des petits échecs scolaires de Gustave, des difficultés dans ses relations avec des condisciples qui le moquent, de sa déficience ressentie par rapport à son aîné Achille qui l'a précédé sur les mêmes bancs, en naufrage cosmique, en « désastre absolu et métaphysique » [4]. Le Garçon précède et désamorce les rires des moqueurs en riant de lui-même devant eux, mais d'un rire qui est bien plus que leur rire, d'un rire « hénaurme » qui les englobe, qui rit de tout, de la piteuse et haïssable espèce humaine et du pire, destin obligé de l'univers. Flaubert, adolescent déjà, était d'une complexion physique anormalement robuste : eût-il été doté du sens de l'action et de la riposte, il lui aurait suffi de rosser ses tourmenteurs pour les faire taire. Puisqu'il n'a aucune assurance, il lui faudra de la rouerie ; puisque son élément est l'irréel, le stratagème sera imaginaire. Le personnage du Garçon, gargantuesque, homérique, déme-suré, géant, débordant, scandaleux, farcesque, éructant, tonitruant, convul-sif, frénétique, vulgaire, vomissant injures, bouffonneries scatologiques ou sadiques, rires telluriques, *n'agit pas* : il est la fiction d'un médium en proie à des forces qui dépassent tout, il s'empare de celui qui l'incarne avec une violence cyclonique mais tout imaginaire. Il est non seulement un piège efficace où sont entraînés les condisciples de Gustave – ils participent à l'élaboration du Personnage, ils rient non plus de leur condisciple, mais du

1. *L'Idiot de la famille*, I, *op. cit.*, p. 664.
2. *Ibid.*, p. 776.
3. *Ibid.*, p. 774.
4. *L'Idiot de la famille*, II, *op. cit.*, p. 1182.

Garçon, avec le Garçon, mieux encore, ils rient du rire du Garçon – mais aussi la texture même de sa personne, le sens de son rapport à autrui. Le choix originel de Gustave, c'est passivité, pessimisme, insuffisance d'être. « Je est un autre », c'est là la vérité de toute conscience, la déhiscence ontologique qui lui interdit de coïncider avec elle-même et, plus avant, l'inévitable aliénation que constitue l'être-pour-autrui (je ne suis pas pour moi l'objet que je suis pour l'autre). Outrepassant cette loi générale de la conscience, la formule qui rend compte de la personne de Gustave est la suivante : « *L'Autre est moi* »[1]. Ou encore : je suis un Il, une troisième personne du singulier, dont les autres ont la propriété, disposent, discourent à leur guise. Le Garçon est la réalisation de cet Il, c'est-à-dire l'irréalisation assumée de Gustave. Oublié depuis longtemps par ses ex-condisciples, ce personnage est encore l'armure de Flaubert quand il quitte Croisset pour les salons littéraires parisiens. Les frères Goncourt s'en font l'écho dans leur *Journal*. Sartre commente :

> Il est plaisant d'imaginer la tête de Jules et d'Edmond quand ils ont reçu cette invitation (à la lecture de *Salammbô*) : « 1° Je commencerai à hurler vers quatre heures juste. Donc venez vers 3. 2° À sept heures, dîner oriental. On vous servira de la chair humaine, des cervelles de bourgeois et des clitoris de tigresse sautés au beurre de rhinocéros. 3° Après le café, reprise de la gueulade punique jusqu'à crevaison des auditeurs »[2].

***

Qu'est-ce qu'une personne ? Qu'est-ce qu'un personnage ? Quels sont, pour l'écrivain, les rapports qui les unissent, les dissensions qui les séparent ? Un trop facile chiasme ressort de ce qui vient d'être exposé : Poulou, le merveilleux enfant choyé, accouche, adulte et optimiste, d'homoncules non viables ; Gustave, l'idiot de la famille, le *minus habens* qui a choisi, par orgueil négatif, de toujours déchoir, ne se meut dans la vie que doublé d'un géant inhumain et truculent qui confond l'espèce et le monde dans un égal mépris. Mais, au-delà de cette comparaison entre deux enfances et deux types de personnages, un itinéraire a été parcouru. Les choses ont beaucoup changé depuis l'époque de *La Transcendance de l'ego*, où il n'y avait pas d'intermédiaire entre le champ transcendantal

---

1. *L'Idiot de la famille*, I, *op. cit.*, p. 772.
2. *L'Idiot de la famille*, II, *op. cit.*, p. 1241.

impersonnel irréfléchi (seul ontologiquement réel) et le «rôle» (valant aussi bien pour la personne que pour le personnage et dénué de consistance ontologique) : la personne, à présent, c'est un certain état du processus de retotalisation de l'existence, elle-même unité perpétuellement menacée et effondrée ; cette retotalisation est suscitée en permanence par les effondrements détotalisateurs, c'est-à-dire par les événements neufs ou éléments perturbateurs dont elle s'engrosse en les intégrant à partir des présuppositions notionnelles et affectives antérieures ; dans cette boule de neige qui roule sur elle-même en augmentant sans cesse de volume – la métaphore est de Sartre[1] – l'imaginaire, la comédie, le truquage, le réel, la praxis, se distribuent et se combinent de façon variable en fonction du choix originel, les transformations affectent soit le tout de façon à ce qu'il synthétise et rattrape les stimuli désintégrateurs, soit une ou des parties, en un réaménagement qui réduit les contradictions ; soit encore le *statu quo* sera maintenu, c'est-à-dire le danger (le «*stress*», écrit Sartre) activement *oublié* : cette dernière voie est celle de l'irréalisation. La personne «n'est à chaque instant que le résultat *dépassé* de l'ensemble des procédés totalisateurs par lesquels nous tentons continuellement d'assimiler l'inassimilable, c'est-à-dire au premier chef notre enfance»[2]. Ces longs développements théoriques sur la personnalisation, dont on n'a donné ici qu'un bref aperçu, étaient en réalité déjà compris dans *Les Mots*, quand Sartre, après les impitoyables dénonciations de ses comédies, concluait : «Du reste, ce vieux bâtiment ruineux, mon imposture, c'est aussi mon caractère. On se défait d'une névrose, on ne guérit pas de soi»[3]. Conclusion dont on ne saura jamais si elle exprime davantage un regret qu'un soulagement, ou l'inverse. La boule de neige en tout cas continuera à rouler et la plume à courir, l'œuvre s'augmentant de *L'Idiot de la famille*, livre aussi démesuré que le Garçon auquel il fait une large place.

Juliette SIMONT
Maître de recherche F.R.S.-FNRS
Université Libre de Bruxelles

1. *L'Idiot de la famille*, I, *op. cit.*, p. 654.
2. *Ibid.*, p. 656.
3. *Les Mots*, *op. cit.*, p. 138.

LES IMAGES DU SUJET
CINÉMA ET THÉÂTRALITÉ
SELON JOSEPH L. MANKIEWICZ

Les idées reçues sur le cinéma hollywoodien classique (des origines à 1960, plus ou moins[1]), les historiens du cinéma et les études cinématographiques semblent s'accorder aujourd'hui encore pour reconnaître au réalisateur, scénariste et producteur Joseph L. Mankiewicz une place singulière. Celle-ci n'est pourtant pas toujours enviable, tant le respect distant s'apparente souvent à de l'indifférence. Il faut dire que Mankiewicz n'est pas pour rien dans cet étrange destin. Réalisateur et scénariste multi-oscarisé[2], il a pourtant affecté, dès 1951, de prendre ses distances par rapport à Hollywood, quittant Los Angeles pour New York. À une époque où l'on fait encore bien plus souvent le trajet en sens inverse, cet éloignement géographique est une semi-rupture. Mankiewicz tient encore à mettre en scène à Hollywood, mais un film par an, qu'il écrira à New York, considérant que Los Angeles ne peut que tuer l'inspiration : « Il n'y aucun endroit alentour où il est possible à ce peuple du film de stimuler son esprit. Je pars à l'Est »[3]. Mais au-delà de ce ressourcement de la création cinématographique, Mankiewicz vise aussi et surtout à se rapprocher du monde du théâtre qui l'attire et le fascine depuis de nombreuses années, lui qui fut un brillant auteur de scénarii avant de devenir réalisateur. Les distances prises avec l'industrie hollywoodienne ont donc une raison et un enjeu

---

1. À ce propos, *cf.* le très bel ouvrage de P. Berthomieu, *Hollywood classique. Le temps des géants*, Pertuis, Rouge Profond, 2009.
2. Il reçoit coup sur coup les oscars de la meilleure mise en scène et du meilleur scénario pour *Letter to Three Wives* en 1950 et pour *All About Eve* en 1951.
3. Cité par P. Brion, dans *Joseph L. Mankiewicz. Biographie, filmographie illustrée, analyse critique*, Paris, La Martinière, 2005, p. 97.

esthétique : « Je ne prédis rien, je peux me casser la figure, mais je pense que je peux apporter quelque chose au théâtre. Jusqu'ici, le trafic s'est fait de Broadway vers Hollywood, je pense qu'il est temps qu'il se fasse en sens contraire »[1]. Ce n'est pas Broadway qui lui ouvrira d'abord les portes, mais bien le Metropolitan Opera, où il met en scène *La Bohème* de Puccini en décembre 1952. Cependant, la carrière théâtrale de Mankiewicz, entre productions et projets avortés, ne s'épanouira jamais. Lui-même confessera un malaise dans son rapport à la scène : « J'adore le théâtre. J'adorerais écrire pour le théâtre, j'ai des notes pour une demi-douzaine de pièces, mais, encore une fois, c'est un blocage étrange. Je suppose que j'ai peur d'être rejeté, mais je travaillerai pour le théâtre »[2]. Dans l'interview-fleuve qu'il donne en 1983 à Michel Ciment, il confesse sa passion pour le théâtre londonien du XVIIIe siècle et son projet d'écrire un ouvrage sur les comédiennes de théâtre. Mais son ultime contribution à l'art théâtral sera la brillante adaptation de la pièce *Sleuth* (*Le limier*, 1972), son dernier… film !

LE THÉÂTRE DE JOE

C'est donc au monde du cinéma, et même au classicisme hollywoodien, que Mankiewicz n'a cessé d'appartenir, bien plus que d'autres réalisateurs célèbres qui avaient d'abord profondément marqué la scène théâtrale américaine, comme Orson Welles ou Elia Kazan. La relation si particulière de Mankiewicz au théâtre lui aura valu la réputation d'un intellectuel égaré à Los Angeles, d'avoir été le réalisateur le plus intelligent d'Hollywood, de n'avoir jamais eu tout à fait sa place dans l'industrie culturelle, d'avoir été un « résistant de l'intérieur ». Tout cela est sans doute vrai, mais il n'en reste pas moins que son œuvre est de part en part cinématographique et même, malgré la nuance d'une éphémère société de production propre (*Figaro Inc.*), purement hollywoodienne. En fin de compte, le foyer de l'œuvre de Mankiewicz est *la théâtralité au cinéma*, et peut-être même la théâtralité *du* cinéma. Pour se convaincre, sinon encore de la pertinence, mais au moins de l'efficacité heuristique de cette affirmation, il suffira de se référer à l'œuvre de Mankiewicz qui prétend mettre en scène le plus directement le monde du théâtre, *All About Eve* (*Eve*, 1950). Le réalisateur et scénariste y met en scène tous les personnages participant, directement

1. P. Brion, *Joseph L. Mankiewicz, op. cit.*, p. 101.
2. *Ibid.*, p. 137-140.

ou indirectement, à la représentation scénique : l'auteur de pièces à succès, sa vedette de prédilection, le metteur en scène, le critique de théâtre et la « fan »… Dans une scène fameuse, le metteur en scène, Bill Sampson (interprété par Garry Merril) s'emporte face à la passion théâtrale de la « fan » (Eve Harrington, interprétée par Anne Baxter), exprimée avec trop de naïveté à son goût :

> Le théâtre ! Le théâtre ! Quel code stipule qu'il n'existe que dans des lieux affreux entassés sur 1 km² à New York ? Ou Londres, Paris ou Vienne ? Vous savez ce qu'est le théâtre ? Un cirque de puces. L'opéra, les rodéos, les carnavals, les ballets, les danses indiennes, un homme-orchestre, tout cela, c'est du théâtre. Là où il y a de la magie, un public qui y croit, il y a du théâtre. Donald Duck, Ibsen, le Ranger solitaire, Sarah Bernhardt, Poodles Hanneford, Lunt & Fontanne, Betty Grabble, Rex, le cheval sauvage, Eleonora Duse. […] Tout cela, c'est du théâtre. Vous ne les comprenez pas, vous ne les aimez pas tous ? Le faut-il ? Le théâtre est pour tous, dont vous, mais pas seulement vous. N'approuvez pas, désapprouvez. […] Ce n'est peut-être pas votre théâtre, mais c'est celui de quelqu'un d'autre. […] On est si bourgeois dès qu'on parle de théâtre. Parfois, je ne supporte plus [1].

Bill Sampson vient de jouer une superbe tirade de théâtre, sans être interrompu, ni par Eve, ni par le montage lui-même : il est filmé en un plan-séquence, sans coupure, sans le moindre plan d'insert sur son maigre public. Dans l'interview donnée à Michel Ciment, Mankiewicz concède bien volontiers que dans tous ses films, un personnage est son porte-voix, et il ne fait aucun doute que tel est le rôle du metteur en scène Bill Sampson dans *Eve*[2]. Celui-ci est sur le point de partir à Hollywood, pour y exercer son art de la théâtralité à travers un autre médium.

Au-delà de la polymorphie du théâtre, c'est bien la théâtralité en elle-même, y compris dans ses formes sociales, qui occupe Mankiewicz. L'espace scénique et la représentation théâtrale ne constituent alors que le foyer d'une interrogation anthropologique, sociologique et philosophique plus large, comme l'a très bien vu Vincent Amiel : « La scène dramatique oblige en effet à poser la question des statuts, des fonctions, des rôles. Elle

---

1. *All About Eve* (*Eve*, 1951), 21'25"-22'40".
2. Il est vrai que, sur la proposition de M. Ciment, c'est explicitement au critique de théâtre Addison DeWitt (Georges Sanders) que Mankiewicz attribue cette fonction, sans s'appesantir. Nous ne pensons pas que cette assertion résiste à l'analyse du film, et nous la mettons donc sur le compte d'une mémoire défaillante (l'interview a lieu plus de trente ans plus tard) et des conditions de l'échange rythmé entre Mankiewicz et Ciment.

oblige à traiter de la distinction des états »[1]. Toute l'œuvre de Mankiewicz est traversée par cette angoisse de la représentation – de son faire, de son efficace, de sa performance, de sa dissimulation. La théâtralité en soi est mise en scène par son œuvre cinématographique.

Ceci appelle deux remarques complémentaires, mais qui n'en sont pas moins décisives et qui vont déterminer très précisément la suite de notre propos. Tout d'abord, l'inquiétude fascinée de la représentation dans l'art de Mankiewicz est étroitement liée à la performance de l'acteur – plus précisément encore : de l'actrice. Elle et lui prennent en charge toutes les ambiguïtés, les tensions, les errances de la fictionnalisation, de la création et du faux-semblant. Plus qu'une mise en abyme structurelle de l'art de la représentation, Mankiewicz confie au personnage de l'acteur la tâche d'expérimenter, pour son art en train de se faire, ce que cela signifie que de jouer, de représenter, de feindre. L'acteur (l'actrice) de Mankiewicz représente la tension même entre la personne et le personnage, que ce soit pour jouer la dissolution de l'une dans l'autre ou pour affirmer la matière brute d'une subjectivité tentant (désespérément ?) de s'opposer à sa réduction représentationnelle. Cela est possible parce que, la théâtralité étant l'enjeu ultime de son art cinématographique, tous ses personnages sont eux-mêmes des acteurs, dans l'écart avec leur subjectivité ou dans l'affrontement avec celle-ci.

Ensuite, nous devons prendre la pleine mesure de ce fait élémentaire : c'est à travers l'image cinématographique que Mankiewicz veut saisir la théâtralité en général, et seulement à travers elle – quoiqu'il en soit des projets, d'ailleurs avortés, d'inscription de son art dans l'espace concret de la scène théâtrale. Son esthétique de la théâtralité est dès lors bifrons. D'une part, elle doit permettre de saisir ce qu'est la constitution même de l'image cinématographique et contribuer ainsi, à la fois, à la détermination de l'enjeu ultime de la création au cinéma et à une déconstruction critique de l'industrie culturelle. D'autre part, elle cherche à comprendre et à révéler à même l'image un modèle social dominant.

D'une part, d'autre part… : cette distinction est cependant quelque peu artificielle, car ce qui nous importe ici, c'est que Mankiewicz prétend bien atteindre à une saisie de la théâtralité la plus générale (dans ses dimensions

---

1. V. Amiel, *Joseph L. Mankiewicz et son double*, Paris, PUF, 2010, p. 70-71. Les propos tenus par Mankiewicz à M. Ciment, en conclusion de l'interview de 1983, confirment cette fois l'analyse : « ce que j'aime le plus au monde : le théâtre, le théâtre dans lequel nous vivons, le théâtre que nous projetons à l'écran et celui que nous représentons sur scène. Et le théâtre de la vie quotidienne, fait de conflits et de rapports entre les hommes et les femmes ».

anthropologique, sociologique, philosophique) *par* l'image cinématographique. Prétention aveugle, déformation professionnelle? Non pas : lucidité sur ce qu'est l'art classique hollywoodien auquel il appartient, pour le meilleur et pour le pire. Alors que Mankiewicz réalise ses premiers films (*Dragonwick*, 1946; *Somewhere in the Night*, 1946; *The Late George Appley*, 1947; *The Ghost and Mrs. Muir*, 1947; *Escape*, 1948), Adorno et Horkheimer écrivent et publient leur *Dialectique de la raison*, dont l'un des chapitres est consacré à «La production industrielle de biens culturels»[1] (*Kulturindustrie*). Les auteurs s'engagent dans une critique acerbe du cinéma hollywoodien de l'époque, une critique souvent affaiblie par les excès de la polémique et la méconnaissance de la pluralité des voies de création à Hollywood, des tensions internes au «système», des audaces formelles de certains réalisateurs majeurs. Les excès de ces pages ne les empêchent cependant pas d'entrer directement en écho avec les réserves souvent exprimées et saisies à l'image par Mankiewicz. Selon Adorno et Horkheimer, l'industrie culturelle (cinéma, radio, magazines) forme une totalité, un système, garantissant une «uniformisation du style» et par là une «constante uniformité»[2] de la culture de masse. L'identité de la production devient un facteur économique décisif qui assure une rentabilité de l'objet culturel diffusé auprès des masses. Certes, les variations sont nécessaires, mais dans les limites d'un désir de nouveauté qui se satisfait de reconnaître *à nouveau* du bien connu :

> L'obligation permanente où [l'industrie culturelle] se trouve de produire sans cesse de nouveaux effets qui restent pourtant conformes à l'ancien modèle, sert uniquement, comme une règle supplémentaire, à augmenter le pouvoir des conventions auxquelles chaque effet aurait tendance à échapper. Tout porte si profondément la même estampille, que rien ne sort plus des usines de la culture sans révéler au départ les traces du même jargon et sans attirer l'approbation à première vue[3].

L'indifférenciation (selon les auteurs) entre les studios hollywoodiens, le système des genres cinématographiques et surtout le «star system» contribuent à la puissance systématique de cette uniformisation : «les grandes vedettes, qu'elles produisent ou qu'elles reproduisent, seront celles qui parlent ce jargon aussi facilement, aussi librement et naturelle-

---

1. *Cf.* M. Horkheimer et Th. W. Adorno, *La dialectique de la raison*, trad. fr. E. Kaufholz, Paris, Gallimard, 1974, p. 129-176.
2. *Ibid.*, p. 143.
3. *Ibid.*, p. 137.

ment »[1]. En fin de compte, les productions de l'art de masse sont parfaitement interchangeables, elles revêtent la forme-marchandise et achèvent ainsi de nier la pertinence et la force de l'individuation, y compris dans la réception du spectateur : « Le consommateur devient l'alibi de l'industrie du divertissement aux institutions de laquelle il ne peut échapper. [...] Tout est perçu sous ce seul aspect : pouvoir servir à autre chose, même si cet autre chose est aussi vague que possible. Tout objet n'a de valeur que comme objet d'échange et n'a aucune valeur en soi »[2]. Ce règne de la forme-marchandise signifie donc, en dernière instance, une uniformisation du public lui-même. La « masse » est formée par la production industrielle de biens culturels, et l'individuation est étouffée chez le spectateur comme elle l'est dans l'acte de la « création » et de l'interprétation :

> Dans les visages des héros de cinéma ou des personnes privées, qui sont tous confectionnés sur le modèle des couvertures de magazines, une apparence à laquelle nul ne croyait d'ailleurs plus disparaît et la popularité dont jouissent ces modèles se nourrit de la secrète satisfaction éprouvée à l'idée que l'on est enfin dispensé de l'effort à accomplir en vue de l'individuation, parce que l'on n'a plus qu'à imiter, ce qui est beaucoup moins fatigant[3].

Encore une fois, on peut regretter que la critique de Horkheimer et Adorno fasse elle-même système avec la force d'une idéologie paradoxale. Mais il n'en reste pas moins que nous retrouvons certains de ses éléments dans le cinéma critique de Mankiewicz, avancés avec plus de nuances, sans être moins acerbes pour autant. Nous verrons notamment que la réflexion de Mankiewicz sur le processus de starification qui mêle personne, personnage et acteur, est très riche dans son écho même avec le point de vue de la *Dialectique de la raison*. Mais nous devons surtout noter dès à présent que si la désindividuation relève d'une homologie structurelle du côté de la production et du côté de la réception, la co-implication des théâtralités cinématographique et sociale en devient pour ainsi dire naturelle. C'est parce que le cinéma est une culture de masse que sa théâtralité interne est la plus directement en prise sur la théâtralité sociale. Il ne s'agit pas d'une analogie accidentelle ou arbitraire, mais d'une manifestation à même l'industrie culturelle de cela qu'elle produit, confirme ou généralise. Et Mankiewicz d'explorer dans le même mouvement ces deux théâtralités

---

1. M. Horkheimer et Th. W. Adorno, *La dialectique de la raison*, *op. cit.*
2. *Ibid.*, p. 167.
3. *Ibid.*, p. 164.

d'une même essence parce qu'il fait l'expérience de la puissance universalisante de l'image cinématographique.

Cependant, et enfin, il ne faut pas perdre de vue que Mankiewicz développe ainsi une analyse *en image*, et *immanente à l'image*, de l'image elle-même et de sa théâtralité. La richesse de sa création est de se montrer elle-même jeu théâtral, de le confirmer donc, mais tout en suspendant l'univocité de la critique externe d'Adorno et Horkheimer. La mise en abyme de la théâtralité cinématographique ne la disqualifie pas, mais la redouble de son interrogation pour le coup individuante ou créatrice.

On ne s'étonnera pas, dès lors, que, dans l'interview avec Michel Ciment, Mankiewicz préfère parler de son art de réalisateur comme d'un art de l'*interprétation*, plutôt que d'un art de création, le rapprochant par là essentiellement de l'art des acteurs qu'il dirige. La théâtralité réaffirmée de l'image cinématographique se dit par l'homologie avec la performance de l'acteur. De fait, nous pourrons constater dans les analyses qui suivent comment deux de ses films les plus justement célèbres, *All About Eve* et *The Barefoot Contessa* (*La comtesse aux pieds nus*, 1954) font reposer sur le personnage de l'actrice l'édifice cinématographique et social (et social *parce que* cinématographique) de la théâtralité.

LES MIROIRS D'EVE

All About Eve apparaît de prime abord comme un film consacré à l'art théâtral et à son milieu. Il s'ouvre sur la remise d'un prix à une jeune comédienne dont l'histoire nous est ensuite contée en plusieurs flashback, commenté *off* par trois narrateurs différents, internes à l'action : le critique Addison DeWitt, l'épouse de l'auteur, Karen Richards (Celest Holm), et la « vedette » Margo Channing (Bette Davis). Souvent, les critiques ont voulu y voir, tout naturellement, l'expression de la fascination de Mankiewicz pour le théâtre et, en creux, un certain mépris pour un art cinémato-graphique tenu pour inférieur. Il est vrai que les saillies délivrées contre le monde hollywoodien y sont nombreuses. Depuis l'ironie sur la cérémonie de remise des oscars, entourée d'un sensationnel et d'une « publicité douteuse » auxquels échapperait le « Sarah Siddons Award » décerné à Eve Harrington, jusqu'à l'évocation du risque encouru par le metteur en scène Bill Sampson en se rendant à Los Angeles pour se frotter à l'industrie du cinéma, en passant par la star hollywoodienne en visite chez Margo et dont nous ne verrons que le manteau de fourrure racoleur, Mankiewicz semble en effet se plaire à accuser le contraste entre l'Est et l'Ouest comme entre l'art et l'industrie.

Pourtant, force est de constater que le cinéma n'est pas seul à faire les frais de cette ironie. De manière plus acerbe encore, la télévision est moquée comme une sous-production indigne de la vie culturelle, tout comme, au demeurant, la radio l'avait été dans *Letter to Three Wives* un an plus tôt. C'est donc la production culturelle de masse en sa totalité, et en tant qu'elle forme « système », selon les termes d'Adorno et Horkheimer, que Mankiewicz brocarde avec une certaine délectation dans l'écriture des dialogues. Il ne s'agit pas d'affirmer que, contre toutes les apparences, le cinéma ne serait pas la véritable cible de Mankiewicz, mais de noter à tout le moins que celui-ci se trouve intégré dans un phénomène plus vaste. Il faut donc rester prudent et observer, de manière encore seulement factuelle, que l'ironie à l'égard de la production hollywoodienne est intégrée dans des considérations beaucoup plus générales sur la société du spectacle. À tel point qu'on ne voit pas bien pourquoi le théâtre lui-même devrait échapper à cette critique.

Et de fait, bien des traits remarquables de cette société théâtrale renvoient plutôt à l'univers de l'industrie du cinéma. La puissance de l'image que représente la vedette (pour ne pas dire d'emblée la *star*) est traitée dans une proportion qui a plus à voir avec Hollywood qu'avec Broadway et qui tranche, pour le moins, avec la discrétion d'abord revendiquée pour le prix qui lui est décerné, qu'il s'agisse de Margo Channing (la vedette confirmée, reconnue, adulée) ou d'Eve Harrington (en passe de le devenir). La vedette Margo se sait adulée et demande des pièces écrites pour elle, mettant en valeur son image déjà reconnue – Eve ne tardera pas à faire de même. Forme et matière de l'œuvre importent moins que l'image personnelle à mettre en lumière. Margo a aussi un comportement et des prétentions de star de cinéma lorsqu'elle se voit contrainte de quitter sa loge avec une seule boucle d'oreilles parce qu'elle a égaré l'autre, et qu'elle ironise sur la mode qu'elle risque ainsi de créer : « C'est la dernière mode : une seule boucle d'oreille ! Et si ça ne l'est pas, ça le deviendra »[1]. Face à elle, le public est donc composé de « fans » : cette fan qu'est Eve au début du film, adulant Margo Channing au point de venir la voir tous les soirs de représentation, comme le (la) fan de cinéma retourne voir son idole dans chacun de ses films et parfois plusieurs fois dans le même film. Margo a décidément tout de la star de cinéma, et lorsqu'Eve lui damera le pion, elle suscitera les mêmes ferveurs, gages d'attitudes mimétiques dans le jeune

---

1. *All About Eve*, 23'03".

public : clubs de fans, comportements idolâtres que manifeste notamment cette nouvelle fan, prénommée Phoebe, qui s'est glissée dans les appartements de son idole, espérant entrer à son service, comme Eve au service de Margo quelques années plus tôt. Le mimétisme du fan à l'égard de la star n'est sans doute plus aujourd'hui la spécificité du lien qui unit le spectateur de cinéma à l'écran. Comme l'observe Edgar Morin, dès le début des années soixante, « il apparaît clairement que le cinéma n'est plus qu'un medium parmi les mass-media, un divertissement parmi d'autres loisirs. La baisse quantitative correspond en fait à une déchéance qualitative. Le cinéma n'est plus la clé de voûte de la culture de masse, ce n'est plus le bouillon de culture de l'individualité moderne »[1]. Mais *All About Eve* date justement de cette période (le début des années cinquante) où le cinéma américain n'a pas encore succombé à la crise qui le menace. Le processus de starification, décrit par Mankiewicz à travers un contexte narratif qui est celui de l'univers du théâtre, est éminemment celui du cinéma[2] – qu'il est *en train de faire*, tout en introduisant une dimension critique qui est sans doute le signe d'une lente fragilisation.

Pour le dire abruptement, il y a décidément beaucoup de cinéma dans ce théâtre que nous décrit Mankiewicz, comme s'il cherchait paradoxalement à confondre les deux spectacles, au-delà d'une distinction proclamée. Nous en retenons un seul exemple. Margo Channing commence à nourrir quelque jalousie à l'égard de la jeune Eve, si prévenante qu'elle vampirise son idole et si adroite qu'elle semble nourrir quelque but secret. La star établie fait alors une virulente scène au metteur en scène Bill Sampson, qui est également son amant, et qu'elle soupçonne d'accorder trop d'attention à la jeune Eve. Cette dispute est filmée par Mankiewicz en un seul plan-séquence d'environ une minute[3], les déplacements des acteurs les conduisant exactement face à une caméra fixe, dans un face-à-face au public qui paraît éminemment théâtral dans sa continuité, n'était le cadrage en plan américain. C'est donc la dispute qui devient elle-même théâtrale, comme si le metteur en scène et sa vedette étaient pris dans le jeu constant de la représentation scénique. Mais comment donc Margo met-elle un terme à cette étrange représentation ? Par les mots : « Coupez ! On garde la prise !

1. E. Morin, « Le crépuscule du star system et la résurrection des stars », dans *Les stars*, 3ᵉ éd. Paris, Seuil, 1972, p. 148.

2. On pourrait aussi observer que le personnage du producteur de théâtre Max Fabian (interprété par Gregory Ratoff) pourrait passer encore plus facilement pour un producteur hollywoodien, quelques éléments de ressemblance physique évoquant d'ailleurs en sa personne Louis B. Mayer ou David Selznick.

3. *All About Eve*, 39'55"-40'53".

Qu'arrive-t-il sur la prochaine bobine? Me jette-t-on dans la fosse aux serpents?»[1]. Aussitôt Mankiewicz coupe sur Eve dont on vient d'entendre la voix off, revenant à la technique proprement cinématographique du montage. Le jeu de la représentation théâtrale est immédiatement subsumé par la forme cinématographique qui, de fait, la rendait possible. Si la continuité du plan-séquence avait sans doute ici pour fonction de nous transporter au théâtre un bref instant, la scène ne reçoit pourtant sa signification ultime que par une réintégration explicite dans la forme cinématographique.

Plutôt donc que de considérer *All About Eve* comme un film hollywoodien consacré au théâtre, et trahissant une mauvaise conscience et un sentiment d'infériorité esthétique de l'un vis-à-vis de l'autre, il faut y voir du cinéma qui traite du cinéma par le biais d'un contenu théâtral, profitant de la distance par rapport à soi que ce «détour» lui permet. Le jeu de Mankiewicz est subtil : il feint de sortir du cinéma pour traiter d'un autre art de la représentation, mais ce faisant, il ne cesse de faire du cinéma l'enjeu de sa réflexion esthétique, *comme en creux de son image*. Il est tout à fait frappant que, s'il est souvent question de cinéma et de Hollywood dans les dialogues de *All About Eve*, l'image fait pourtant l'économie de sa présentation directe. Ce n'est pas tant qu'aucun élément hollywoodien ne viendrait se signer à l'image, mais chacune de ces manifestations est à chaque fois biffée ou manquée. Bill Sampson part-il tourner à Hollywood? Une brève séquence nous le donnera à voir, mais dans sa chambre d'hôtel de Los Angeles, et nullement sur un plateau. Une star de cinéma rend-elle visite à Margo chez elle, à l'occasion d'une réception donnée en l'honneur de Bill Sampson? Elle ne sera à l'image que par son imposant manteau de fourrure, qui suscite des commentaires mi-envieux, mi-sarcastiques des gens de théâtre. En quelque sorte, c'est *ostensiblement* que l'image se refuse à nous montrer la star. Enfin, Eve conclura son discours lors de la remise de son prix en évoquant son départ prochain pour Hollywood. L'histoire à l'image s'arrêtera avant qu'elle n'y arrive, bien entendu.

Cinéma absent dans la mise en image de la narration, donc, mais parce qu'il est partout présent. Le film *All About Eve* met en scène le théâtre. Il est sa forme englobante – une *macro-forme*, en somme. Ses manifestations intradiégétiques, dans l'univers de la scène théâtrale, ne se donnent alors

---

1. *Ibid.*, 40'48". Du simple point de vue de la narration en cours, la remarque ironique de Margo s'explique par le fait que son amant revient tout juste de Hollywood. Mais la question formelle se règle bien entendu plus fondamentalement au niveau du jeu de brouillage constant du film entre cinéma et théâtre.

qu'en creux, comme des micro-formes absentes dans leur évocation même et renvoyant par là à la macro-forme. Les micro-formes cinématographiques (les évocations explicites du cinéma dans le scénario) constituent le noyau narratif renvoyant à la macro-forme englobante (la réalisation de *All About Eve*). La présence-absence paradoxale du cinéma à l'image révèle donc la puissance constituante du cinéma dans une œuvre qui parle bien moins du théâtre qu'on ne pourrait le croire. Après tout, il ne faudrait pas perdre de vue que pour « tout savoir sur Eve », le cinéma a dû s'arrêter un instant – en montrant qu'il s'arrêtait : l'essentiel de l'action, nous l'avons dit, est projetée en une série de flashback, des flashback qui entament leur ronde lorsque le réalisateur impose un arrêt sur image à l'instant précis où Eve reçoit en mains propres son prix. Nous reviendrons du dernier flashback à cet arrêt sur image par un fondu enchaîné. C'est donc visuellement que le cinéma, par ce procédé rare pour l'époque, mais néanmoins éminemment cinématographique, englobe l'action « théâtrale ». *All About Eve* nous parle de théâtre en subsumant celui-ci dans la forme cinématographique, parce que la théâtralité elle-même est son véritable enjeu de cinéma, en même temps que le monde de la représentation théâtrale permet de creuser une distance critique et réflexive (mais néanmoins interne) par rapport au cinéma : « la scène lui [Mankiewicz] sert à interroger le cinéma, plus qu'à le déconstruire »[1].

Il suffit à présent de décrire les modes de cette théâtralité pour s'apercevoir qu'ils sont ceux du cinéma précisément en ce qu'ils sont à la mesure de sujets dont l'humanité et la socialité s'expriment dans l'art de la feinte. L'action du film est une action de jouer, les personnages sont des acteurs. Cela est naturellement vrai de Margo Channing ou de Eve, bien sûr, mais aussi des autres personnages qui sont tous maîtres dans l'art de la feinte. Chacun affecte un rôle, trompe ses proches en se faisant passer pour ce qu'il n'est pas, cachant une vérité qui lui permet de modifier l'équilibre de sa relation avec les autres. Tous, en fin de compte, sont des personnages de théâtre – ou, pour mieux dire, des *performances théâtrales* qui paraissent creuser un abîme entre leur personne et leur personnage. Cette généralisation de la théâtralité, qualifiant l'action de tous les personnages, est décisive pour le propos de Mankiewicz. Elle implique tout simplement que, à tout moment, la relation acteur/public peut se renverser et la théâtralité nouer d'autres types de rapports sociaux. C'est là ce qu'a très précisément saisi Vincent Amiel :

---

1. V. Amiel, *Joseph L. Mankiewicz et son double, op. cit.*, p. 71.

Une fascination et une méfiance vis-à-vis de la scène théâtrale (au sens large comme au sens du dispositif physique de la représentation) qui sont parmi les pivots de son œuvre. Mankiewicz ne cesse en effet de se heurter à la question de la rampe, de la séparation nette et définitive entre acteurs et spectateurs, c'est-à-dire aussi entre protagonistes de la scène sociale, et [...] entre protagonistes des scènes de séduction. Toutes les situations dans lesquelles il les place sont d'abord des situations binaires, où chacun est distinctement identifié, lié à son espace propre, et jouant de sa fonction ou de son statut. Qu'il s'agisse de relations professionnelles, conjugales, amoureuses, qu'elles induisent rivalité, affrontement, séduction, elles ne fonctionnent que vis-à-vis d'une limite symbolique autour de laquelle s'échangent répliques et coups bas, clin d'œil et humiliation. Le découpage autant que le choix des lieux de la dramaturgie sont à cet égard très nets : les plans opposent les personnages (parfois l'un à l'autre, et parfois aussi un seul face au groupe), le *cut* marquant la rampe implicite entre des lieux qui définissent le territoire scénique des uns – acteurs – et des autres – specta- teurs. [...] Tour à tour, chacun est acteur et chacun est spectateur, tour à tour maîtrisant, d'une certaine façon, l'espace de jeu. C'est le cas des protagonistes de *Cléopâtre*, du *Limier*, de *Jules César*, mais plus nettement encore d'*Eve*[1].

Ces observations de Vincent Amiel ne sont nullement contradictoires. C'est la rampe qui est définitive – autrement dit : une répartition des rôles entre spectateur et acteur. Mais ceux-ci tournent autour de cette rampe pour échanger leurs positions, l'acteur devenant spectateur du spectateur devenu acteur. Une séquence de *All About Eve* est à cet égard particulièrement remarquable[2]. On vient d'introduire la jeune Eve Harrington dans la loge de Margo Channing. Eve se comporte bien sûr en *fan*, affirmant d'emblée qu'elle aime toutes les pièces dans lesquelles joue son idole. Elle est donc dans la position de la spectatrice – et même d'une spectatrice de *star*. Margo joue d'ailleurs son rôle, à la fois distante et quelque peu condescendante, elle apparaît « en majesté », malgré sa tenue d'après spectacle. À ses côtés, Lloyd Richards (Hugh Marlowe), l'auteur, et sa femme Karen, assistent à la scène. Margo invite Eve à s'asseoir et celle-ci se retrouve seule face à un public qui lui demande qui elle est, pourquoi elle nourrit une telle admi- ration pour Margo Channing etc. S'engage alors un jeu de champs contre- champs, oscillant du petit groupe de Margo à Eve en plan rapproché. Les *cut* d'un plan à l'autre instituent une rampe, en effet. Sans doute la position des différents personnages dans l'espace ne saute-t-elle pas directement

1. V. Amiel, *Joseph L. Mankiewicz et son double*, *op. cit.*, p. 60-62.
2. Cf. *All About Eve*, 13'16"-17'58".

aux yeux des spectateurs du film. Mais voici que, de manière impromptue, la secrétaire particulière et femme à tout faire de Margo revient dans la pièce, pénétrant par une porte qui se trouve dans le dos de Eve. Le silence interloqué de Eve, qui suspend son discours, et les regards désapprobateurs de Margo et ses amis suffisent à faire sentir que cette apparition est incongrue pour la simple raison qu'elle interrompt... une représentation ! La secrétaire, Birdie (Thelma Ritter), perçoit que son intrusion perturbe cette représentation et traverse la pièce pour se joindre au « public » et écouter elle aussi le récit de Eve. À partir de ce moment, il n'y a plus aucun doute pour nous qui regardons le film : c'est bien à une représentation théâtrale dans une loge que nous assistons et les rôles ont été inversés. Eve s'engage dans une longue tirade, emplie d'émotion et à peine entrecoupée de quelques relances de son « public ». Elle paraît inspirée et touche son auditoire en contant son amour d'enfance pour le théâtre, son dur labeur, son mariage avec un certain Eddie et la mort de celui-ci, quelques mois après leur union, dans les combats de la guerre du Pacifique. Comment, enfin, elle se consola de cette perte en allant assister à une représentation d'une pièce jouée par Margo Channing. Cette dernière en essuie quelques larmes, touchée à son tour par la parole théâtrale qui vient d'être jouée sous ses yeux. Lorsque Birdie, dont le franc-parler n'a d'égal que le bon sens, conclut : « Quelle histoire ! Il n'y manque que les meutes de loups », Margo la reprend en confirmant le caractère théâtral de la pièce qui vient de leur être jouée : « Certaines expériences humaines, Birdie, ne relèvent pas du vaudeville et devraient inspirer le respect au pire amateur »[1].

Margo, devenue spectatrice, reconnaît tout à la fois le théâtre et y croit, comme ses amis présents. Mais cela n'est donc possible que parce qu'Eve est devenue actrice. Et de fait, on apprendra plus tard que c'est bien un personnage qu'elle joue. Rien dans ce qu'elle raconte dans la loge n'est vrai. Elle n'a jamais été mariée et a dû quitter sa ville natale après une sordide histoire d'adultère. Peu importe, au demeurant, la « vérité » de la personne nommée Eve Harrington. Ce qui est décisif, c'est la performance elle-même, par laquelle, de spectatrice fascinée, elle s'est transformée, en passant la rampe, en actrice qui domine son auditoire grâce au personnage qu'elle crée. Non sans raison, Amiel voit dans l'art d'Ernst Lubitsch, le maître de Mankiewicz, le véritable inspirateur de ce jeu de renversement : « L'une des figures majeures de son cinéma est en effet le retournement de

1. *All About Eve*, 17'44".

situation qui fait du dominant le dominé, de celui qui jubilait le partenaire affolé, et de la victime celui (ou celle) qui désormais tire les ficelles »[1].

La théâtralité consiste ici en une inflation des jeux de faux-semblants menés par des sujets qui semblent se confondre sinon avec leurs personnages (qui peuvent être multiples), du moins avec leur performance elle-même. La performance d'acteurs en vient ainsi à confondre personnes et personnages, comme si la différence entre celles-ci et ceux-là ne gardait plus que la signification qui s'attache à l'acte même de la tromperie, de la négativité de l'apparence créée, au risque de dissoudre toute positivité du sujet.

All About Eve est marqué par une inflation de la théâtralité, comme si celle-ci s'auto-engendrait à l'infini, comme si les sujets n'existaient qu'à se mirer dans leur personnage. Margo Channing ne comprendra pour la première fois les aspirations d'actrice d'Eve que lorsqu'elle la surprendra tenant un costume de scène devant elle et contemplant son image dans un miroir[2]. L'épilogue du film renverra à ce plan, mais en le démultipliant. Eve, consacrée par le « Sarah Siddons Award », rentre chez elle et y découvre une jeune admiratrice, Phoebe. La situation répète bien sûr celle de la rencontre entre Margo et Eve. Phoebe propose son aide pour contribuer au confort de la star fatiguée par une longue soirée. Elle saisit l'élégante cape de soirée de Eve et passe dans la chambre pour l'y ranger. Mais sans guère d'hésitation et à l'insu de Eve, elle revêt la cape et, tenant dans la main la récompense reçue par son idole, elle se mire dans un paravent composé de trois miroirs. Le cadrage de Mankiewicz produit une multiplication quasiment à l'infini de l'image de Phoebe qui joue à l'actrice, élevant celle-ci au rang de personnage[3]. Le plan de Phoebe semble être une subsomption de celui de Eve devant le miroir, pour deux raisons : d'une part, les reflets se sont démultipliés, d'autre part, elle n'est pas vêtue d'un costume identifié comme costume de théâtre, mais bien d'un vêtement de soirée de Eve : Eve n'est qu'un personnage parce qu'elle est actrice de part en part, et ce n'est qu'en tant que telle que Phoebe la voit et la comprend. Elle-même démultiplie cette identification de la personne au personnage/ acteur en démultipliant son image dans les reflets à l'infini des trois miroirs.

Ce plan fait immanquablement penser à une séquence célèbre de *The Lady from Shangai* (*La dame de Shangaï*, 1947) de Orson Welles, qui se

1. V. Amiel, *Joseph L. Mankiewicz et son double*, *op. cit.*, p. 66-67.
2. *All About Eve*, 30'03".
3. *Ibid.*, 2h11'24".

termine par une poursuite dans un palais des glaces où poursuivi et poursuivant se perdent de vue à force de scruter leurs reflets à l'infini. Il nous semble pourtant que la composition du plan de Mankiewicz est plus subtile que la séquence baroque de Welles. Dans *The Lady from Shangai*, il n'y a plus que des reflets, le spectateur du film est lui-même incapable de situer le corps réel reflété au cœur du réseau de miroirs. Il n'en va pas de même chez Mankiewicz. Nous situons bien à l'avant-plan le corps de Phoebe et c'est dans un arrière-plan qui se prolonge à l'infini que nous percevons la multiplicité des reflets. Est-ce à dire que le corps personnel reste cette fois identifiable et conserve sa subjectivité positive face à la négativité des reflets ? Nous pourrions le penser un instant. Mais voici que Phoebe, qui nous tourne le dos, s'incline comme si elle saluait un public, d'abord sur sa gauche, puis face à elle, et enfin sur sa droite, offrant son profil à notre contemplation. Elle n'effectuera pas le dernier quart de tour qui nous aurait permis de la voir de face, dans un regard caméra. C'est sur le profil et le réseau des reflets que vient se sur-imprimer le *The End*. En évitant le regard de face, auquel nous nous attendons pourtant, Mankiewicz évite la pure et pleine présence de ce corps, en même tant qu'il permet de la voir comme ce qui se reflète. Autrement dit, là où les corps disparaissent purement et simplement dans leurs reflets, chez Welles, la présence de Phoebe, cette *sur-Eve*, est à la fois indiquée dans sa production de reflets et s'échappe en reculant devant sa manifestation la plus directe et la plus simple, celle du regard qu'un sujet peut porter sur nous. Les reflets du personnage n'effacent pas purement et simplement toute réalité du sujet, mais le sujet est ici dans une apparition à la fois réelle et biffée, celle qui ne consiste en rien d'autre qu'en la production de reflets. Parce que c'est l'acte de la performance qui intéresse Mankiewicz, *le processus par lequel la personne devient personnage et n'existe que dans ce processus*, le corps présent reste identifiable, mais sans pouvoir prétendre à une quelconque densité hors les reflets qu'il rend possibles.

Dans ce réseau serré de performances d'acteur, il semble donc ne pas y avoir de place pour une présence positive, pleine et entière, pour une « vérité » des personnes en deçà de l'art de la feinte. Pourtant, si nous savons qu'Eve a feint l'histoire de sa vie, telle qu'elle l'a donnée en représentation à Margo et à ses amis, c'est que nous avons pu juger de son mensonge et donc nous référer à une manifestation pour elle-même de sa vérité historique. Et de fait, à un seul moment, dans une seule séquence, la positivité de la subjectivité d'Eve se trahit sans qu'elle ne semble la jouer. C'est que, parmi les personnages qui l'entourent, un seul, et pas n'importe lequel, se trouve hors de portée de sa tromperie : Addison DeWitt, le critique qui se plaît à dire que toute son existence est au théâtre. Le personnage du critique dévoile la vérité d'Eve parce qu'il est sans aucun doute celui qui est le plus proche d'elle. Lui qui, par définition, n'appartient au théâtre que dans la réflexivité, dans le jugement critique, dans une forme de négativité sans cesse réaffirmée, s'inscrit totalement dans la théâtralité, avec la plus haute lucidité, maîtrisant à son plus haut degré l'art de la feinte, au-delà même de ceux qui ont la prétention d'être acteurs. Il est le plus apte à démasquer Eve tout en la confortant dans ses performances d'actrice. Elle lui *appartient*, selon ses propres mots [1].

Mais ce qui nous importe surtout ici, ce sont les conditions dans lesquelles émerge la « vérité » de Eve – ou du moins cette strate de son existence qui paraît indemne de la fictionnalisation. Eve est sur le point d'être consacrée comme une star. Nous sommes à quelques heures d'une importante première, lorsqu'Addison DeWitt s'en prend violemment à elle dans sa chambre d'hôtel et la force à avouer le mensonge sur son passé. La mise en scène de Mankiewicz emprunte des voies qu'il a dédaignées jusqu'alors. Les cadrages enserrent le corps d'une Eve qui s'est jetée en pleurs sur son lit. Dans ce film tourné à « hauteur d'hommes », privilégiant l'horizontalité des prises de vue de chaque côté de la rampe de la théâtralité, Mankiewicz opte cette fois pour une brutale plongée sur le corps de la femme, un cadrage qui renforce l'impression de violence de l'acte et de souffrance d'un corps écrasé par la pression physique qu'exerce le critique. C'est dans les pleurs et les contorsions de son corps jeté là qu'Eve avoue et s'échappe de la théâtralité. Cela ne sera l'affaire que d'une séquence. Eve sera consacrée et recevra, sous les yeux d'un Addison DeWitt lui-même à nouveau théâtral, le « Sarah Siddons Award ». La théâtralité n'est pas viciée par cette révélation, son inflation repart de plus belle. Mais il restera dans le souvenir du spectateur de *All About Eve* ce moment où la violence, et seulement elle, dans toute son asocialité, a provoqué la présence d'un sujet, d'un corps qui ne feint plus, mais souffre. Cette violence, qui rompt un instant le règne de la théâtralité et de ses renversements et démultiplications, est le point aveugle de la théâtralité, l'état d'exception dont la déchirure atteste paradoxalement de la puissance de ce théâtre que nous révèle l'image cinématographique.

1. *All About Eve*, 1h58'37"-2h00'17".

LA STATUE DE MARIA

Si *All About Eve* aborde la théâtralité en son essence cinématographique
par le double biais de la macro-forme et du vide manifeste caractérisant la
micro-forme, *The Barefoot Contessa* emprunte cette fois une voie directe,
comme si *All About Eve* lui avait servi de prolégomène. L'histoire d'une
jeune danseuse espagnole (Maria Vargas, interprétée par Ava Gardner),
découverte par un réalisateur (Harrry Dawes, interprété par Humphrey
Bogart), un producteur (Kirk Edwards, interprété par Warren Stevens) et
l'attaché de presse de celui-ci (Oscar Muldoon, interprété par Edmond
O'Brien), situe narrativement toute son action dans l'univers de la production cinématographique, comme *All About Eve* situait narrativement la
sienne dans l'univers du théâtre. La fulgurante ascension de Maria, passant
au rang de vedette en l'espace de trois films, et sa mort violente, sont
l'occasion pour Mankiewicz de mettre en scène une critique acerbe de
l'univers hollywoodien déjà en crise, à cette époque (1954) où le système
des studios vacille sous les coups portés par le développement social de la
nouvelle réalité télévisuelle. Notons d'ailleurs que *Barefoot Contessa* est la
première production de la compagnie fondée par Mankiewicz, *Figaro Inc.*,
essentiellement tournée loin d'Hollywood, dans les studios italiens de
Cineccita. Les personnages eux-mêmes sont marqués par une époque de
crise qui rejette l'époque classique dans les limbes de la mélancolie : Harry
Dawes est un réalisateur vieilli, quoiqu'encore brillant, à qui un producteur
ignorant de l'art cinématographique (un riche héritier, appartenant aux
milieux financiers new-yorkais et se distrayant en fréquentant assidûment
la jet set internationale) donne une nouvelle chance dans un univers en
cours de mutation où seuls quelques uns se souviennent encore qu'il a jadis
dirigé les stars des années 30, Jean Harlow ou Carole Lombard. Voilà qui
empreint le petit monde que décrit Mankiewicz d'une certaine décadence
ou même morbidité[1].

Le film s'ouvre sur une vue pluvieuse d'un cimetière italien. Un
mouvement de caméra à la grue dévoile un petit groupe qui assiste à des
funérailles, au pied d'une statue féminine qui représente la star décédée,
comme nous le comprendrons bientôt. On entend la voix off du réalisateur
Harry Dawes, méditant sur la mort, le cinéma et le destin étrange de Maria

---

1. Notons que Mankiewicz fait ainsi preuve très tôt d'une belle lucidité sur l'évolution
d'Hollywood. Il faudra attendre huit années de plus pour qu'un autre grand réalisateur de
l'époque classique, Vincente Minelli, aborde les mêmes problèmes dans une ambiance et des
lieux analogues, avec *Two Weeks in Another Town* (*Deux semaines ailleurs*, 1962).

Vargas. Sept flashbacks vont alors se succéder, contés par quatre narrateurs différents. On notera immédiatement l'analogie de structure avec *All About Eve*. Dans ces deux œuvres majeures de Mankiewicz, les flashbacks ne participent pas d'une narration éclatée, d'un puzzle d'images maltraitant la linéarité temporelle de la narration. À nouveau, l'art de Mankiewicz se distingue de celui d'Orson Welles, en l'occurrence de *Citizen Kane* (1941), même si cette distinction ne peut cacher la réalité d'une influence[1]. Mankiewicz s'empare de la structure en flashback multiples pour que la narration elle-même apparaisse. Il s'agit de donner à voir l'acte même de la représentation, en l'occurrence cinématographique, en intégrant narrativement l'acte de narrer, et donc de souligner ainsi la théâtralité immanente dans et à l'œuvre. Rapportée à la consécration d'une comédienne dans *All About Eve* (puisque l'instant présent du début de la série des flashbacks est la remise du «Sarah Siddons Award» à Eve), la multiplicité des actes de représentation narrative l'est à la mort de l'actrice dans *The Barefoot Contessa*. La morbidité du film va de pair avec le transfert des univers fictionnels (du théâtre au cinéma) et l'élévation de l'actrice-vedette au destin de la star. Mankiewicz médite en images ce qu'est le cinéma en poussant au comble du tragique la théâtralité du sujet, jusqu'à une starification aboutie et destructrice. Eve et Margo étaient le cœur du processus de la théâtralité dans *All About Eve*. C'est cette fois Maria qui joue ce rôle dans *The Barefoot Contessa*.

Une comtesse *aux pieds nus*. Le titre définit très justement l'enjeu de l'œuvre. Si Maria Vargas accède au titre de comtesse par un mariage qui se révèlera fatal, la pauvre nudité de ses pieds est récurrente – dans sa loge de la taverne de Madrid où elle danse sous les regards d'un public populaire, dans la pose qu'elle affecte pour le sculpteur qui façonne sa statue, dans les rues de Madrid qu'elle traverse avec son futur réalisateur, lors de ses fréquentes escapades auprès d'amants modestes ou de gitans qui l'accueillent dans leur campement pour une danse clandestine qui est comme un défi aux usages de la jet set rassemblée sur la riviera. Dès le premier flashback, le scénario avance les raisons de cette nudité :

> *Maria* : Quand j'étais gosse, comme beaucoup d'autres, on n'avait pas d'argent pour m'acheter des chaussures. Et... quand il y a eu les bombardements pendant la guerre civile, je m'enterrais dans la boue des ruines pour me protéger. Et je restais là, dans la boue. [...] J'agitais nerveusement mes orteils et j'écoutais le bruit en rêvant qu'un jour je serais une belle

---

1. On rappellera, au demeurant, que le frère de Mankiewicz, Herman, fut le co-scénariste de *Citizen Kane*.

femme avec de jolies chaussures. Je déteste les chaussures, Monsieur Dawes. J'en porte pour danser et quand je me montre […], mais je m'y sens mal à l'aise. J'ai peur…, je ne me sens en sécurité que les pieds dans la boue. […] Quand j'ai été plus grande, et qu'il y avait toujours des bombes, ça ne me suffisait plus de m'enfouir dans la boue pour me sentir en sécurité. Il me fallait quelqu'un avec moi. Quelqu'un que j'aime et qui m'aime […], puis me rassure. J'en avais besoin et j'en ai encore besoin quand j'ai peur. Comme un bébé qui a besoin d'une lumière dans le noir. J'ai besoin d'être aimée quand je me cache dans la boue […] et que j'ai peur [1].

Les pieds nus resteront le signe que Maria n'abandonne pas tout à fait la boue dans laquelle elle a grandi et qui la rassure. Mais cette Cendrillon moderne (la référence est explicite), perdue parmi les « étoiles » des milieux financiers et hollywoodiens, ne trouvera que bien tardivement son prince, alors qu'elle est déjà devenue une star, et le titre de comtesse qui lui échoit alors ne suffira pas à la rechausser, car il ne la guérira pas de ses peurs.

Dans cette histoire qui pourrait paraître mélodramatique ou feuilletonesque et qui prétend à une variation sur un conte, se noue le sens profond de l'expérience que le sujet fait du cinéma et de la théâtralité de la star. C'est à l'exacte intersection des milieux cinématographique et mondain qu'est d'ailleurs réaffirmée ostensiblement la résistance de Maria à la représentation et à l'image de la théâtralité. Le soir d'une première à New York, Maria et Harry Dawes se retrouvent sous les flashs des photographes à l'entrée du cinéma. Ce n'est que très tardivement (lors du montage définitif, c'est-à-dire après que les images auront bel et bien été tournées) que Mankiewicz se décidera à couper un plan que le scénario décrivait ainsi : « *Harry et Maria regardent les pieds de Maria, puis ils se regardent et sourient. On lit sur les lèvres d'Harry* : Gardez vos chaussures » [2]. Enfin, lorsque Harry retrouvera Maria assassinée par son mari, c'est un émouvant hommage funèbre qu'il lui rendra en lui retirant lui-même ses chaussures, tout en évoquant derechef le conte de Cendrillon.

Mais si ces pieds nus ont une telle importance, c'est que, au-delà de l'élément narratif, ils renvoient l'image même aux conditions d'un produire cinématographique. Maria est un personnage multiple, c'est-à-dire dont l'image se démultiplie : Maria Vargas à Madrid, elle sera la star Maria d'Amata à Hollywood, avant de devenir la comtesse Torlatto-

---

1. J.L. Mankiewicz, « La comtesse aux pieds nus », trad. fr. P. Brion, *L'avant-scène Cinéma*, n° 68, mars 1967, p. 19-20.
2. *Ibid.*, p. 24.

Favrini et de finir sous les traits d'une statue de marbre. À chacune de ces étapes, des plans la saisissent les pieds nus : dans sa loge, lors d'une réception dans la maison qu'elle occupe à Beverly Hills, dans le camp de gitans où elle danse pour la première fois sous les yeux du comte, et enfin dans sa pose pour le sculpteur. Dans l'inflation des images que requiert une théâtralité s'auto-engendrant à l'infini, les pieds nus affirment une constance de la personne de Maria, un corps dont la présence et la matérialité même résistent en s'affirmant. Mais en quoi résistent-ils ? Comment ?

Toute l'ambiguïté et la richesse de l'œuvre tiennent à ce que ce corps résiste à l'image tout en faisant image. Le corps de Maria oppose ses manifestations comme autant de dénis à la démultiplication de l'image. Sans doute peut-on soutenir que l'apparition des pieds nus revêt une certaine *aura*, au sens où l'entendait Benjamin[1], qui contredit la série infinie des images et leur représentation exponentielle. On sait que Benjamin oppose à l'art auratique, traditionnellement revêtu d'une valeur cultuelle, l'art des séries (celui de la reproductibilité technique), dominé par la valeur d'exposition. Or, si le passage de l'un à l'autre a débuté avec la photographie, il n'en reste pas moins que la transition ne s'est pas faite brutalement. Le portrait photographique conserve une trace de l'aura :

> *Dans la photographie la valeur d'exposition commence à repousser la valeur cultuelle sur toute la ligne.* Cette dernière pourtant ne cède pas sans résistance. Son ultime retranchement est le visage humain. Ce n'est en rien un hasard si le portrait a joué un rôle central aux premiers temps de la photographie. Dans le culte du souvenir dédié aux êtres chers, éloignés ou disparus, la valeur cultuelle de l'image trouve son dernier refuge. Dans l'expression fugitive d'un visage d'homme, sur les anciennes photographies, l'aura nous fait signe, une dernière fois. C'est ce qui fait leur incomparable beauté, pleine de mélancolie. Mais dès que l'homme est absent de la photographie, pour la première fois la valeur d'exposition l'emporte décidément sur la valeur cultuelle[2].

Les pieds nus de Maria, revendiqués, manifestés, présents, constituent une semblable trace par laquelle le personnage résiste à l'inflation de la théâtralité des images en série. Mais l'ambiguïté tient bien sûr au fait que l'image sérielle du cinéma organise elle-même cette résistance. En manière telle que les pieds nus font encore image à mesure qu'ils cherchent à

---

1. *Cf.* W. Benjamin, « L'œuvre d'art à l'époque de sa reproductibilité technique », dans *Œuvres III*, trad. fr. M. de Gandillac *et alii*, Paris, Gallimard, 2000, p. 273 *sq.*

2. *Ibid.*, p. 285-286.

l'habiter de leur opacité matérielle, niant la forme sérielle en même temps que la confirmant.

Bien sûr, ces pieds nus ne sont pas n'importe lesquels, si l'on peut dire... Ce sont ceux d'Ava Gardner, une star – et nous y reviendrons dans un instant – mais une star en rupture par son corps même. Edgar Morin l'a bien perçu, dans un texte qui, pour n'être guère scientifique, n'en est pas moins inspiré : « Ava Gardner, petite vendeuse de Prisunic, petite american girl, révélée par *Les Tueurs* de Siodmak, a été fabriquée dans les moules hollywoodiens, mais elle les fera tous éclater »[1]. Or, c'est bien le corps même de Ava Gardner, son physique rebelle qui est à la fois exploité par Hollywood et qui le déborde :

> Dans tous ses rôles [...], Ava Gardner fait craquer en quelque point les coutures du parfait archétype hollywoodien d'héroïne. Elle est, sauf exception, exotisée, et la plupart du temps, latinisée, tropicalisée, voire un peu négrifiée [*Show Boat*]. Il semble que cette exotisation soit une exorcisation, comme si Hollywood voulait exorciser la négritude latente d'Ava Gardner (ses lèvres épaisses, sa chevelure brune, l'impudente et impudique beauté de son visage, son rayonnement animal). Mais l'exorcisation n'est que partielle : Ava Gardner n'est pas reléguée aux rôles, devenus secondaires, de vamps. C'est qu'elle a aussi une présence d'âme souveraine, altière. Elle est aussi bien pureté que sensualité[2].

C'est son corps et ce qu'il manifeste d'une présence matérielle opposée à la forme trop mécanisée de la production industrielle qui est mobilisé par Mankiewicz dans *The Barefoot Contessa* : « Fabriquée par la machine hollywoodienne, Ava Gardner s'en affranchit »[3], comme Maria Vargas tente de le faire.

C'est pourtant de manière tout à fait atypique que Mankiewicz s'empare de cette liberté matérielle du corps de Gardner. Il ne l'exorcise pas, il ne la laisse pas non plus s'affranchir de l'image. Il la montre s'efforçant d'être libre, mais pourtant encore dominée par la puissance de l'image cinématographique. Nous parlons du corps de Maria, mais ses manifestations, comme l'atteste le thème même des pieds nus, sont celles de *parties* de corps, en manière telle que celui-ci ne se présente que dans le manque. Pour être plus précis, cette partition a une signification double : elle révèle, indissolublement et dans l'apparaître même, la positivité de la présence et la négativité de l'absence. Souvenons-nous de la seconde

1. E. Morin, *Les stars, op. cit.*, p. 177.
2. *Ibid.*, p. 178.
3. *Ibid.*, p. 183.

séquence[1], celle par laquelle débute le premier flashback, avec le réalisateur Harry Dawes dans le rôle *off* du narrateur. Nous sommes dans une taverne de Madrid. Le public attend impatiemment l'entrée en scène de la danseuse Maria Vargas. Un plan fixe sur un trompettiste, dont les notes de défi annoncent le début du spectacle tant attendu, se transforme en un panoramique sur le public. Nous pourrions alors être dans un plan subjectif dont le foyer serait le regard de la danseuse. Mais il n'en est rien. Tandis que le public reste net dans la profondeur, deux mains entrechoquant des castagnettes traversent le champ dans un avant-plan flou. Telle est la seule partie du corps de Maria que nous entrevoyons dans cette séquence. Aussitôt après la traversée du champ par les mains de la danseuse, Mankiewicz coupe sur une succession de plans du public. Maria Vargas n'est présente que dans les regards de celui-ci, des regards ravis, fascinés, enamourés, envieux, embarrassés, désirants, parfois quelque peu lubriques… Le corps de Maria n'est présent que dans le regard de ceux qui le contemplent et (pour n'être pas du coup réduit à une simple absence, à un vide ou un manque unilatéral) dans un fragment de corps entraperçu, dans le flou et la fugacité d'une apparition mystérieuse. Lorsque deux séquences plus tard, Harry Dawes se rendra dans la loge de la danseuse, c'est à nouveau un fragment de son corps qui apparaîtra à l'image et, par la vertu d'un raccord subjectif, au regard d'Harry Dawes. Cachée derrière une tenture, en compagnie d'un probable amant, Maria ne laisse paraître que ses pieds nus, la cheville droite affublée d'une chaînette. Les pieds nus ne sont donc qu'une partie d'un corps qui se veut pourtant sujet, ils n'apparaissent à l'image que comme fragment, manifestant et divisant en même temps. N'aurions-nous pas affaire ici à une négation de l'individualité subjective au moment où elle se manifeste – et, pour être plus précis encore : au moment où elle se manifeste comme résistance supposée à la puissance formatrice de l'image ? La manifestation fragmentaire du corps-sujet n'est-elle pas un leurre ? Ne consacre-t-elle pas, après tout, « le règne de la pseudo-individualité »[2] que dénoncent Horkheimer et Adorno ?

Toutes ces questions sont pertinentes dans la mesure où elles permettent d'exploiter l'ambiguïté de l'image et du rapport personne/personnage dans *The Barefoot Contessa*. Au fond, la fragmentation du corps de Maria et, à travers elle, d'Ava Gardner, est à la fois l'apparition de la résistance à l'image (d'un point de vue narratif) et la mise en scène au second degré d'un effet proprement cinématographique, à savoir le découpage/montage

---

1. *The Barefoot Contessa*, 03'26"-05'15".
2. M. Horkheimer et Th. W. Adorno, *La dialectique de la raison*, *op. cit.*, p. 163.

du corps de l'acteur pour que prenne forme celui du personnage dans la série des plans qui fragmentent et recomposent son apparition corporelle. Nous faisons référence au célèbre effet Koulechov. Selon celui-ci, l'expression du visage d'un acteur dans un plan sera déterminée par l'interprétation des traits imaginée par le spectateur en fonction du collage avec les autres plans qui l'entourent. La fragmentation du corps de la personne actrice est donc une condition de composition proprement cinématographique du personnage. En s'appuyant sur les commentaires du réalisateur russe Poudovkine[1], le théoricien du cinéma, essayiste et philosophe de l'histoire Siegfried Kracauer évoque ni plus ni moins qu'une négation de l'intégrité de l'acteur :

> L'intégrité de son être cesse d'être sacro-sainte. Il se peut fort bien que les parties de son corps se combinent à l'environnement pour former des configurations pleines de sens qui se détachent avec un soudain relief du flux des images de la vie matérielle. Qui n'a en mémoire tels plans associant en un ensemble de plans au néon, de vagues ombres et une face humaine ? Une telle décomposition de l'intégrité de l'acteur s'accorde à l'ordre dispersé dans lequel il nous livre les divers éléments qui finiront par composer son personnage. "L'acteur de cinéma, déclare Poudovkine, n'a pas conscience, dans le cours de son travail, du développement ininterrompu de l'action. Ce n'est pas à lui qu'incombe la connexion organique entre les éléments de son travail qui se suivent. L'image complète de l'acteur ne doit se concevoir que comme ce qui apparaîtra ultérieurement sur l'écran, postérieurement au montage effectué par le réalisateur. [...] L'acteur de cinéma est un matériau ; et on le fait souvent paraître à l'écran dans un contexte qui n'accorde aucune place à sa personnalité, à sa qualité d'acteur[2].

Edgar Morin va sans doute encore plus loin, non seulement parce qu'il parle de « désagrégation » de l'acteur, mais surtout parce qu'il suggère la puissance de l'absence même de celui-ci à l'image, absence à laquelle le spectateur supplée alors émotivement :

> C'est donc le système du cinéma qui tend à désagréger l'acteur. Celui-ci peut même être chassé physiquement de l'écran, n'y laissant qu'une main qui se crispe, un pied qui avance vers un autre pied, un dos tourné, et cette main, ce pied, ce dos tiennent lieu de paroles, de jeu de physionomie, de posture ou de mouvement du corps. Parfois, le corps tout entier est éliminé, et ne subsiste que la voix. La voix de l'acteur, tandis que la caméra fixe

1. Qui était un proche du théoricien Lev Koulechov.
2. S. Kracauer, *Théorie du film. La rédemption de la réalité matérielle*, trad. fr. D. Blanchard et Cl. Orsoni, Paris, Flammarion, 2010, p. 159.

autre chose – événement, personnage, objet – non seulement suggère sa présence, mais peut être plus émouvante que sa présence même. Inversement le cinéma peut éliminer purement et simplement la voix de l'acteur, soit en faisant parler les choses et la situation à sa place, soit en la remplaçant par une voix doubleuse plus efficace. *Doublure* et *doublage* témoignent de l'inutilité limite de l'acteur : un autre, un anonyme peut occuper sa place ou s'emparer de sa voix sans que le spectateur en soit incommodé ou s'en rende même compte. L'utilisation constante des doublures et du doublage est donc un test exemplaire et constant de la décomposition moléculaire d'une individualité jusque là souveraine : celle de l'acteur[1].

Morin pousse au fond jusqu'à ses extrêmes limites le principe de la décomposition du corps : les limites de l'absence d'un corps ou de la substitution de l'un à l'autre. Ainsi, les pieds nus de Maria Vargas, comme toute autre fragmentation de son corps en tant qu'elle est narrativement danseuse/actrice, ou du corps de Ava Gardner en tant qu'elle est actrice du film *The Barefoot Contessa*, ne sont résistance à l'image qu'en tant qu'ils prennent paradoxalement en charge l'effet de désubjectivation de la mise en image cinématographique. Nous avons vu comment l'essentiel de la séquence dans la taverne de Madrid peut illustrer très justement les propos de Morin sur l'absence du corps à l'image : au fond, celui-ci n'existe que par le regard du public, qui nous supplée, nous, spectateurs de cinéma, qui ne voyons *rien*.

The Barefoot Contessa ne nous représente pas seulement une actrice devenant personnage par sa fragmentation (dans un mouvement paradoxal, puisqu'il s'agit en même temps pour elle d'opposer une présence). L'actrice/personnage est clairement définie comme une *star*. Et ici à nouveau, Mankiewicz va jouer de l'ambiguïté : l'affirmation de sa matérialité corporelle renvoie à la fois à un mode d'être de la vedette Ava Gardner qui échappe aux formes dominantes de la production cinématographique et s'y inscrit pourtant aussi bien. Pour le comprendre, il faut tenir compte d'une évolution dans le statut de la star, et tout particulièrement d'une métamorphose autour du passage du muet au parlant. On peut considérer, avec Edgar Morin, que se manifeste autour des années 30 (la transition du muet au parlant se produit entre 1927 et 1929) un « embourgeoisement de l'imaginaire cinématographique »[2] qu'il décrit de la manière suivante :

---

1. E. Morin, *Les stars*, *op. cit.*, p. 110.
2. *Ibid.*, p. 22.

Spectacle plébéien à l'origine, le cinéma s'était emparé du feuilleton populaire et du mélodrame où se retrouvent à l'état presque fantastique les archétypes premiers de l'imaginaire : hasards providentiels, magie du double (sosies, jumeaux), aventures extraordinaires, conflits oedipiens avec parâtre, marâtre, orphelins, secret de la naissance, innocence persécutée, mort-sacrifice du héros. Le réalisme, le psychologisme, le *happy end*, l'humour révèlent précisément la transformation bourgeoise de cet imaginaire. Les projections-identifications qui caractérisent la personnalité au stade bourgeois, tendent à approcher l'imaginaire et le réel et cherchent à les nourrir l'un et l'autre. L'imaginaire bourgeois se rapproche du réel en multipliant les signes de vraisemblance et de crédibilité. Il atténue ou sape les structures mélodramatiques pour les remplacer par des intrigues qui s'efforcent d'être plausibles. [...] Le même mouvement qui rapproche l'imaginaire du réel rapproche le réel de l'imaginaire. Autrement dit, la vie de l'âme s'élargit, s'enrichit, voire s'hypertrophie au sein de l'individualité bourgeoise [1].

Le statut de la star se trouve alors forcément modifié. Les stars de l'époque du muet jouissaient d'un statut quasiment mythique, défini par une dimension archétypale (la vierge, la femme fatale, la divine, héros de l'aventure, héros de l'amour etc.). « À leur apogée sur l'écran correspond l'apogée de la vie mythique-réelle des stars d'Hollywood. [...] Elles vivent très loin, très au-dessus des mortels » [2]. Lorsque « le cinéma parlant bouleverse l'équilibre du réel et de l'irréel qui s'était établi dans le cinéma muet » [3], « les stars-déesses tendent à se "profaniser" d'une certaine manière » [4]. Le processus d'identification du spectateur au héros force le rapprochement et introduit la star à un mode d'entre-deux, à la fois adulée mais aussi identifiable. Dès lors, l'aspect « *bigger than life* » des stars mythiques (Pola Négri, Mary Pickford, Rudolf Valentino etc.), étroitement liée à l'esthétique irréaliste du muet, cède devant les exigences d'un jeu plus naturel où, pour le coup, il reviendra à la mise en scène de constituer le personnage à même la fragmentation de l'acteur. Kracauer souligne la différence avec le jeu du comédien de théâtre :

l'acteur est contraint de renoncer à ce surcroît de mouvements et de stylisations « non naturels » qui lui aurait été nécessaire à la scène pour extérioriser le rôle qu'il incarne. [...] Ce que l'acteur s'efforce de transmettre – la réalité matérielle d'un personnage – a une présence écrasante à

1. E. Morin, *Les stars*, *op. cit.*, p. 22-23.
2. *Ibid.*, p. 20.
3. *Ibid.*, p. 22.
4. *Ibid.*, p. 26.

l'écran. La caméra isole véritablement un regard fugitif, un haussement d'épaules involontaire. Cela explique l'insistance de Hitchcock sur « le jeu négatif, la capacité à exprimer des mots en ne faisant rien ». « Je ne dois pas jouer », disait Fredric March. Plus exactement, l'acteur de cinéma doit jouer comme s'il ne jouait pas et qu'il était une personne réelle prise sur le fait par la caméra [1].

Pour Adorno et Horkheimer, la transition du muet au parlant a favorisé la systématisation d'une forme cinématographique désindividualisante dans le même temps qu'elle exigeait la naturalisation du jeu, une naturalisation « neutralisante ». La star contribue ainsi, en effaçant sa subjectivité, à l'indifférenciation relative entre film et vie réelle, selon le principe même de l'industrie culturelle :

> La vieille expérience du spectateur de cinéma qui retrouve la rue comme prolongement du spectacle qu'il vient de quitter – parce que celui-ci vise à reproduire exactement le monde des perceptions quotidiennes – est devenue un critère pour la production. Plus elle réussit par ses techniques à donner une reproduction ressemblante des objets de la réalité, plus il est facile de faire croire que le monde extérieur est le simple prolongement de celui que l'on découvre dans le film. L'introduction subite du son a fait passer le processus de reproduction industrielle entièrement au service de ce dessein. Il ne faut plus que la vie réelle puisse se distinguer du film. Le film sonore, surpassant en cela le théâtre d'illusions, ne laisse plus à l'imagination et à la réflexion des spectateurs aucune dimension dans laquelle ils pourraient se mouvoir, s'écartant des événements précis qu'il présente sans cependant perdre le fil, si bien qu'il forme sa victime à l'identifier directement avec la réalité [2].

Nous avons déjà dit plus haut nos réserves à l'égard d'une critique idéologique qui fait elle-même système chez Horkheimer et Adorno, mais il n'en reste pas moins que leur point de vue est encore une fois partagé par Mankiewicz, quand bien même le met-il en scène avec un sens de l'ambiguïté qui l'affine de manière décisive. Revenons en effet à *The Barefoot Contessa* – et à Ava Gardner. Edgar Morin exprime sans doute au mieux l'ambiguïté de la star dans *The Barefoot Contessa* lorsqu'il observe tout à la fois que « fabriquée par la machine hollywoodienne, Ava Gardner s'en affranchit » et que « Ava Gardner retrouve l'allure de quelques unes des grandes stars de la haute époque. Comme chez ces divines, la vie réelle et la

---

1. S. Kracauer, *Théorie du film. La rédemption de la réalité matérielle*, *op. cit.*, p. 156.
2. M. Horkheimer et Th. W. Adorno, *La dialectique de la raison*, *op. cit.*, p. 135.

vie cinématographique d'Ava sont de même nature »[1]. Bien sûr, ce qui nous importe ici et, en même temps, permet à Morin d'être au plus proche des enjeux de l'art de Mankiewicz, ce n'est pas la personne d'Ava Gardner, mais ce qu'elle évoque dans l'histoire du cinéma hollywoodien (quasi contemporain pour Mankiewicz) et qui lui permet alors de jouer avec une grande richesse une star qui résiste en son corps tout en s'en trouvant d'autant plus élevée à un statut qui réduit le sujet à son image démultipliée. Ce que Morin dit d'Ava Gardner est vrai de Maria Vargas, et c'est sans nul doute cela que voulait Mankiewicz. Si nous pouvons parler ici indifféremment du personnage de Maria Vargas et d'Ava Gardner, c'est que le personnage de Maria Vargas met en image la dissolution du sujet dans ses personnages (Maria d'Amata, Comtesse Torlato-Favrini, une statue...).

En quoi, tout d'abord, la star est-elle prise dans cette diffraction-dissolution? Encore une fois, les analyses de Morin sont pertinentes lorsqu'elles évoquent « la dialectique d'interpénétration qui associe certains acteurs à leurs personnages »[2]. Cette dialectique accède à la starification à certaines conditions (productions importantes, rôles héroïques et de premier plan etc.), dans lesquelles se trouve confirmée une co-détermination des termes « en jeu » :

> Le joueur et le joué se déterminent mutuellement. La star est plus qu'un acteur incarnant des personnages, elle s'incarne en eux et ceux-ci s'incarnent en elle. La star ne peut éclore là où fait défaut l'interpénétration réciproque entre acteurs et héros de films. Les acteurs de composition ne sont pas des stars : ils se prêtent aux personnages les plus hétérogènes, mais sans leur imposer une personnalité unificatrice [3].

Ce que montre précisément *The Barefoot Contessa*, c'est la puissance réductrice qu'exerce cette personnalité dialectique sur le sujet pris dans l'image et la production industrielle de celle-ci.

Tous les caractères de la star sont exploités par le scénario. L'immédiateté du rapport à la caméra, tout d'abord. Après la vision des premiers essais, le jugement enthousiaste de Harry Dawes est entier : « Son maquillage était trop sombre, trop épais. [...] Ses cheveux, ses vêtements, tout doit être plus simple, sans truquage. Moins il y aura entre elle et la caméra, mieux ce sera »[4]. L'absence de maquillage souhaitée en dit long : c'est bien la pure actrice de cinéma que saisit ici le réalisateur, à l'opposé

1. E. Morin, *Les stars*, *op. cit.*, p. 183.
2. E. Morin, *Les stars*, *op. cit.*, p. 37.
3. *Ibid.*
4. J.L. Mankiewicz, *La comtesse aux pieds nus*, *op. cit.*, p. 22.

des nécessaires grimages du comédien de théâtre que Kracauer pointe comme condition nécessaire de l'image mentale du personnage au théâtre [1]. C'est toute la réalité physique de Maria Vargas qui sera saisie par l'image. Le naturel encore une fois recherché implique la nécessaire relation dialectique du jouant et du joué et efface les différences simples (non-dialectiques).

Ce sont ensuite les confusions explicites entre vie publique et vie privée qui signent et renforcent le processus de starification. Le producteur Kirk Edwards et son attaché de presse s'évertuent à façonner un personnage privé qui se confond avec le personnage à l'image, ou plus exactement : le redouble. « La star est entraînée dans une dialectique de dédoublement et de réunification de la personnalité comme du reste l'acteur [...]. L'acteur finit par jouer son rôle dans la vie et devient cabot. La star n'est pas cabotine ; elle ne joue pas un rôle extérieur à elle ; comme les reines, elle vit son propre rôle » [2]. Maria confie à Harry Dawes son mal-être précisément en ironisant sur ce jeu qu'elle joue sans cesse pour un public et qui la constitue toute entière – ou presque, tant qu'elle se lamente et par là résiste encore :

> J'ai des bijoux, des robes d'or et d'argent, et un carrosse traîné non pas par quatre chevaux mais qui a la puissance de deux cents chevaux. Des centaines de milliers d'hommes seuls m'écrivent chaque mois qu'ils rêvent de moi, des mères donnent mon prénom à leur bébé, des jeunes filles se frottent le visage avec un savon..., parce qu'on me paye pour dire que je l'utilise..., ce qui n'est pas vrai... [3].

Comment s'étonner alors de ce que l'un des prétendants de Maria, le richissime magnat sud-américain Alberto Bravano, qui l'enlève au producteur qui l'a « découverte », ne voit en elle qu'une image et ne cherche qu'à posséder celle-ci ? La voix *off* de l'attaché de presse Oscar Muldoon nous le confirme :

> Bravano s'en fut comme un chien, pratiquement la première fois que Maria lui eut dit non. Il me semble qu'il a été secrètement soulagé. La chose importante, pour Bravano, était que les gens croient que Maria était à lui. Tant qu'on le croyait... Si Bravano avait eu à choisir entre le fait d'avoir Maria – en secret – et celui de ne pas l'avoir, mais de faire croire au monde entier qu'il l'avait, il aurait choisi la seconde solution, ce qui se passait en vérité. C'est inimaginable !

---

1. *Cf.* S. Kracauer, *Théorie du film. La rédemption de la réalité matérielle, op. cit.*, p. 155.
2. E. Morin, *Les stars, op. cit.*, p. 64.
3. J.L. Mankiewicz, *La comtesse aux pieds nus, op. cit.*, p. 30.

Le plus inattendu est ici l'étonnement de Oscar Muldoon : après tout, l'attitude de Bravano est l'aboutissement logique du processus de starification de et par l'image : celle-ci en vient à se substituer au désir sexuel.

Bien sur, le processus de starification par l'image cinématographique va de pair avec le morcellement du corps par le cadrage et le montage. L'altération du corps personnel est condition de constitution du personnage et pose ainsi les bases de la dialectique de l'interpénétration entre les rôles et la star. La désintégration du sujet corporel et la réduction (mais non l'effacement : il s'agit bien d'une dialectique dans le dédoublement) de la différence entre personne et personnage sont précisément ce que Maria cherche à contrecarrer non sans échapper au paradoxe de l'image, comme nous le révélait déjà le statut ambigu des pieds nus, à la fois présence et morcellement.

Il faut nous pencher à présent sur une double séquence de *The Barefoot Contessa*, pour constater que c'est alors l'*unité* de son corps que Maria cherche à opposer – ou plutôt que la réalisation de Mankiewicz lui permet d'opposer, tout en lui tendant par là un nouveau piège. Alors que Maria a suivi Bravano sur la Riviera et se languit au milieu d'une jet set décadente, un violent incident va l'opposer à celui-ci. Le comte Torlato-Favrini apparaît à ce moment et se pose en protecteur de la dame offensée, avec laquelle il repart aussitôt. L'action est d'abord filmée dans le cadre de la narration en voix *off* de Oscar Muldoon [1]. Elle l'est ensuite avec la narration en voix *off* du comte Torlato-Favrini lui-même [2]. C'est la seule fois que la succession des points de vue narratifs produit une confrontation de ceux-ci et un chevauchement temporel. Le caractère exceptionnel de ce redoublement exige donc une comparaison serrée des mises en scène. Nous nous permettons de citer ici longuement l'analyse encore une fois très pertinente de Vincent Amiel :

> La seule différence perceptible, et elle est de taille, est dans la façon de filmer l'action : la première occurrence est découpée de façon classique, en quatorze plans, alors que la deuxième est un plan-séquence, inhabituellement long dans le cinéma de l'époque. Et donc, l'intérêt de cette séquence répétée, au-delà de l'écho narratif et temporel, se situe dans la comparaison des styles qu'elle propose, en termes d'écriture comme de travail d'acteur. En effet, le découpage renvoie à la forme traditionnelle de la mise en scène, en même temps qu'à une façon de jouer qui l'est aussi, de la part de la

---

1. Cf. *The Barefoot Contessa*, 1h15'46"-1h18'47".
2. *Ibid.*, 1h25'42"-1h27'09".

comédienne et de ses partenaires : une réplique par plan, un regard morcelé, des mouvements dont la continuité est illusoire, tout ce *legato* que l'écriture classique impose à partir du morcellement. Et tout à coup, la règle est transgressée. Plus de découpage, plus de morcellement : les acteurs soudain occupent un temps et un espace unifiés. Les gestes ont une histoire, les corps se meuvent dans une réalité physique propre. Ava Gardner n'est plus seulement cet assemblage instrumentalisé de signes et d'organes, ces jambes, ces épaules, cette silhouette dont le morcellement fait écho au morcellement hideux des regards et des désirs dans la scène du cabaret ; elle est un corps entier, intègre, une présence au premier plan du personnage. Sa dignité de personne lui est redonnée dans l'intrigue au moment précis où l'unité de ce corps est, contre tout usage cinématographique, réhabilité à l'écran [1].

La démonstration de Vincent Amiel est tout à fait convaincante et cerne les enjeux majeurs de ce redoublement de l'écriture cinématographique. Pourtant, il nous paraît ne pas aller assez loin. Il ne conclut en effet que par quelques remarques hâtives sur les différences dans la conception du jeu de l'acteur, comme s'il fallait passer à une réflexion plus générale et s'abstraire du contexte propre de *The Barefoot Contessa*, lequel détermine pourtant le sens ultime des variations justement décrites. Pour nous, il est évident que si tous les corps acteurs sont marqués dans la seconde occurrence de la séquence par un refus du morcellement, c'est bien au corps de Maria Vargas, et donc d'Ava Gardner, que Mankiewicz cherche avant tout à rendre son intégrité (ainsi qu'à celui du comte Torlato-Favrini, sans doute). C'est bien l'unité du corps de la star, corps divisé par l'image dans toutes les autres circonstances, qui est le résultat du glissement d'une occurrence à l'autre. Ainsi ne faut-il pas ignorer qu'au début de la narration du comte – après celle d'Oscar Muldoon comprenant la première occurrence de l'action en question, et avant la seconde occurrence en plan-séquence – survient une scène tout à fait décisive. Le comte fait fortuitement la rencontre de Maria Vargas dans un camp gitan. Elle y danse ! Et pour la première (et unique fois), nous la voyons danser en une taille de plan qui saisit son corps tout entier, y compris les pieds nus. La singularité de ce cadrage est marquante. C'est dans sa rencontre avec le comte que Maria conquiert l'intégrité de son corps-sujet. Cette rencontre n'a-t-elle pas alors tout du miracle et le comte tout d'un *deus ex machina*, avec en sus la noblesse du chevalier servant ? Nous n'en sommes pas loin, et pour cause. Le scénario n'a cessé d'établir la comparaison entre l'histoire de la

---

1. V. Amiel, *Joseph L. Mankiewicz et son double*, *op. cit.*, p. 94-95.

danseuse Maria Vargas et le conte de Cendrillon. Et tout du long, Maria insiste sur le fait que lui manque pourtant le prince... Harry Dawes ne manquera pas d'en avertir l'heureux élu, le jour des noces :

> Elle a vécu sa vie comme un conte de fées, savez-vous ? [...] et elle n'a jamais été amoureuse avant. Je vous en donne ma parole. Elle est vulnérable, exposée à souffrir cruellement. Émotionnellement, c'est une enfant. Elle a cristallisé ses rêves d'adolescente en un prince de rêve. Et vous êtes ce prince[1].

Mais nous ne sommes pas dans un conte, nous sommes au cinéma. Durant la guerre, le comte Torlato-Favrini a eu le « corps déchiqueté par une explosion », il est impuissant. Suprême et cruelle ironie dans le chef d'un être dont la rencontre était censée rendre son intégrité physique à Maria. Le personnage du comte semble plutôt incarner narrativement, et sous une forme à la fois tragique et grimaçante, l'impossibilité d'un corps et d'un sujet intègre à l'image. Après tout, le fameux plan-séquence de la seconde occurrence n'est qu'un autre moyen de l'écriture cinématographique. Le comte n'était qu'un leurre parce que la recomposition de l'unité du corps-sujet par une image cinématographique n'est qu'un leurre. Et l'idylle de conte de fées, un piège qui conduira à la mort une Maria infidèle pour assurer une descendance à son mari.

Que sera alors Maria, en fin de compte ? Un corps entier, certes, mais un corps statufié. Une statue de marbre dans un cimetière, autour de laquelle s'est réuni public qui la contemple comme une image définitivement figée, piégée encore dans cette ultime démultiplication de son être et de son corps. Sa lutte obstinée pour être sujet à même l'image fut désespérée. Elle ne l'a conduite, en fin de compte, qu'à une ultime représentation inféconde, stérile comme le marbre. Dans cette représentation mortifère, l'image cesse de se démultiplier en effaçant une fois pour toutes la différence entre sujet et image. Telle est la dernière et unique réponse que l'image cinématographique oppose à la prétention d'aller nu-pieds, dans l'unité et l'intégrité d'un corps sujet. La mort de Maria est l'aboutissement d'un parcours cinématographique où l'être sujet ne peut refuser la démultiplication des représentations qu'au prix d'un leurre qui le reconduit en fin de compte à l'*image* la plus complète de lui-même : l'être sujet, mais figé, mort, sans descendance, sans plus de démultiplications.

Si *All About Eve* mobilisait les infinis jeux de théâtralité dans toute leur portée anthropologique, sociale et esthétique, instituant et confirmant

---

1. J.L. Mankiewicz, *La comtesse aux pieds nus, op. cit.*, p. 51-52.

ainsi leur nature cinématographique, *The Barefoot Contessa* choisit de s'emparer de la figure de la star, dans sa dimension esthétique comme sociale, pour que l'image cinématographique mette directement en scène cela qui consacre sa puissance anthropologique et sociale : les séries démultipliées d'images qui montrent, révèlent, démasquent, mais en menaçant sans cesse la personne de ses personnages. On a souvent dit et écrit que Mankiewicz était fasciné par le dévoilement de la vérité. Une telle affirmation est réductrice. Son cinéma est hanté par l'angoisse de la vérité *qui se met en images* – au risque de s'y *perdre*, comme ces personnages dont les narrations en flashback révèlent plus les périlleux jeux de la représentation qu'une pure subjectivité.

Laurent VAN EYNDE
Facultés universitaires Saint-Louis, Bruxelles

DES PERSONNAGES EN QUÊTE D'UN MOI
L'USAGE DES SCHÈMES THÉÂTRAUX
DANS LA REPRÉSENTATION DU SUJET

Du « *Totus mundus agit histrionem* »[1] de Pétrone, devise du Théâtre du Globe, jusqu'à *La mise en scène de la vie quotidienne* d'Erving Goffman[2], la civilisation occidentale n'a eu de cesse de recourir au théâtre pour exprimer tantôt le caractère illusoire de la vie des hommes en société, tantôt les stratégies conscientes de mise en scène de soi adoptées par des agents en interaction. Si l'assimilation globale du monde à un théâtre est pour partie métaphorique, l'analyse dramaturgique des relations sociales opérée par Goffman – à travers les notions de rôle, d'acteur, de représentation, de coulisses, de scène, etc. – prouve à quel point certains schèmes théâtraux sont efficients pour modéliser les comportements sociaux.

Or, depuis l'élaboration de la théorie de l'inconscient par Sigmund Freud, l'utilisation de schèmes théâtraux s'est étendue pour concerner, outre les rapports sociaux, la constitution psychique des individus, de leurs névroses et de leurs psychoses. Outre les fameuses relectures psychanalytiques des tragédies et des drames majeurs de l'histoire du théâtre (Œdipe et Hamlet en tête), la théorie freudienne attire l'attention sur des phénomènes d'« identification », qui amènent à envisager que le moi ne se présente qu'à travers une série de rôles, de masques, de personnages d'un drame psychique intérieur que la névrose, le rêve ou le mot d'esprit vont mettre en scène de manière plus ou moins détournée. Certains courants de

---

1. Célèbre pour avoir figuré au fronton du Théâtre du Globe de Shakespeare, ce fragment de Pétrone nous est parvenu à travers le *Policralicus* de Jean de Salisbury (III, 8) : « quod fere totus mundus juxta Petronium exerceat histrionem ».

2. E. Goffman, *La mise en scène de la vie quotidienne*, trad. fr. A. Accardo, Paris, Minuit, 1973.

la théâtrothérapie s'appuient d'ailleurs sur un postulat de ce type : la mise en scène théâtrale du moi permettrait de repérer et de travailler les divers rôles et processus d'identification à l'œuvre dans le psychisme du patient[1].

Ces modèles psychologiques et psychothérapeutiques ont acquis une certaine prégnance au cours du siècle dernier. Si le monde est une scène, le sujet en constituerait une autre, traversée de mimes, de personnages et d'événements traumatiques sans cesse re-présentés et re-mis en scène. Cette figuration théâtrale d'un moi qui se construit à travers de multiples identifications fantasmatiques a déjà été abondamment commentée. Toutefois, si les ouvrages consacrés à ce domaine font constamment référence à des invariants de l'expérience théâtrale – la scène, les personnages et les rôles, les coulisses, la mise en scène – ils ne consacrent que très peu d'attention au théâtre contemporain qui s'est écrit et joué au XXe siècle. Or, les personnages dramatiques créés ces cent dernières années ont eux aussi été ébranlés par cette description théâtrale de la personnalité, et, de manière plus générale, par les remises en question de plus en plus massives de la représentation classique du sujet. Les dramaturges du vingtième siècle se sont appropriés ces questions et ont joué de toutes les ressources et limites du dispositif théâtral pour y découvrir de nouvelles possibilités.

Après un bref retour sur les théories relatives au « théâtre psychique » et ses applications thérapeutiques, on cherchera donc à examiner en quoi le théâtre du siècle dernier nourrit et transforme les schèmes théâtraux en vigueur dans la description du moi. Plus généralement et pour finir, on ébauchera quelques pistes à travers lesquelles appréhender l'impact et le sens de ce paradigme théâtral dans la pensée philosophique.

DES IDENTITÉS THÉÂTRALES

Définie comme un « processus psychologique par lequel un sujet assimile un aspect, une propriété, un attribut de l'autre et se transforme, totalement ou partiellement, sur le modèle de celui-ci »[2] l'identification se distingue de l'imitation en ce qu'elle ne relève pas d'une démarche

---

1. Voir par exemple J.-L. Moreno, *Psychothérapie de groupe et psychodrame*, trad. fr. J. Rouanet-Ellenbach, Paris, PUF, 1965 ; S. Minet, *Du divan à la scène. Dans quelle pièce, je joue ?*, Sprimont, Mardaga, 2006 ou encore L. Sheleen, *Théâtre pour devenir... autre*, Paris, Epi, 1983.

2. J. Laplanche et J.-B. Pontalis, *Vocabulaire de la psychanalyse*, 5e éd., Paris, PUF, 2007, p. 187.

volontaire et consciente. Freud a repéré et tenté de définir le processus d'identification dès sa première topique, à travers des cas d'hystérie. Or, comme le souligne Jean Florence, l'identification se donne d'emblée, dans la névrose hystérique, comme dramatisation[1]. Les termes choisis par Freud pour décrire les phénomènes observés en cure ne laissent aucun doute à ce sujet : grâce à l'identification, dit-il, « les malades arrivent à exprimer dans leurs symptômes les expériences d'une grande série de personnes et pas seulement les leurs, de même qu'ils souffrent pour toute une foule de gens et (re)présentent par leurs propres moyens tous les rôles d'une scène dramatique [*Schauspiel*] »[2]. Les multiples identifications à l'œuvre dans l'hystérie permettraient ainsi l'expression des voix bâillonnées dans l'inconscient, qui ne peuvent plus s'exprimer qu'à travers des « mimes tragi-comiques »[3].

Ces phénomènes d'identification ne sont pas à l'œuvre que dans l'hystérie : on les retrouve dans le rêve, dans le mot d'esprit et dans le drame lui-même, où le spectateur s'identifie non pas au héros mais à ce qu'il représente pour l'inconscient, et à ce qui se passe entre des sujets en proie à des passions[4]. Puisque ces diverses modalités d'identification mettent en scène le moi à travers ses personnages psychiques de référence (condensés et travestis), il est indubitable que le concept d'identification est « expressément lié à celui de "moi" »[5] et, par voie de conséquence, que l'on ne peut approcher le moi qu'à travers ces couches, ces masques, ces visages d'emprunt qui lui permettent de figurer son désir *via* des traits empruntés à d'autres plus ou moins fantasmés. Dès lors, comme le relève encore Jean Florence, on ne peut que constater une connivence évidente entre l'action théâtrale, le langage scénique et la formation du moi. Même si Florence qualifie de « métaphorique » ce recours au lexique théâtral quand il s'agit de décrire les processus d'identification, la seule histoire des rapports entre théâtre et psychothérapie indique clairement que cette analogie entre dispositif théâtral et construction du moi peut être prise au pied de la lettre.

---

1. *Cf.* J. Florence, *L'identification dans la théorie freudienne*, Bruxelles, Publications des Facultés universitaires Saint-Louis, 1978, p. 12.
2. Extrait de la *Traumdeutung* (chap. 4), traduit et cité dans J. Florence, *L'identification dans la théorie freudienne*, *op. cit.*, p. 20.
3. *Ibid.*, p. 24.
4. C'est du moins ce qui ressort de l'analyse de J. Florence, basée sur l'unique texte que Freud consacra directement au théâtre, et dans lequel il développa une lecture psychanalytique de la *catharsis* : S. Freud, « Personnages psychopathiques à la scène », dans *Œuvres complètes VI*, A. Bourguignon, P. Cotet et J. Laplanche (éds.), Paris, PUF, 2006, p. 319-326.
5. J. Florence, *L'identification dans la théorie freudienne*, *op. cit.*, p. 35.

On en trouve une première confirmation chez Jacob Levy Moreno qui a recours dès les années 30 à la psychothérapie de groupe et, dans ce cadre, au théâtre thérapeutique, qu'il nomme « psychodrame ». Moreno pose comme hypothèse heuristique que « le Moi se forme à partir des rôles, et non, comme on l'a souvent postulé, que les rôles surgissent à partir du moi »[1] – ce qui s'oppose d'ailleurs à la théorie freudienne selon laquelle les rôles viennent travestir le moi, qui leur préexiste. Ces rôles, qui ne sont pas que sociaux mais existent à tous les niveaux de la psyché, correspondent aux manières d'être réelles et perceptibles que prend le moi dans une situation donnée. Ainsi, pour Moreno, « l'homme est un acteur, [...] chaque individu est caractérisé par un certain nombre de rôles qui déterminent sa conduite, et [...] chaque culture est caractérisée par un certain nombre de rôles qu'elle impose avec plus ou moins de succès à ses membres »[2]. Dans un tel contexte, Moreno est assez logiquement amené à développer le psychodrame en tant qu'élément-clé de la psychothérapie de groupe. Par le psychodrame, un individu est invité à se représenter lui-même, devant le groupe, dans des séances où différents intervenants (thérapeutes, autres patients du groupe ou encore personnes réellement impliquées dans la problématique du patient) jouent les personnes réelles ou symboliques prépondérantes dans les conflits psychiques du sujet. Moreno mise à plein sur les effets thérapeutiques de cette mise en scène de soi, puisque le jeu et l'action théâtrale permettraient une véritable *catharsis*, une « décharge dans l'action »[3] qui faciliterait le rappel des souvenirs. Mettant en scène l'âme elle-même, le psychodrame permettrait au sujet de prendre conscience des différents rôles qui l'amènent à agir de telle ou telle manière, et de reconfigurer ses rôles psychiques.

Dans les formes actuelles de thérapie qui recourent au théâtre, le psychodrame de Moreno semble avoir été remplacé par des méthodes recourant à la représentation théâtrale en tant que pratique artistique (on met en scène, en contexte psychiatrique, un texte théâtral dont la mise en scène poursuit d'abord des critères esthétiques, et l'effet thérapeutique vient « en sus ») ou, du moins, par des méthodes mixtes, oscillant entre mise en scène de soi et répétitions d'une représentation théâtrale « classique ». Dans *Art et thérapie, liaison dangereuse?*, Jean Florence encourage d'ailleurs un usage du théâtre qui ne soit pas directement thérapeutique. Il défend notamment les techniques adoptées lors de l'atelier théâtral de

---

1. J.-L. Moreno, *Psychothérapie de groupe et psychodrame*, *op. cit.*, p. 72.
2. *Ibid.*, p. 88.
3. *Ibid.*, p. 180; le fameux terme d'*acting out*, qui suscitera de nombreux débats dans la tradition psychanalytique francophone, est traduit ici par « décharge dans l'action ».

Patricia Attigui en milieu psychiatrique, dans lequel les cadres posés par la convention dramatique permettent au patient psychotique de « se laisser aller en laissant de côté les composantes psychotiques de sa personnalité (dont l'animatrice se fait en même temps et discrètement la dépositaire) sans courir le risque de dislocation ou de dépersonnalisation » [1].

Mais cette approche plus souple des effets thérapeutiques éventuellement obtenus par le théâtre repose elle aussi, le plus souvent, sur la présupposition selon laquelle le moi et ses souffrances ne peuvent être appréhendés qu'en passant par les rôles psychiques à travers lesquels une personnalité s'exprime. Ainsi, dès la première page de son ouvrage *Du divan à la scène*, Serge Minet considère que, lorsqu'un sujet s'observe soudain en tant que spectateur d'actes qu'il commet mais dont il n'a pas la maîtrise, il reconnait là l'autorité des rôles qui lui ont été attribués ou substitués au cours de l'existence – les personnages de la « saga familiale » du sujet déterminent les drames qu'il reproduit [2]. Dans ce contexte, Serge Minet estime que la pratique théâtrale est un outil thérapeutique majeur, en tant qu'elle permet à la fois à la personne de comprendre et de maîtriser les rituels théâtraux et leur symbolique et de « prendre conscience, pour mieux les saisir, des processus psychologiques qu'elle met en action vis-à-vis d'elle-même, dans ses relations interindividuelles et au sein d'un groupe » [3].

Aussi bien les théories que les pratiques psychanalytiques et psychothérapeutiques ont donc avalisé, tout au long du vingtième siècle, l'idée que les individus ne peuvent être approchés qu'à travers des rôles psychiques, dont le caractère est à ce point dramatique que le théâtre fait figure de « voie royale » pour les appréhender et se les approprier. On pointera cependant une absence quasi-totale dans les ouvrages mentionnés ci-dessus : celle du répertoire théâtral contemporain, avec sa horde de personnages bien malmenés au cours du siècle écoulé, et qui frayent d'autres passages dans l'exploration des rapports entre processus psychiques et représentation théâtrale.

---

1. J. Florence, *Art et thérapie, liaison dangereuse ?*, Bruxelles, Publications des Facultés universitaires Saint-Louis, 1997, p. 18. Cette pratique du théâtre dont les effets thérapeutiques viendraient en sus se retrouve aussi à la clinique de La Borde, comme en atteste le documentaire de Nicolas Philibert, *La moindre des choses*, DVD, Paris, Éditions Montparnasse, 2002, consacré aux répétitions par des résidents de la clinique d'*Opérette* de Witold Gombrowicz.

2. *Cf.* S. Minet, *Du divan à la scène. Dans quelle pièce, je joue ?*, *op. cit.*, p. 11.

3. *Ibid.*, p. 95.

PERSONNAGES EN QUÊTE D'ACTEURS

Le phénomène de dédoublement des rôles dans certaines pièces du vingtième siècle constitue un point d'entrée idéal pour aborder les rapports entre moi, théâtre et personnages psychiques. On considérera ici qu'il y a dédoublement de rôles quand un personnage à l'identité déterminée dans un texte théâtral joue, délibérément ou non, le rôle d'un autre personnage, et interagit avec son univers fictionnel tantôt sous une identité, tantôt sous l'autre. Les trois pièces choisies pour analyser ce phénomène correspondent assez fidèlement à ce schéma, et couvrent d'ailleurs la quasi-totalité de la période : *Henri IV* de Luigi Pirandello a été écrite en 1921, *Les bonnes* de Jean Genet date de 1947 et *Quartett* de Heiner Müller de 1980.

Les situations mises en scène par ces pièces divergent quelque peu par rapport aux théories des rôles psychiques décrites ci-dessus : c'est à des personnages dont le moi est déjà formé que nous avons affaire, mais le fait qu'ils se retrouvent piégés dans des situations-limites va les pousser à choisir d'interpréter d'autres rôles que le leur, choix qui va peu à peu se muer en fatalité, souvent jusqu'à la mort, effective ou symbolique.

Henri IV ou la mise en scène de soi dans un monde de masques nus

Le cas du personnage d'Henri IV dans la pièce éponyme de Luigi Pirandello est exemplaire à cet égard. Suite à une chute de cheval intervenue lors d'une cavalcade déguisée, un jeune homme se prend, à son réveil, pour le personnage historique dont il avait revêtu les traits : Henri IV, empereur d'Allemagne né en 1050 et mort en 1106. Vingt ans plus tard, encore persuadé être le véritable Henri IV, cet homme vit reclus du monde dans sa villa aménagée telle un palais médiéval, tandis que quelques personnes acceptent de jouer les rôles des conseillers de l'empereur pour ne pas l'isoler dans son délire. L'irruption fracassante, dans cet univers clos, d'anciens amis d'Henri IV accompagnés d'un psychiatre va faire s'écrouler cet univers répétitif et rassurant où tout événement a déjà été décidé dans les lignes des livres d'Histoire. Henri IV est amené à révéler qu'il n'est plus fou, mais qu'il a continué à feindre de croire être l'empereur d'Allemagne afin d'échapper au temps qui passe et au monde moderne, à ses hasard, aux blessures qu'il inflige et aux conventions qu'il impose. Il est donc un homme « guéri » lorsqu'il commet l'irréparable : dans un accès de rage, il tue son rival, l'actuel amant de la femme qu'il convoitait vingt ans plus tôt. Il comprend alors que la seule solution pour échapper aux conséquences de son acte est de demeurer enfermé dans son délire, et de feindre qu'il se prend pour Henri IV jusqu'à la fin de ses jours.

Lorsqu'il explique les raisons qui l'ont poussé à continuer de faire semblant de se prendre pour l'empereur d'Allemagne pendant des années, Henri IV dénonce clairement, outre les normes et conventions sociales, le pouvoir de l'Autre et de son langage dont le moi est toujours tributaire :

> Mais dites-moi un peu, est-ce qu'on peut rester calme à l'idée qu'il y a quelqu'un qui s'acharne à persuader les autres que vous êtes, vous, tel qu'il vous voit, tel qu'il s'acharne à vous graver dans l'esprit des autres selon le jugement qu'il a porté sur vous ? – « Fou » « Un fou » ! – Je ne parle pas de maintenant, où je fais semblant de l'être pour m'amuser ! Je parle d'avant, d'avant que je me cogne la tête en tombant de cheval... [...] Écraser quelqu'un sous le poids des mots ! Mais rien de plus facile ! Qu'est-il, ce quelqu'un ? Une mouche ! La vie tout entière est écrasée sous le poids des mots ! Sous le poids des morts ! [...] Vous ne ferez que répéter les mots qu'on a toujours dits ! Vous croyez vivre ? Vous ne faites que remâcher la vie des morts ! [1].

Ainsi, le fait de rejouer la vie d'un mort, mais de manière sciemment théâtrale et, en quelque sorte, ludique, constituerait pour Henri IV une tentative d'échapper à ce que Jacques Lacan appelle l'aliénation à l'autre et au langage de l'autre. Lacan considère en effet que le sujet, pour se réaliser en tant que sujet, dépend toujours du champ de l'autre : ce qu'il faut faire comme homme ou femme, je l'apprends toujours de l'Autre. En termes lacaniens, on dira que le sujet dépend du signifiant et que le signifiant est toujours d'abord dans le champ de l'autre – il y a une dépendance du sujet au champ de l'autre. C'est là l'aliénation fondamentale, assortie d'un manque, d'une béance constitutive : car l'Autre ne peut jamais me donner le tout de ma signification, mon signifiant ultime. Structuré par sa relation à l'Autre et au langage de l'Autre, le moi devra alors entreprendre une opération difficile de séparation, et élaborer une parole qui lui soit à la fois propre et en construction permanente et réciproque avec la langue de l'Autre[2]. Face à ce processus terrible d'aliénation/séparation, Henri IV subvertit les règles d'une évolution psychique « normale » : l'aliénation a été vécue par lui d'une manière tellement oppressante et objectivante (il se vit comme ayant été déclaré fou avant sa chute de cheval) qu'au lieu de construire son existence dans un rapport continuel à l'Autre – aliénation-séparation – il va jouer à se fondre tout entier dans la parole de l'Autre, dans le champ signifiant de l'Autre : le premier Henri IV. Le fait de jouer à être Henri IV lui

---

1. L. Pirandello, *Henri IV*, trad. fr. M. Arnaud, Paris, Gallimard, 1998, p. 103-104.
2. Voire notamment J. Lacan, « Le Sujet et l'Autre : l'aliénation », dans *Séminaire, Livre XI. Les quatre concepts fondamentaux de la psychanalyse*, Paris, Seuil, 1973, p. 185-196.

permet d'échapper au manque et à la nécessité d'une invention perpétuelle d'une parole singulière dans le tissu du langage de l'Autre. De la sorte, il évite également la remise en cause permanente du moi dans ses relations intersubjectives, et impose aux autres leur place, leur rôle et leur langage dans un univers tout entier construit autour de la parole, de la signifiance d'un sujet mort huit cents ans auparavant. Mais le jeu est dangereux : à cette tentative d'échappée théâtrale au dispositif de l'aliénation succède l'irruption de l'Autre, le monde contemporain qui vient à lui au cœur même de son univers protégé (la « salle du trône » de sa villa). Henri IV tue son rival, et vient l'enfermement contraint et définitif dans un rôle qu'Henri IV sait ne pas être le sien – une aliénation terrible et sans retour.

Que Henri IV recoure au jeu théâtral pour se configurer une identité n'a rien d'étonnant. Il y aurait une relation profonde entre l'acteur et le fou, que Michel Leiris, notamment, a saisie dans *La possession et ses aspects théâtraux chez les Ethiopiens du Gondar*. Leiris a constaté, dans ses études anthropologiques, qu'il y avait une part de mise en scène dans les crises de possession : les possédés sont et ne sont pas sincères ; ils demeurent convaincus qu'ils sont possédés mais sont en même temps conscients de la théâtralisation qu'ils apportent à leur crise. Il importe pour Leiris de maintenir ensemble ces idées de possession et de simulation qui seraient sources, selon la psychanalyse, d'un « déséquilibre » initial que la pratique du métier d'acteur demande d'activer[1].

Ce jeu avec les limites du délire et de la simulation caractéristique de *Henri IV* inaugure le traitement dramaturgique des dédoublement des rôles au vingtième siècle, dans leurs rapports croisés avec la construction du moi et la représentation théâtrale. La configuration du moi face au champ de l'Autre serait par essence théâtrale, serait le fait d'acteurs (et Henri IV ne se prive pas de rappeler à tous ses interlocuteurs qu'eux aussi jouent la comédie en se maquillant, en se teignant les cheveux, en se conformant à l'image qu'ils veulent renvoyer d'eux-mêmes), d'où la fécondité d'un théâtre présentant des personnages qui en jouent d'autres, un théâtre capable d'exprimer ces processus de construction psychique à travers tous les ressorts théâtraux et méta-théâtraux de la représentation.

Les Bonnes : *un rituel théâtral pour déjouer un univers paranoïaque*

Si l'argument des *Bonnes* de Jean Genet est clairement moins démonstratif que la pièce de Pirandello (puisque les « bonnes » ne

---

1. *Cf.* I. Smajda, *La folie au théâtre. Regards de dramaturges sur une mutation*, Paris, PUF, 2004, p. 206-207.

commentent pas explicitement les raisons de leurs dédoublements de rôles), on peut toutefois avancer que les processus mis en jeu par Genet sont globalement assez similaires à ceux que l'on retrouvait dans *Henri IV*. Les « bonnes » du titre sont deux sœurs, Solange et Claire, qui, en l'absence de « Madame », leur maîtresse, répètent chaque jour un même rituel théâtralisé : tandis que l'une des deux sœurs joue Madame, l'autre joue à être Solange ou Claire, et tente d'assassiner Madame. Le rituel est toujours interrompu avant que le meurtre puisse être perpétré, jusqu'au jour où, craignant d'être démasquées après avoir porté de fausses accusations contre Monsieur, l'amant de Madame, les deux sœurs vont jusqu'au bout. Solange, dans le rôle de Claire, tue Claire – qui joue le rôle de Madame. Ainsi, dans leur optique, Solange deviendra enfin quelqu'un (« la Lemercier », « la fameuse criminelle ») tandis que Claire l'accompagnera, incorporée en elle, quand elle ira au bagne.

Chez ces bonnes, le refus de l'aliénation au champ de l'autre est encore plus marqué et plus pathologique que chez Henri IV, puisqu'il ne s'inscrit pas uniquement dans une structure psychique, mais concerne également les rapports de classe entre Madame, grande bourgeoise, et ses domestiques. Leur état de sujétion pousse ainsi les bonnes à agir en fonction de structures paranoïaques. Sans cesse, elles répètent leur peur d'être découvertes, vues, entendues, prises en flagrant délit, leur angoisse que les objets eux-mêmes les trahissent, et vivent cette peur sur le mode de la plus grande culpabilité. Cet univers paranoïaque les étouffe d'autant plus qu'elles ne parviennent pas à y occuper une existence singulière : elles ne sont que les bonnes, définies par leur fonction de dépendance à l'égard de Madame ; même physiquement, ce sont des ombres maigres et usées dont le domaine est la cuisine (*dixit* Madame) par opposition à Madame, à ses toilettes luxueuses (dont elles se revêtent pour le rituel) et à ses appartements cossus. Même entre elles, Claire et Solange ne parviennent pas à dépasser une relation spéculaire, où chacune est le reflet de l'autre, d'où les nombreuses expressions des relations amour-haine qui unissent les deux sœurs – le « Je te répugne. Et je le sais, puisque tu me dégoutes »[1] que lance Solange à Claire le révèle nettement. Dans un tel contexte oppressant et désubjectivé, le rituel, le dédoublement des rôles qu'elles mettent en place vise moins, comme c'est le cas pour Henri IV, à refuser l'univers commun et à manipuler les rapports d'intersubjectivité par la fiction qu'à revivre, à remettre en jeu les relations de pouvoir et de dépossession de soi qui les affectent.

1. J. Genet, *Les bonnes* (1947), Paris, Marc Barbezat - L'Arbalète / Gallimard, p. 58.

Si la pièce de Genet a suscité de multiples tentatives d'interprétation, la majorité d'entre elles ont mis l'accent sur l'importance du caractère théâtral du rituel des deux sœurs, qui leur permet de saper les fondements d'un réel qui les oppresse, de déréaliser le monde qui est le leur.

On doit à Jean-Paul Sartre la lecture des *Bonnes* en termes de déréalisation, lecture qui constitue l'appendice III de son *Saint Genet*. Comme les bonnes n'ont pas d'identité réelle substantielle en elles-mêmes, mais relativement à leur fonction et à leurs maîtres, Sartre affirme que ce que nous voyons d'elles sur scène n'est autre qu'un jeu de glissements et d'apparences qui ne mènent en rien à une vérité centrale. Ainsi, *Les bonnes* nous confronte plus à une irréalité du monde qu'à une quelconque réalité du monde social ou psychique. Cette irréalité est produite à travers ce que Sartre appelle des «tourniquets» d'être et de paraître, qui brouillent et anéantissent toute catégorie clairement circonscrite pour laisser place à un vertige bousculant toutes les conventions. Plus précisément, Sartre définit les tourniquets comme agencements circulaires qui fondent l'une dans l'autre deux catégories opposées, petits tourbillons locaux de pensée impossible[1].

Sartre relève trois types de tourniquet dans *Les bonnes* et commence par souligner, outre l'interchangeabilité des deux sœurs qui souffrent de leur insuffisance à se définir par elles-mêmes, la perversité avec laquelle Genet use des possibilités du théâtre poussé à ses limites pour mener à bien son entreprise de déréalisation. Ainsi, dans les indications de mise en scène données par l'auteur, il est précisé que les bonnes sont jouées par de jeunes acteurs dont des pancartes rappelleront sans cesse le statut. Même la pâte féminine des personnages est une apparence empêchée de prendre par le dispositif scénique, et cette apparence déréalise en retour les marques de masculinité des acteurs. En plus des distinctions sexuelles, le partage classique acteur-personnage est donc faussé : nous voici face à de fausses femmes qui sont le déguisement d'hommes déréalisés.

La division entre le vrai et le faux en vient également à se brouiller, par le biais notamment des déguisements et cérémoniels joués par les bonnes. Le royaume des bonnes est celui de l'illusion, où le faux constitue la seule vérité tangible, où le vrai ne peut s'exprimer que sous les oripeaux du faux (ainsi, Claire ne peut dire sa haine de sa sœur et d'elle-même que sous les traits de Madame). Ce tourniquet du vrai et du faux ne concerne pas seulement les relations entre personnages mais aussi, une fois encore, le complexe acteur-personnage : « L'apparence la plus fausse rejoint l'être le

---

1. *Cf.* J. Genet, *Les bonnes* (1947), Paris, Gallimard, 1976, p. 58.

plus vrai : car la vérité de l'acteur et la fantaisie de Solange c'est de jouer à être une bonne. Il en résulte ceci – ce qui ne manque pas d'enchanter Genet – que pour "être vrai" l'acteur doit jouer faux » [1].

Dans la perspective sartrienne, les bonnes, en pratiquant leur rituel de dédoublement des rôles, opèrent une déréalisation totale de leur univers – tant de l'univers bourgeois de la fiction que de l'univers dramatique qui est celui de Genet à l'époque où il rédige sa pièce. Puisque le monde et le moi ne peuvent pas être changés, autant les subvertir, les réduire à néant par les signes, justement, d'une théâtralité outrancière.

Des théoriciens et des metteurs en scène des *Bonnes* ont complété cette lecture sartrienne par une insistance marquée sur le caractère performatif de l'identité que se fabriquent les bonnes, sur la part active que jouent Claire et Solange dans la subversion des stéréotypes [2]. A travers la réappropriation ritualisée des rôles sociaux qu'elles mettent en œuvre, Claire et Solange *jouent* et assument jusqu'au paroxysme d'être ce que le monde extérieur voudrait leur imposer d'être : elles font d'un état de fait un choix délibéré. On peut alors considérer le meurtre-suicide de Claire déguisée en Madame comme un facteur décisif dans l'invention de soi des deux sœurs : Claire, en choisissant de se faire tuer, n'est plus délatrice de Monsieur mais « victime d'un meurtre ». Solange, quant à elle, n'est plus simple domestique, mais « célèbre criminelle » : « C'est à cause de ce que j'ai fait : Madame et Monsieur m'appelleront Mademoiselle Solange Lemercier […] Oh ! Madame […] Je suis l'égale de Madame et je marche la tête haute » [3] ; « Maintenant, nous sommes Mademoiselle Solange Lemercier. La Lemercier. La femme Lemercier. La fameuse criminelle » [4]. Ce caractère choisi et assumé du meurtre et de ses conséquences est d'ailleurs souligné par certaines répliques de la pièce : « Nous serons belles, libres et joyeuses, Solange, nous n'avons plus une minute à perdre » [5] s'écrie Claire, qui s'imagine déjà incorporée à sa sœur envoyée au bagne comme vers des jours meilleurs. Ces épithètes positifs attribués désormais aux deux sœurs étaient autrefois d'un genre réservé à Madame : « Car Madame est bonne ! Madame est belle ! Madame est douce ! » [6]. Que Claire puisse désigner le

1. J.-P. Sartre, *Saint Genet, comédien et martyr, op. cit.*, p. 569.

2. J.L. Savona et A. Malgorn appliquent cette grille de lecture dans leurs écrits théoriques ; J. Malina et J. Beck du Living Theater l'ont concrétisée sur scène à Berlin, en 1965. *Cf.* J.L. Savona, *Jean Genet*, London, Macmillan Press, 1983 ; A. Malgorn, *Qui êtes-vous Jean Genet ?*, Lyon, La Manufacture, 1988.

3. J. Genet, *Les bonnes, op. cit.*, p. 105.

4. *Ibid.*, p. 109.

5. J. Genet, *Les bonnes, op. cit.*, p. 111.

6. J. Genet, *Les bonnes, op. cit.*, p. 90.

couple qu'elle forme avec sa sœur en des termes appréciatifs, que Solange puisse se fendre d'un monologue de trois pages sur la gloire et la reconnaissance que lui apportera son crime, tout cela indique bien la dimension paradoxalement libératoire à laquelle mène l'entreprise de théâtralisation-néantisation des deux sœurs.

Ainsi, comme dans *Henri IV*, le dédoublement des rôles dans le rituel théâtral est pour les personnages la seule issue pour échapper à un univers qui les oppresse et les empêche d'accéder à une forme accomplie d'identité personnelle. La stratégie adoptée par les bonnes revient à théâtraliser le néant qui les ronge pour faire de ce néant une identité-limite, quitte à mourir ou à s'exclure du monde commun par le meurtre.

Quartett, *ou le théâtre des corps inadmissibles*

Quartett de Heiner Müller se distingue des deux premières pièces analysées sur deux points au moins : par la forme d'abord, la pièce de Müller étant d'une facture nettement moins classique que les deux autres [1] ; par le fond également, puisque les dédoublements de rôles y sont entièrement maîtrisés et volontaires, fruits d'une haine de l'Autre plus que d'une tentative de fuite.

Comme souvent chez Müller, le texte de *Quartett* a été rédigé à partir d'un « matériau » préexistant : le roman épistolaire libertin *Les liaisons dangereuses* de Pierre Choderlos de Laclos. Il ne s'agit toutefois pas d'une simple adaptation théâtrale des *Liaisons dangereuses*, mais bien d'une mise à nu et d'une condensation de la structure du texte de Laclos, où l'action est déplacée dans le temps de la vieillesse de Merteuil et Valmont. La pièce est presque tout entière construite autour de dédoublements de rôles au cours desquels Merteuil et Valmont (les deux seuls personnages de *Quartett*) rejouent les entreprises de séduction de Valmont auprès de la gent féminine – en l'occurrence ici la Présidente de Tourvel et Cécile de Volanges, personnages du roman de Laclos. Heiner Müller affirme avoir choisi le dispositif du dédoublement de rôles afin de trouver un équivalent théâtral à la forme épistolaire qui caractérise le roman : comme dans les lettres, le dédoublement des rôles permet de rendre présents des personnages absents de la scène. Il est cependant évident que ce choix du dédoublement ne correspond pas à un simple principe de composition formelle, mais est intrinsèquement lié au propos de la pièce, qui traite de l'amour

---

1. L'écriture théâtrale de Müller ressortirait selon certains critiques à un courant « postmoderne » ou « postdramatique ». Voir par exemple H.-T. Lehmann, *Le théâtre postdramatique*, trad. fr. P.-H. Ledru, Paris, L'Arche, 2002.

comme champ de violence et de guerre entre les genres, du désir de transgression des genres, de l'impossible coïncidence de soi à soi et de la résistance des corps à la pensée et à la volonté.

De même que les personnages de Pirandello et Genet, les Merteuil et Valmont de Müller font face à une situation-limite qui les pousse à se représenter et à rejouer, dans leur propre rôle ou dans celui de l'autre, d'anciennes scènes de séduction à travers lesquelles éclatent, tranchants, le vide de leur existence et l'échec de leur désir de maîtrise. Cet échec les conduit droit à la mort : Valmont finit par se suicider en interprétant la Présidente de Tourvel, et laisse Merteuil seule face à son cancer – qui remplace la petite vérole de l'héroïne de Laclos.

Les dédoublements de rôles imaginé par Müller s'articulent autour de trois thèmes centraux : le passage du temps, l'opaque matérialité des corps face à la pensée et au désir, l'opposition entre matérialisme (incarné par Merteuil) et nihilisme (dont se rapproche Valmont).

Que le temps soit la principale préoccupation de Merteuil et Valmont ne fait guère de doute : tous deux ont vieilli, et les jeunes corps dont ils faisaient leurs proies autrefois s'éloignent d'eux. Mais si le temps semble donc, d'un certain point de vue, passer trop vite, Valmont se plaint aussi d'un ennui presque métaphysique face au temps qui, vide, s'écoule mollement ; tout l'art de l'aristocratie serait alors de le remplir, de « tuer le temps » comme le dit très justement l'expression, alors que la plèbe est, elle, dominée par le temps :

> Que la plèbe se saute entre deux portes, soit, son temps est précieux, il nous coûte de l'argent, notre métier sublime à nous est de tuer le temps. Il nous faut nous y consacrer tout entiers : il y en a trop. [...] L'éternité est la faille de la création : toute l'humanité y a sa place. L'Église a comblé cette faille avec Dieu, à l'intention de la plèbe ; nous, nous savons qu'elle est noire et sans fond [1].

Car c'est bien là le drame de Valmont et Merteuil : non seulement le temps est en trop, mais en plus il est vide, désespérément vide : ni dieu, ni principe explicatif ne viennent donner sens à ce temps qui use et qui dévore. Leur monde, dès lors, est peuplé de corps comme dénués de toute humanité : que ce soit pour se désigner eux-mêmes ou pour désigner leurs proies, Merteuil et Valmont utilisent des termes tirés du vocable animalier (il est question d'« animal », de « griffe », de « tigre », de « gibier », de « bestialité »), instrumental (les corps sont pour eux des « instruments » interchan-

---

1. H. Müller, « Quartett », trad. fr. J. Jourdheuil et B. Perregaux dans H. Müller, *La mission* suivi de *Prométhée – Quartett – Vie de Gundlig...*, Paris, Minuit, 1982, p. 131.

geables à «utiliser») ou du champ lexical du rebut (on parle sans cesse d'ordure, de déchet, de fumier, de bourbier). Cette dépréciation généralisée s'explique, dans le chef des deux acteurs, par une peur et une haine du corps en tant qu'il résiste au désir, à la conscience, et qu'il n'offre jamais ce qu'il promet. Comme le dit Valmont, «C'est lui [l'autre] que nous cherchons quand nous creusons à travers les corps étrangers, nous quittant nous-mêmes. Possible qu'il n'y ait ni l'un ni l'autre, seulement le néant dans notre âme qui réclame sa pâtée»[1].

Cette désespérance quant à la chair qui résiste n'est cependant pas motivée par les mêmes raisons chez les deux protagonistes. Là où Valmont adopte un certain nihilisme, se plaignant sans cesse du vide, de la faille, du néant, de l'âme qu'il cherche sans la trouver, Merteuil lui répond par un matérialisme radical : l'âme, c'est «un muscle ou une muqueuse»[2]. Le drame de la chair, pour Merteuil, est qu'elle est soumise au hasard et au changement, alors que la conscience n'a pas de pouvoir sur la matière (sa vision du corps prend bien sûr une ampleur considérable avec sa dernière réplique, dans laquelle elle révèle qu'elle est atteinte d'un cancer ; le cancer est par excellence la maladie du corps qui échappe, du vivant qui croît de manière anarchique et entraîne la mort).

Au sein de cet univers à la fois vide de sens et saturé par la matière, la lutte à mort de Valmont et Merteuil prend la forme de jeux de rôles qui sont autant de rapports de domination et de règlements de comptes. Contrairement au cas de *Henri IV* et des *Bonnes*, où les personnages se laissaient parfois entraîner dans leur propre fiction, Valmont et Merteuil, en manipulateurs professionnels, sont sans cesse conscients qu'ils jouent – un jeu certes dangereux et morbide, mais jeu tout de même. Ils sont continuellement en représentation et ils le savent, comme en atteste la manière dont ils se désignent et désignent leur univers : ils sont des «bouffons», dans un «théâtre vide», Valmont se dit «tigre en cabotin» et propose à Merteuil de «faire jouer leurs rôles par des tigres», ils ne sont que «masques», «déguisement» et «maquillage». Même quand il se fait acteur de sa propre mort en disant à Merteuil qu'il sait très bien que le verre de vin qu'elle lui a tendu est empoisonné, Valmont dit encore *assister* à sa propre mort. L'aspect théâtral de son trépas est d'ailleurs clairement exprimé dans ses dernières paroles : «J'espère que mon jeu ne vous a pas ennuyée. Ce serait à vrai dire impardonnable»[3].

1. H. Müller, «Quartett», *op. cit.*, p. 132.
2. *Ibid.*, p. 133.
3. H. Müller, «Quartett», *op. cit.*, p. 149.

Que tout tourne autour d'une mise en représentation de soi est logique : dans un monde dépourvu de sens, on ne peut que jouer à respecter les convenances. Quant au domaine de l'intime, il est pour les deux protagonistes celui d'une insatiable recherche de proies, face auxquelles il s'agit aussi de jouer un rôle pour leur renvoyer l'image qu'elles attendent et qui les fera tomber. Ils sont, toujours, des comédiens qui jouent le rôle d'autres rôles. Mais leurs morbides dédoublements de rôles ont aussi une signification plus profonde, qui peut être approchée à la lumière des analyses de Clément Rosset dans *Le réel et son double*. A la dépréciation par Merteuil et Valmont de leur présent répond un rejet automatique de ce présent, qui nécessite une mise à distance, une représentation. Ce phénomène correspond, pour Rosset, à la structure fondamentale de toute métaphysique, qu'elle soit philosophique ou psychanalytique (l'impossible «Réel» de Lacan) : l'insoutenable vigueur de l'événement présent ne peut être admise qu'avec un léger décalage induit par la représentation. Dès lors, le réel est perçu comme le fruit d'une duplication :

> [il n'est] admis et compris que pour autant qu'il peut être comme l'expression d'un autre réel, qui seul lui confère son sens et sa réalité. [...] Ce monde-ci, qui n'a pour lui-même aucun sens, reçoit sa signification et son être d'un autre monde, qui le double, ou plutôt dont ce monde-ci n'est qu'une trompeuse doublure [1].

Or, on le sait, Merteuil et Valmont refusent d'organiser leurs univers psychiques et physiques en fonction de quelque principe transcendant que ce soit : pour échapper à l'horreur du temps qui trahit et des corps opaques qui résistent, ils appliqueront donc une structure de duplication, comme le métaphysicien, mais elle est vide, sans fondement métaphysique, sans espoir, échange morbide de rôles et de masques. La représentation théâtrale se fait le jeu d'une duplication sans espoir et sans but. Ainsi, Merteuil et Valmont se débattent avec leur «fragilité ontologique» [2] : ce qu'il y a d'encore plus intolérable dans la non duplicité du réel, du point de vue du moi, c'est que la mort est l'unique recours : «il n'y en a pas deux comme [moi], mais, une fois fini, il n'y en a plus» [3]. Par conséquent, pour Rosset, cette fragilité ontologique, cette insécurité du moi, est la première motivation psychologique des dédoublements de personnalité; la peur de la mort, avancée par Otto Rank pour expliquer ces dédoublements, ne

1. C. Rosset, *Le réel et son double. Essai sur l'illusion* (1976), Paris, Gallimard, 1984, p. 55.
2. C. Rosset, *Le réel et son double, op. cit.*, p. 86.
3. *Ibid.*, p. 85-86.

viendrait qu'en second lieu. « Ce qui angoisse le sujet, beaucoup plus que sa prochaine mort, est d'abord sa non-réalité, sa non-existence »[1], nous dit Rosset. C'est de cette vie même que douterait le sujet atteint de dédoublement de personnalité, tourmenté par le fait que le moi est pour lui-même la réalité ontologique la plus insaisissable : on ne peut se saisir entièrement soi-même, on ne peut se voir soi-même (les images renvoyées par les miroirs, par les autres, sont trompeuses). Mais le dédoublement du moi est une solution infiniment frustrante : le dédoublement réel de ce qui est unique est, par définition, impossible. L'assomption du moi à lui-même aurait alors « comme condition fondamentale le renoncement au double »[2], mais il est bien difficile de s'y résoudre. Ainsi, le propre du tempérament d'acteur résulterait de ce refus de renoncer au double : la blessure narcissique de l'acteur réside « dans un doute quant à soi, dont ne libère qu'une garantie réitérée de l'autre, en l'occurrence le public »[3]. Et sans aucun doute Merteuil et Valmont, en mettant en scène leur toute-puissance manipulatoire sur autrui, cherchent-ils à refouler l'angoisse qui les anime : celle d'un corps, d'un moi qui leur échappent et s'étiolent – un moi qui ne correspondra jamais complètement à leur désir absolu de maîtrise. Cette quête de la duplicité pour déjouer l'inacceptable identité du réel à lui-même se retrouve aussi dans l'échange des genres sexués : Merteuil, qu'elle parle en son nom propre ou pour Valmont, semble bien vouloir s'identifier à une image de la virilité la plus absolutisée qui n'a d'égal que son mépris de la féminité, tandis que Valmont se laisse prendre de plus en plus à sa propre fiction en jouant la Tourvel. Un bref échange de répliques est à cet égard révélateur : « VALMONT : "Je crois que je pourrais m'habituer à être une femme, Marquise" / MERTEUIL : "Je voudrais le pouvoir" »[4].

Ainsi, dans *Quartett*, le dédoublement des rôles de Merteuil et Valmont constitue la seule réponse possible à un monde désespérément matériel, désespérément vide. Jouer d'autres rôles, remettre en jeu les relations de domination qui ont caractérisé leur existence, c'est à la fois refuser l'unicité résistante et oppressante du réel et se lancer dans la quête éperdue d'un moi, d'une stabilité ontologique de l'existence qu'ils ne trouvent nulle part. Comme le dit Rosset, la seule issue pour les êtres uniques est la mort, dans laquelle le moi coïncide enfin pleinement avec lui-même : c'est moi qui meurs, pas mon double. Même cela, pourtant, Valmont semble le refuser

1. *Ibid.*, p. 91.
2. *Ibid.*, p. 94.
3. *Ibid.*, p. 95.
4. H. Müller, « Quartett », *op. cit.*, p. 142.

puisqu'il se duplique encore en disant assister à sa propre mort : un nihilisme absolu.

UN THÉÂTRE DE LA PENSÉE

Henri IV, *Les Bonnes* et *Quartett* ne sont en rien des illustrations du concept freudien d'identification ou des formes de théâtrothérapie citées plus haut, et ne prétendent pas l'être. Toutefois, ces pièces incitent à revisiter les motivations et les fonctions de l'usage du paradigme théâtral dans la description des phénomènes psychiques, et permettent de développer ces schèmes théâtraux dans d'autres domaines que le champ psychologique *stricto sensu*, notamment en philosophie.

Les trois pièces analysées suggèrent notamment une affinité fondamentale entre les identifications et dédoublements de rôles au sein de la fiction et la nature de la représentation théâtrale elle-même : ces pièces interrogent les fonctions et les limites de la représentation – et sans doute n'est-ce pas un hasard si Pirandello, Genet et Müller sont tous trois considérés comme des novateurs ayant bouleversé les codes théâtraux de leur époque. C'est donc par l'examen des frontières mouvantes de la représentation théâtrale que l'on pourra mesurer l'impact des théories de l'identification sur la pensée contemporaine de la personne.

Tout au long de son ouvrage consacré à la folie au théâtre, Isabelle Smadja relève que le théâtre, situé entre fantasme et réalité, présente des caractéristiques structurelles identiques à celles impliquées dans la formation du moi. La folie remet en jeu la lutte entre moi et non-moi, entre la pensée et ce qui toujours lui demeurera extérieur, et trouve dans le théâtre un espace qui se prête presque tout naturellement aux scènes qui la hantent. La rencontre entre théâtre et folie se joue de manière réciproque : là où le théâtre se prête à la représentation de la folie, la folie brouille les pistes, et étend l'indistinction qui la caractérise aux frontières entre théâtre et réalité, questionnant sans cesse ce que nous appelons réalité, qui ne serait pas moins théâtrale que la représentation[1]. La compréhension lacanienne du moi conforte cette idée : si le moi est une construction de l'imaginaire sans cesse remise en cause dans et par la relation à autrui, alors la scène théâtrale, par les liens étroits qu'elle entretient à la fois avec l'imaginaire et avec l'Autre, le public de l'autre côté de la rampe, est le lieu tout trouvé pour examiner cette structure égotique. Le doute quant à la clôture de la repré-

---

1. I. Smadja, *La folie au théâtre, op. cit.*

sentation et les dédoublements de rôle mettent en évidence la part de mise en scène voire de théâtralisation qui intervient dans la construction de la personnalité.

Dès le début du vingtième siècle, le Russe Nicolas Evreinov a d'ailleurs suggéré, en jetant les bases du concept de théâtralité, l'importance déterminante d'un « instinct théâtral » dans la manière dont se joue une existence humaine. Dramaturge et historien du théâtre, Evreinov s'attache à décrire le théâtre comme quelque chose d'infiniment plus vaste que la scène : il en veut pour preuve l'instinct de transfiguration, de théâtralisation qui habiterait tous les hommes, et leur permettrait de se découvrir acteurs, capables, au sein de la réalité quotidienne, d'opposer du changement et de la différence en se réappropriant leur vie. Débordant largement le théâtre comme forme esthétique, l'instinct de théâtralité se situe donc en amont de l'institution théâtrale et concerne la vie entière, dont il serait même une matrice explicative (Evreinov peut donc être considéré comme précurseur du courant des sciences sociales, dont Goffman est la tête de proue, qui recourt à la métaphore théâtrale comme outil épistémique) [1].

Les personnages de Pirandello, Genet et Müller nous confrontent indiscutablement à une forme d'instinct théâtral « infiniment plus vaste que la scène », même si ce dernier ne fait pas figure de principe explicatif aussi globalisant que celui d'Evreinov. Ainsi, les trois dramaturges bouleversent, comme on l'a vu, les fonctions et les limites de la représentation théâtrale au sens esthétique du terme, tout en invitant à en considérer les possibilités inexploitées au-delà de la rampe.

Lorsqu'il publie *Différence et répétition* à la fin des années soixante, Gilles Deleuze s'intéresse justement aux potentialités d'un théâtre autre, agissant au-delà de la scène, dans la pensée elle-même. A cette époque de remise en question de l'ordre de la représentation, Deleuze consacre en effet une partie conséquente de l'introduction de son ouvrage à un théâtre de la répétition, sub-représentatif, supposé renouveler l'exercice de la pensée. Bien que cette tentative de renouvellement « théâtral » ait été quelque peu avortée par la suite (aussi bien dans l'œuvre de Deleuze que dans la suite de *Différence et répétition*), elle constitue une piste de réflexion non négligeable quant à l'impact des théories de l'identification sur la pensée philosophique.

---

1. Pour ce paragraphe sur Evreinov, voir N. Evreinov, *Histoire du théâtre russe*, trad. fr. G. Welter, Paris, Éditions du Chêne, 1947, p. 375-377 ; L. Fernandez, « La théâtralité chez Nicolas Evreinov : pour un théâtre "infiniment plus vaste que la scène" », *Actes de la journée des doctorants du CRHT Paris IV-Sorbonne*, 16 mai 2009, http://www.crht.org/matrice/wp-content/uploads/2009/10/fernandez_mep.pdf.

Dans l'introduction de *Différence et répétition*, Deleuze cherche à élaborer un concept de répétition qui serait toujours singulière, qui ne serait pas reproduction mécanique du même, mais productrice de singularités. Sous la répétition brute, de surface, agirait une répétition plus fondamentale, qui concernerait des termes non identiques et insubstituables. Ainsi, l'écho, le double, le fantôme répètent quelque chose sans pourtant s'y substituer, de même qu'on ne peut substituer deux vrais jumeaux l'un à l'autre. A la recherche d'une telle répétition singulière, Deleuze est amené à rencontrer et à revisiter la pulsion de mort freudienne, qui repose justement sur une compulsion de répétition. Et ces répétitions impliquent, comme on l'a vu, des masques et des travestissements, des personnages psychiques et toute une dramatisation – des processus d'identification, en somme. Mais là où, pour Freud, masques et déguisements viennent recouvrir le moi et ses traumatismes inavouables pour la conscience, Deleuze affirme que c'est la répétition de masque en masque qui constitue le sujet, qui n'est ni premier ni originaire par rapport au travestissement. Deleuze s'en explique notamment en commentant le cas Dora, jeune patiente de Freud dont la courte analyse constitue l'objet du premier chapitre des *Cinq psychanalyses* :

> Dora n'élabore son propre rôle, et ne répète son amour pour le père, qu'à travers d'autres rôles tenus par d'autres, et qu'elle tient elle-même par rapport à ces autres (K, Mme K, la gouvernante, …). Les déguisements et les variantes, les masques ou les travestis, ne viennent pas « par-dessus », mais sont au contraire les éléments génétiques internes de la répétition même, ses parties intégrantes et constituantes. Cette voie aurait pu diriger l'analyse de l'inconscient vers un véritable théâtre [1].

Si le théâtre freudien n'est pas ici reconnu comme véritable, c'est parce qu'il fonctionne selon la logique classique de la représentation, selon le modèle canonique du drame dans lequel des rôles aux places et aux fonctions déterminées sont mis en scène pour imiter une réalité préexistante. Or, il n'y a rien de déjà constitué avant cette répétition théâtrale qui se trame en amont du moi et de ses représentations :

> La répétition est vraiment ce qui se déguise en se constituant, ce qui ne se constitue qu'en se déguisant. Elle n'est pas sous les masques, mais se forme d'un masque à l'autre, comme d'un point remarquable à un autre,

---

1. G. Deleuze, *Différence et répétition*, Paris, PUF, 1968, p. 27.

d'un instant privilégié à un autre, avec et dans les variantes. Les masques
ne recouvrent rien, sauf d'autres masques [1].

Deleuze est ainsi amené à considérer que le masque est le véritable sujet
de la répétition ; les déguisements ne viennent pas déguiser un traumatisme
brut qu'il faudrait dissimuler, c'est à travers la répétition de masque en
masque que se construisent le moi et ses traumatismes. Si la critique
adressée à la théorie freudienne de l'identification est évidente, elle ne
constitue pas en elle-même le but poursuivi par Deleuze à travers ces
quelques pages. La recherche d'un concept de répétition qui ne soit pas
reproduction de l'identique (fût-il déguisé) vise à accomplir un geste
philosophique : élaborer un mode de pensée qui ne recourt pas à la structure de la représentation. La philosophie hégélienne est directement visée,
accusée d'en rester à un « faux » théâtre qui ne dépasse pas l'élément
réfléchi de la représentation, de représenter des concepts au lieu de drama-
tiser des Idées. Ce faux théâtre devrait laisser place à un théâtre sub-représentatif, pure expérimentation scénique et physique et non « répertoire »,
affaire de metteur en scène, voire de chorégraphe, plus que d'auteur. Ce
« théâtre de la répétition » concerne les mouvements, les gestes qui
s'élaborent avant les mots, les passages fulgurants de masque en masque
qui ne se fixent pas en une figure figée.

En marge du projet philosophique esquissé dans les premières pages de
Différence et répétition, une alliance inattendue se noue donc : le théâtre de
la pensée qui permettrait de dépasser la représentation présente des similitudes étonnantes avec la scène psychique sur laquelle le moi se construit,
de masque en masque et de personnage en personnage. Expérimenter les
possibilités ouvertes sur la scène de cet étrange théâtre permettrait dès lors
d'adopter un regard neuf sur la façon dont nous pensons la représentation et
le sujet.

N'est-ce pas d'ailleurs d'un tel théâtre que tentent de s'approcher les
personnages de Pirandello, Genet et Müller lorsque, pris dans le tourbillon
de jeux de rôles qu'ils ne maîtrisent plus, ils en arrivent à s'oublier eux-
mêmes, lorsqu'ils brisent en éclats les limites tracées entre le moi et
l'Autre, le je et le jeu, le sujet et le masque, le désir et la réalité, l'écoule-
ment du temps et la mort ? En tant que cas-limites, en tant qu'opérateurs
intellectuels (et non bien sûr comme modèles d'appréhension du sujet
contemporain), Henri IV, les bonnes, Merteuil et Valmont permettent de
travailler, aux bordures de la représentation, les formes mouvantes du sujet

---

1. G. Deleuze, *Différence et répétition*, *op. cit.*, p. 28.

tel qu'il est conçu à travers les schèmes théâtraux de certains courants des sciences humaines et de la philosophie.

SCÈNE OUVERTE

Les références au théâtre pour décrire l'existence humaine et sociale émaillent la littérature depuis deux mille ans, et ont connu le succès scientifique que l'on a vu au cours du siècle dernier. Les schèmes théâtraux en usage chez Goffman ou chez Freud, entre autres, peuvent être considérés comme l'expression d'une théâtralité réelle qui agit au-delà de la scène, ou comme une métaphore commode et efficace. Que l'on privilégie l'une ou l'autre interprétation, le théâtre, en tant que pratique artistique, apporte matière à expérimentations dans la réflexion théorique. Ainsi, le devenir du théâtre et de ses personnages – ou de ce qu'il en reste [1] – nous dévoile une scène ouverte, sur laquelle de nombreuses recherches et de multiples expérimentations peuvent être élaborées afin d'enrichir la manière dont nous nous définissons comme sujets et dont nous dressons une histoire de la rationalité moderne et de ses modalités de représentation.

On citera une piste parmi d'autres, pour terminer. Selon Denis Guénoun, les mutations du personnage dans l'histoire du théâtre occidental invitent à reconsidérer la raison moderne, dont il affirme qu'elle est pour une bonne part «dramatique». Si le drame moderne a d'abord privilégié l'action sur le personnage (principes aristotéliciens obligent, la tragédie se définit dans la *Poétique* comme imitation d'une action), l'écriture dramatique en est assez rapidement arrivée à mettre l'accent sur les passions. Guénoun souligne la logique presque organique de ce retournement qui va de l'action à la passion, de l'agent au personnage : comme l'action théâtrale mène à des dilemmes, à des alternatives qu'il va bien falloir trancher, le suspens dramatique va se créer à travers une phase d'indécision. Cette temporisation de l'inaction, de l'indécision, sera «le creusement de l'inté-

---

1. Mutilé, privé de parole ou réduit à l'ombre de lui-même, le personnage de théâtre contemporain serait «en crise» comme le suggère le titre de l'ouvrage de R. Abirached faisant autorité en la matière, *La crise du personnage dans le théâtre moderne* (1978), Paris, Tel-Gallimard, 1994. Au mieux, après avoir été «décomposé» et «recomposé», le personnage deviendrait «figure», ce dernier terme permettant d'en désigner l'état critique (*cf.* J.-P. Ryngaert et J. Sermont, *Le personnage théâtral contemporain : décomposition, recomposition*, Montreuil-sous-Bois, Éditions théâtrales, 2006).

riorité »[1] puisque, pour montrer l'indécision, il faut donner consistance à du subjectif. Or, la monstration de l'intériorité appelle des démonstrations passionnelles. Celles-ci se situent d'abord aux marges de l'action : on se lamente après la mort d'un personnage, on fait intervenir des délibérations passionnelles au sein d'une délibération rationnelle, comme dans le drame cornélien. Mais les passions vont peu à peu prendre toute la place, contaminant puis détrônant la raison pour devenir le cœur même du drame – dès le théâtre romantique, le règne des passions sur scène est évident. La victoire des passions sur l'action est aussi celle du personnage, qui n'est autre que le support des passions. « L'agent de la délibération se trouvait devant des stratégies divergentes. […] Alors que la passion, ou les passions qui se choquent, sont dans le personnage »[2]. Ainsi le personnage, au sens moderne du terme, s'est-il formé dans et par la crise du drame (*drama* signifiant, à l'origine, « action »), en tant que scène des affects. L'avènement du personnage-roi, engendré par la logique d'une raison dramatique décisionniste, en marquerait en même temps la destitution. La transformation de l'agent en personnage aurait alors beaucoup à nous dire sur la raison occidentale en général :

> en un temps donné de son histoire, l'Occident s'est pensé comme couronnement de la raison décisionniste, dont le système du drame donnait la présentation la plus achevée. Mais cette épiphanie était trompeuse : ce que le drame montrait, comme sa souveraineté décidée, était l'engagement même de sa crise[3].

La transformation de l'agent en personnage compris comme scène de l'affect pourrait donc être emblématique d'une crise de la raison occidentale, sommée de destituer le sujet pur de la décision pour l'ouvrir à son Autre.

Au cœur du schème théâtral, dont on a vu la prégnance dans les représentations du moi et de ses interactions, le personnage semble décidément se constituer comme un reflet, fidèle ou défiguré, de la subjectivité occidentale.

Aline WIAME
Aspirante F.R.S.-FNRS
Université libre de Bruxelles

1. D. Guénoun, *Actions et acteurs. Raisons du drame sur scène*, Paris, Belin, 2005, p. 104.
2. *Ibid.*, p. 108 ; souligné par Guénoun.
3. *Ibid.*, p. 108-109.